尼采的
哲思解忧课

曹伟禾◎编著

国家一级出版社 中国纺织出版社 全国百佳图书出版单位

内 容 提 要

当今社会，越来越多的人深受“焦虑”之苦，在很多领域，人们的这种状态都愈演愈烈。分享和学习尼采的治愈思想，能帮助我们从人生的牛角尖中解脱出来，安抚受伤的灵魂，获得内心的安宁。

本书集结了尼采的治愈思想，并将其运用到日常生活中，面对这样一本书，我们只需要敞开心扉，直面内心的问题本身，在书中静静地寻找答案，从而帮助我们获得心灵的解脱，开启人生的智慧。

图书在版编目（CIP）数据

尼采的哲思解忧课／曹伟禾编著. —北京：中国纺织出版社，2017. 8（2025.3重印）
ISBN 978-7-5180-3737-7
Ⅰ.①尼… Ⅱ.①曹… Ⅲ.①尼采（Nietzsche，Friedrich Wilhelm 1844-1900）—人生哲学—通俗读物 Ⅳ.①B516.47-49
中国版本图书馆CIP数据核字（2017）第151128号

责任编辑：闫　星　　责任校对：高涵　　责任印制：储志伟

中国纺织出版社出版发行
地址：北京市朝阳区百子湾东里A407号楼　邮政编码：100124
销售电话：010－67004422　传真：010－87155801
http：//www.c-textilep.com
E-mail：faxing@c-textilep.com
中国纺织出版社天猫旗舰店
官方微博http：//weibo.com/2119887771
三河市金兆印刷装订有限公司印刷　各地新华书店经销
2017年8月第1版　2025年3月第4次印刷
开本：710×1000　1/16　印张：18
字数：235千字　定价：69.80元

前言

人生漫漫，尘世中的人们，都在寻找人生的终极目标——快乐和幸福，然而怎样才会感到快乐呢？是坐拥亿万家财？是名利双收？为了这些所谓的目标，人们马不停蹄地向前走，人们疲于奔命，事实上，我们并未收获快乐，反而留下一颗焦虑、不安的心。

忙碌于钢筋混凝土中的人们，逐渐被内心的焦虑所困扰，事实上，我们也逐渐意识到拥有一颗安静的心是多么难能可贵，它能让我们远离浮躁、遏制欲望、豁达为人、抵制诱惑、戒掉抱怨，能让我们的心在烦琐的生活之外找到一个依托，能让我们更好地工作，更好地生活，更好地提高自己，修炼自己。

美国一家把幸福作为研究目的的科研机构得出结论，幸福与年龄、性别和家庭背景无关，而是来自一份轻松的心情和健康的生活态度。所以，我们必须解决焦虑。

伟大的哲学家和诗人尼采就是这样一位精神导师，尼采认为，焦虑的痛苦，只有焦虑者自己能懂。对于焦虑问题，尼采认为，要超越焦虑带来的痛苦，就必须要有哲学思维和超越的智慧，要懂得从哲学的角度分析焦虑这一问题。

尼采，全名弗里德里希·威廉·尼采，为德国著名哲学家、诗人，也是一位散文家，他是西方现代哲学的先驱，他是第一位开始批判西方现代社会的人，然而，刚开始，他的观点、学说并未引起人们的重视，直到20世纪，才激起深远的影响。后来的生命哲学，存在主义，弗洛伊德主义，后现代主义，都以各自的形式回应尼采的哲学思想。虽然尼采已经离世，但这个可爱的、充满人性关怀的傲娇先哲一直深受人们喜爱，他的鼓励与呐喊一直是许多人前行困惑时的最有力支持。

尼采说：“只有知道生命意义的人才懂得如何面对。”事实上，尼采自身也是一名焦虑症患者，他的焦虑超过了所有人所能想到的最大程度。然而，他却通过发展自己的哲学来应对，这也是尼采带给我们人类最大的馈赠。

从这一点出发，我们将尼采的治愈思想精挑细选收集起来，汇成箴言，以此供读者分享。书中的每一句箴言都经过我们的反复琢磨和推敲，并给出了具体的阐释，这样是为了方便读者阅读。或许你并不赞同尼采的某些观点，但无论如何，你不妨停下忙碌的工作，仔细听听他的思想、读读他的见解，或许当你深夜辗转难眠、焦虑与忧愁时，它能帮你度过每一个不眠之夜。

编著者

2016年5月

目录

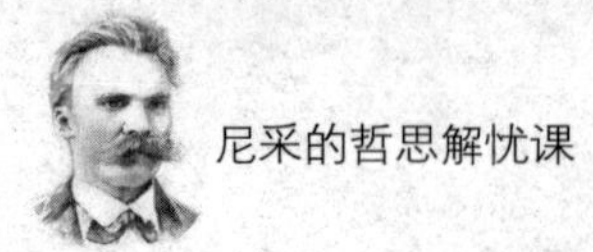

第 10 章　幸福来临时，不必彷徨，用心珍惜

第 11 章　职场如战场，从容应对职场的暗潮汹涌

第 12 章　磨难是财富，直面成败才能勇往直前

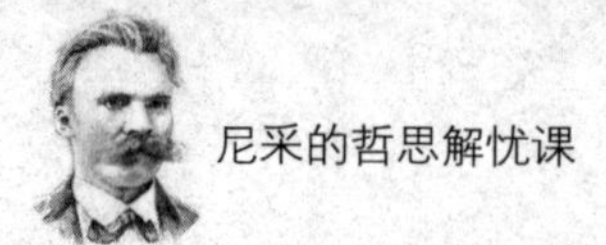

第 13 章 欲望是毒，放下才能解除忧虑

第 14 章 勘破世俗的谬见，训练独思的心智

第 15 章 内心的充实来自学习，学习才能消除忧虑

第 16 章　拥抱当下和现实，唤醒最高的生活智慧

第01章

强化心灵，从全面认识自我开始

我们每个人从出生起，都在不断认识世界、接受外在世界赠予我们的一切，我们学会了很多，包括科学文化知识、审美、与人相处等，但在这个过程中，我们却很少认识自己，实际上，我们也总是在逃避认识自己，因为认识自己，就意味着我们必须要接受自己“魔鬼”的一面，这个过程对于我们来说是痛苦的，但如果我们想实现自己的需求、成为更优秀的自己，就必须要认识自己，只有这样，我们才能强化自己的心灵，免除忧虑。

你要成为你自己

你的良知在说什么？——你要成为你自己——《快乐的科学》

尼采这句话的含义是，任何一个人，只有做最本真的自我，才是快乐的，才能免除忧虑之苦。的确，我们任何一个人都知道，人无完人，但对于生活，人们却不能以同样的心态面对，他们总是希望生活可以过得更好，总是认为自己可以获得更多，总是苛求生活。而很多不快乐的人，他们痛苦的来源就是“把自己摆错了位置”，总要按照一个不切实际的计划去生活，总是希望自己能成为他人眼中完美的人，于是，他们总要跟自己过不去，所以整天闷闷不乐。而快乐的人之所以快乐，就是因为他们能正确地认识自己，从而摆正自己的心态，他们懂得享受生活，懂得把握当下。事实上，我们每天可以做自己喜欢的事情，不在乎表面上的虚荣，凡事淡然、不苛求，那么，快乐、幸福就会常伴我们左右。

现实生活中，我们每个人，都不应该过分苛刻地要求自己，更不要活在别人的眼光中，正如但丁所说的：“走自己的路，让别人去说吧。”如果你时时关注自己在他人眼中是否足够完美，那么，你最终会殚精竭虑、身心俱疲。其实，生活的目的在于发现美、创造美、享受美，而不善于发掘它的闪光点和长处，就难以找到真正的美。

然而，遗憾的是，在这样一个讲究包装的现代社会里，人们常常禁不住羡慕别人美丽、光鲜的外表，从而对自己的某些欠缺自惭形秽，进而导致了内心的苛刻与紧张。其实，没有任何一个生命是完美无缺的，每个人都会缺少一些

东西。

比如，我们发现，有些夫妻恩爱、收入颇丰，但苦于一直没有孩子；有的年轻女士才貌双全，在情感路上却总是坎坷难行；有的人家财万贯，却被病痛折磨……每个人的生命，都被上苍划上了一个缺口，你不想要它，它却如影随形。因此，对于生活中的缺失和不足，你不妨宽心接受，放下无谓的苛求和比较吧，这样反而更能珍惜自己所拥有的一切。

生活中，我们常常听到大人们教育孩子："不要太自我，要对什么人都好。"在这种情况下，许多人学会把自己包装起来。但这样做真的会有好处吗?

我们再来看一个好学生的日记：

聪明、听话、成绩超棒、老师们都喜欢我……从小，我就是听着周围这样的赞扬长大的。周围的同学都很羡慕我，可又有多少人知道，我更羡慕他们。我知道自己并没有他们说得那么好，只是我比他们善于伪装。

有时，我也想放下伪装，和他们一样疯玩一阵，直到大汗淋漓才停下来休息。小学里，下午第二节课后有长达半小时的课间休息，教室里只能留下值日生，其他人都在操场上活动。老师不允许我们剧烈运动，回教室若看到谁面红耳赤、气喘吁吁，便让他们站在门口，直到恢复平静才能进教室。尽管如此，同学们依旧先疯玩20分钟，剩下10分钟休息。而我，每次捧一本书坐在一边，却看不进什么东西。其实我也想和他们一起玩，但是我害怕。我害怕同学们说"好同学也不过如此，只会在老师面前装乖"，我害怕老师说"一点儿好学生的样子也没有"。每次听着老师的表扬、同学们的羡慕或不屑之词，我都一阵苦笑。

有时，我也想放下伪装，好好在周末休息，不往返于各种提优班之间。从小学三年级起，妈妈就问我是否要去上英语提优班。我真的不想去，其实我的英语学习才刚刚开始，我可不想基础还未扎稳就拼命跑。但是，我"很高兴"地答应了，妈妈也很高兴地为我报了名。于是，我越来越多的时间花在上课和写作业上。纵然心中很无奈，但我知道我没有拒绝的权利。与其被动接受，不如主动迎接，这样起码妈妈是开心的。

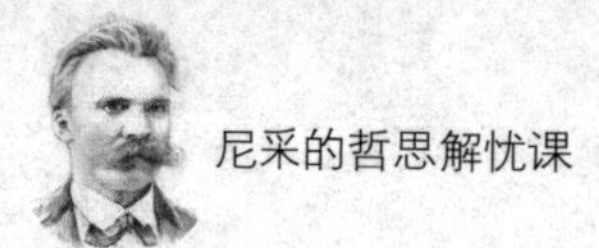

有时，我也想放下伪装，轻轻松松地学习，无论成绩如何，不受其他人的过度关注。每次考试，我都会尽心尽力，我的成绩与名次受很多人的关注。我不敢有稍稍的懈怠，不敢让自己的成绩下滑。每次我考试成绩都很好，父母也很高兴，我看上去也很高兴，可只有我自己知道内心的苦涩。

可能这是很多学习成绩优异的孩子们的内心的声音，在荣誉的光环的照耀下，他们不得不变成父母、老师眼中的乖孩子，但他们内心的苦涩、累、害怕失败，只有他们自己知道，也许，他们失去更多的是一个孩子的真正的快乐。

诚然，现实生活中，我们不可能毫无节制地做真实的自我。同样，不懂做人“心机”的人不仅没有内涵，还没有成功的欲望，只能是明里吃亏，暗里受气，千疮百孔，一辈子翻不了身。但为了让自己的心灵释压，让自己快乐，你不妨放下伪装，做回真实的自己，你会发现，原来，你也可以不受束缚！

你了解自己吗

即便你一事无成，也要尊敬自己，因为它具有改变现实的力量。不必妄自菲薄，只要你改变活法，你就能改变现状、成就理想。因此，让人生精彩的第一步就是尊敬自己。——《权力意志》

尼采曾还说过：“鄙薄自己的人，却因此而作为鄙薄者，尊重自己。”“高贵的灵魂，是自己尊敬自己。”这些话的含义都是告诫我们尊敬自己的重要性。的确，人生在世，想法极其重要，它决定着我们的活法，也决定着我们的成败得失。一个人，只有先认识和了解自己，才能尊敬自己，潜意识中的能量才能被激发出来，才能成就自我。

自信、大胆展现自己，勇于追求人生梦想，已经逐渐成为现代女性的主流思想。很多女孩都懂得人生在世，最不可丢失的就是自信这枚幸福的灵丹。

心理学家认为：一个人如果自惭形秽，那他就不会成为一个美人；如果他

不相信自己的能力，那他就永远不会是事业上的成功者。另外，无法客观地认识和了解自己是忧虑和自卑的根源，如果你是一个自卑的人，那么，树立自信心是战胜自卑感的最好的方法。

因此，对于我们每个人来说，要想获得他人的尊重，要想获得快乐的情绪，首先要敬重自己，首先要了解自己。你首先要做到的就是丢弃自卑的坏情绪。

曾有这样一个小故事：有一个女孩名叫芳，长相平平，在美女如云的班级里，她只是一棵不起眼的小草儿；成绩平平，无法让视分数如宝的老师青睐；除了会写几首浪漫小诗给自己看外，没其他特别突出的技能，不会唱歌，也不会跳舞。芳心里很寂寞，没有男孩追，没有同学和她做朋友。

有一天清晨，她拉开门，惊讶地发现门口摆着一束娇艳欲滴的红玫瑰，旁边还有一张小小的卡片。她迅速地将花和卡片拿到自己的房间，轻轻地打开卡片。上面有几行字，是这样写的：

其实一直以来我都想对你说一声：我喜欢你。但却没有勇气，因为你的一切让我深感自卑。你那平静如水的眼神，你优美的文笔，你高雅的气质，让我很难忘记。所以，我只能默默地看着你。——一个喜欢你的男生

芳的心怦怦直跳，没想到自己还有那么多的优点，自己原来并不是一个毫不起眼的人啊。从那以后，芳开始主动和同学交谈，成绩也渐渐上升，慢慢地，老师和同学都很喜欢她。高中毕业以后，她考上了大学，凭着那份自信，她在学校中尽情发挥自己的才能，赢得许多男生的追求。最后，大学毕业后找了一份很满意的工作，并且找了一个深爱她的丈夫。

芳一直有一个心愿，就是找出那个给她送花的人，想感谢他让她重新找回了自信，要不是那束花，现在或许一切都是希望和等待。有一天，无意间，她听到她爸妈的谈话。她妈说："当年你想的招儿还真有用，一束玫瑰花就改变了她的生活。"

芳不禁愕然，怪不得那字看起来像被人故意用宋体写的，但一束玫瑰花的作用真那么大吗？不，是自信改变了芳的生活。

美国著名心理学家基恩，小时候亲历过一件让他终生难忘的事，正是这件

事使得基恩从自卑走向了自信，也正是这种自信，使他一步步走向成功。

信心能使人产生勇气。如果我们自己都不相信自己，还能指望谁相信我们？尼采也告诉我们，我们所听到的都未必正确，也不要因为他人的议论而妄自菲薄，否则就会陷入自卑的“心灵监狱”。的确，我们发现，总是有一些人，他们除了拿自己的缺点与别人的优点相比外，他们还喜欢听那些不该信的话，然后，他们便看不清真正的自己、埋藏了自己的潜力，最终，他们变得自卑不堪。

以下是克服这一错误意识的几种方法，你不妨尝试一下：

首先，客观地认识自己，意思就是不仅要看到自己的优点，也要看到自己的缺点，并客观地给予评价。要做到这一点，除了自己对自己的评价，还要注意从周围人身上获取关于自己的信息。这些人可以是我们的父母，也可以是我们的朋友，也可以是我们的同事，只有这样，我们才能够逐步形成对自我的全面客观的认识。

其次，全面地接纳自己。接纳自己的优点，而容不下自己的缺点，是很多女人容易犯的错误。一个人首先应该自我接纳，才能为他人所接纳。

因此，真正的自我接纳，就是要接受所有的好的与坏的、成功的与失败的。不妄自菲薄，也不妄自尊大，不卑不亢，才能健康地发展自己，逐步走向成功。

你还需要积极地完善自己的不足。这些不足，指的是某些“内在”上的，如学识、技能、素质等。

另外，对于别人对你的批评，需要理性地看待。因为别人批评你是免不了的，尤其我们中国人很喜欢说别人。如果你对别人的批评很在意，心理上就会很难过，越辩就越黑；如果你以理性的态度、开放的心情去接受，心情反而会坦然。

诚实地面对和了解自己

一个人，必须要诚实地面对自己，了解自己到底是什么样的人，有什么样的优点和缺点，拥有怎样的想法，才能朝着正确的人生方向前进，才能发挥自己最大的潜能，成就不平凡的人生。——《曙光》

尼采这句话告诉了我们人在自我发展过程中进行全面地自我认识的重要性。我们每个人从出生起，都在不断认识世界、接受外在世界赠予我们的一切，我们学会了很多，包括科学文化知识、审美、与人相处等，但在这个过程中，我们却很少认识自己，实际上，我们也总是在逃避认识自己，因为认识自己，就意味着我们必须要接受自己"魔鬼"的一面，这个过程对于我们来说是痛苦的，但如果我们想实现自己的需求、成为更优秀的自己，就必须要认识自己，就像剥洋葱一样，寻找到最本真的自我。

有人说"成功时认识自己，失败时认识朋友"固然有一定的道理，但归根结底，我们认识的都是自己。无论是成功还是失败时，都应坚持辨证的观点，不忽视长处和优点，也要认清短处与不足。同时，自我反省、认清自己还能帮助我们做回自我，只有这样，才能获得重生。

成功学专家A.罗宾曾经在《唤醒心中的巨人》一书中非常诚恳地说过："每个人都是天才，他们身上都有着与众不同的才能，这一才能就如同一位熟睡的巨人，等待我们去为他敲响沉睡的钟声……上天也是公平的，不会亏待任何一个人，他给我们每个人以无穷的机会去充分发挥所长……这一份才能，只要我们能支取，并加以利用，就能改变自己的人生，只要下决心改变，那么，长久以来的美梦便可以实现。"

尺有所短，寸有所长。一个人也是这样，你这方面弱一些，在其他方面可能就强一些，这本是情理之中的事情，找到自己的优势和承认自己的不足一样，都是一种智慧。其实每个人都有自己的可取之处。比如，你也许不如同事长得漂亮，但你却有一双灵巧的手，能做出各种可爱的小工艺品；比如，你现

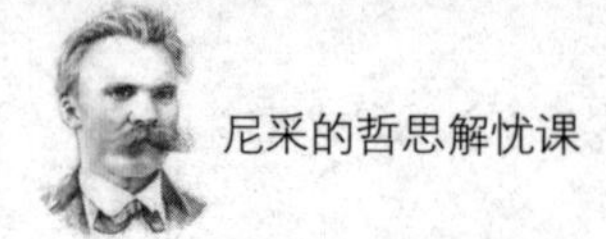

在的工资可能没有大学同学的工资高，不过你的发展前途比他的大，等等。

所以，一个人在这个世界上，最重要的不是认清他人，而是先看清自己，要先了解自己的优点、缺点，长处和短板，只有这样，才能在实践中发挥优势，弥补不足，而如果我们一直看不到自己的优势，就会让自己沿着一条错误的道路越走越远，你的能力与优势也就会受到限制，甚至使自己的劣势更加劣势，使自己立于不利的地位。所以，从某种意义上说，是否认清自己的优势，是一个人能否取得成功的关键。

当然，要想发展自身的优势，首先要做到对自我价值的肯定，这不但有助于我们在工作中保持一种正面的积极态度，进而转换成积极的行动，无疑是一项超强的利器。马克思说："自暴自弃，这是一条永远腐蚀和啃噬着心灵的毒蛇，它吸走心灵的新鲜血液，并在其中注入厌世和绝望的毒汁。"积极乐观的女孩永远是最可爱、最美丽的。为此，你需要做到的是：

1.发现你的优势

你首先是明确自己的能力大小，给自己打打分，通过对自己的分析，旨在深入了解自身，从而找到自身的能力与潜力所在：

①我因为什么而自豪？通过对最自豪的事情的分析，你可以发现自身的优势，找到令自己自豪的品质，如坚强、果断、智慧超群，从而挖掘出我们继续努力的动力之源。

②我学习了什么？你要反复地问自己：我有多少科学文化知识和社会实践知识？只有这样，才能明确自己已有的知识储备。

③我曾经做过什么？经历是个人最宝贵的财富，往往从侧面可以反映出一个人的素质、潜力状况。

2.挖掘出自己的不足

①性格弱点。人无法避免与生俱来的弱点，必须正视，并尽量减少其对自己的影响。比如，如果你独立性太强，可能在与人合作的时候，就会缺乏默契，对此，你要尽量克服。

②经验与经历中所欠缺的方面。"人无完人，金无足赤"，每个人在经历和经验方面都有不足，但只要善于发现，只要努力克服，就会有所提高。

3.常作自我反省，不断进步

日本学者池田大作说：“任何一种高尚的品格被顿悟时，都照亮了以前的黑暗。”只要你能做到自省，就有了一种高尚的品格！当你取得了一定的成绩后，切不可沾沾自喜、妄自尊大，要知道，人最难能可贵的就是胜不骄败不馁，懂得自我反省，才会不断进步。

可见，任何一个人，你只有诚实地面对和了解自己，与自己的内心对话，才能非常了解自己，找到自己的优点和缺点，同时不断地改善自己的缺点，这样，才能使得自己的劣势变为优势，才能做到查缺补漏，从而不断地超越自己。

认为自己完美无缺，必定是心灵上的白痴

认为自己完美无缺，必定是心灵上的白痴。——尼采

很明显，尼采这句话是要给予我们心灵上的一点建议——不要奢望十全十美，我们只要努力向前就可以了。尼采用他自己的人生经历告诉我们，在那些不完整、不对称或是逐渐凋零的事物中，都有一种属于生命的美感，这种对自然的向往让它们在不完美中变得完美。

我们都知道，不完美是人类的特点，正因如此，我们每个人每天都在花时间去弥补和修缮自己的错位，也才更谦虚，这样能让我们更加认识到自己需要进步的空间有多大。然而，我们发现，生活中有不少的完美主义者，他们常常矫枉过正，同时也无法接受他人对自己的指正。而正因如此，他们多了一份忧虑、一份不快。另外，我们也看到，一些快乐的人，他们因为摆正了自己的位置，从不和自己较真，他们生活上悠然自得，有滋有味，工作起来工作得心应手。因为他们懂得调节自己的潜意识，懂得生活的艺术，知道适时进退，取舍得当。快乐把握在今天，而不是等待将来。事实上，我们每天可以做自己喜欢的事情，不在乎表面上的虚荣，凡事淡然、不苛求，那么，快乐、幸福就会常

伴我们左右。

人生是没有完美可言的，完美只是在理想中存在，生活中处处都有遗憾，这才是真实的人生。事实上，追求完美的人是盲目的。“完美”是什么？是完全的美好。这可能吗？“凡事无绝对”，哪里来的“完全”？更不要提“完美”了。既然没有“完美”，那又为什么要去寻找它呢？

所以，我们可以说，要想获得快乐，我们就要学会放过自己，学会让个人的欲望适应现实的环境，使得自己的显意识和潜意识和谐，这样，内心的矛盾和纠结才会逐渐平息，我们的心灵才会获得安宁和幸福。

有这样一个故事：

有位渔夫从海里捞到一颗晶莹圆润的大珍珠，爱不释手。但是美中不足的是珍珠的上面有个小黑点。渔夫想，如能将黑点去掉，珍珠将变成无价之宝。可是渔夫剥掉一层，黑点仍在；再剥一层，黑点还在；一层层剥到最后黑点没有了，珍珠也不复存在了。

其实，有黑点的珍珠不过是白璧微瑕，正是其浑然天成不着痕迹的可贵之处，如同“清水出芙蓉，天然去雕饰”。美在自然，美在朴实，美得真切。而渔夫想得到美的极致，在他消除了所谓的不足时，美也消失在他追求过于完美的过程中了，美真正的价值往往不在于它的完整，而在于那一点点的残缺——如同丧失双臂的维纳斯，给人无限遐思。

其实，追求完美，是一种追求进步的表现，如果人们都满足于现状，那我们将会止步不前。因此，可以说，追求完美并没有什么不好，相反，很多时候，精益求精对我们的能力、知识、经验等方面都大有益处。

那么，如果你是一个苛求自己的人，该如何做到自我调整，达到潜意识和显意识的统一，以实现内心的和谐呢？

1.不要苛求自己

你不要总是问自己，这样做到位吗？别人会怎么看呢？过分在乎别人的看法就是苛求自己，你会忽略自己的存在。

2.要改变自己的观念

你需要明白一点，世界上没有完美的事，保持一颗平常心并知足常乐，才

是完美的心境。换一种新的思路，即尝试不完美。

3.要改变释放方式

当你心情压抑时，你要选择正确的方式发泄，如唱歌、听音乐、运动等，并且，你要抱着一种享受到心情发泄，这样，你很快会感受到快乐。

4.让一切顺其自然

不要对生活有对抗心理，过于较真的人，他们会活得很累，因此，在思考问题时要学会接纳控制不了的局面，接纳自己所做的事，不要钻牛角尖。

5.做事有度

什么事情都会有个度，追求完美超过了这个度，心里就有可能系上解不开的疙瘩。我们常说的心理疾病，往往就是这样不知不觉出现的。对待自己的错误不依不饶的人，总是不想让人看到他们有任何瑕疵，给人的感觉是过分宽容，看似开朗热情，其实活得很累。

6.失败的时候，请原谅自己

你会跟朋友说什么？想一想，如果你的好朋友经历了同样的挫折，你会怎样安慰他？你会说哪些鼓励的话？你会如何鼓励他继续追求自己的目标？这个视角会为你指明重归正途之路。

因此，我们每个人都要记住，再美的钻石也有瑕疵，再纯的黄金也有不足，世间的万物没有纯而又纯和完美无瑕的，人也不例外。我们每个人都不可能一尘不染，在道德上、在言行上都不可能没有一点儿错误和不当。人总是趋于完美而永远达不到完美。因此，我们每个人不要对自己和别的人作过高的不切实际的要求，我们都是凡人。

拥有自制力，锻炼自己的心智

听过“自制力”这个词，并不代表你就能真正做到自制，自制需要你拿出实际行动，更需要你从小事做起。每天克制一件小事，做自己行为的主

人。——《漂泊者及其影子》

在尼采看来，自制就是控制自我，也就是要控制内心的欲望，要掌控自己的行为，成为自己行为的主人。并且，尼采认为，自制绝不能光靠嘴上说说，要拿出实际行动来，一个人在小事上做不到自制，就不可能做成大事。

的确，我们任何人都不是完美的，人最大的敌人是自己。只有能够战胜自我的人，才是真正的强者。事实上，古往今来，凡是成功人士，他们往往具有一个共同特质：善于自律，以达到某种目标。例如，德国音乐家巴赫在童年时期为了去汉堡听一位管风琴大师的演奏，曾多次步行90多里，他之所以能坚持这么长的时间，第一是因为他热爱音乐，第二就是他具有超强的自制力；越王勾践卧薪尝胆的故事早已是家喻户晓，他能够一雪前耻灭掉吴国，除了他心中强烈的复仇意愿之外还有他令人钦佩的自制力。

生活中，人们之所以会做那些让自己后悔的事，归结起来，大多是因为自制力薄弱，抵挡不住诱惑，因此做了不该做的事。可见，我们都要培养坚定的自制力，首先要从心里认识到自制的重要，然后才能自觉地培养。只有坚决地约束自己、战胜自己，最终才能战胜困难，取得成功。

保罗·盖蒂是美国的石油大亨，一生赚下无数的财富，但谁也没想到的是，他曾经是个大烟鬼，烟抽得很凶。

曾经有一次，天黑了，他只得留宿在当时一个小城市的旅馆中，这天夜里，他怎么也无法入睡，因为他的烟瘾犯了，他找一支烟抽，但他摸了摸上衣的口袋，发现是空的。他从床上站起来，想在自己的外套口袋或者公文包中找一支烟来解决问题，但是无论他怎么找，都没有找到，他心想，外面的商店、酒吧等地方总有吧，于是，他穿上了衣服，准备出门，因为没有烟的滋味很难受，越是得不到，就越是想要，他当时就是很想抽烟。

就在盖蒂伸手去拿雨衣准备出门时，他突然停住了。他问自己：我这是在干什么？

盖蒂站在门口想，一个应该算得上相当成功的商人，竟然在半夜要冒雨走几条街去买一盒烟？没多会儿，盖蒂下定了决心，把那个空烟盒揉成一团扔进

了纸篓，脱下衣服换上睡衣回到了床上，带着一种解脱甚至是胜利的感觉，几分钟就进入了梦乡。

从此以后，保罗·盖蒂再也没有碰过香烟，当然他的事业越做越大，成为世界顶尖富豪之一。

这里，我们看到了一个真正的强者，他懂得约束自己的行为，懂得为自己的所作所为负责。这样的人必定能在人生的道路上把握好自己的命运，不会为得失越轨翻车。

我们听过这样一句话“上帝要毁灭一个人，必先使他疯狂。”这句话的意思是说，一个人，一旦失去自制力后，那么，他距离灭亡也就不远了。的确，一个人连自己的行为也不能控制，又怎么能做到以强烈的力量去影响他人，获得成功呢？

那么，我们该如何培养自己的自我控制力呢？

1.结果比较法

你可以借鉴那些自制力强的成功者的思维方式。比如，你可以先静心，然后多分析事情的前因后果：如果多花些时间在学习和工作上，会取得什么样的结果；而如果把时间浪费在吃喝玩乐上，又会怎样？进行前后的对比，你就能明白什么会带来真正的快乐，什么是长久的痛苦了。比较之下，你就能看到事情的不同面和不同结果，自然也就知道现下的自己该做什么了。

2.强者刺激法

这种方法需要你首先选定几个在你看来是成功的人。比如，人所共知的比尔·盖茨、戴尔·卡耐基、松下幸之助、李嘉诚、李政道……当然，你也可以选择你身边那些你所敬佩的人，你可以了解和学习一下他们是怎么勤奋工作学习的。有了行为样本，你就会想到那些人正在干什么，你也就可以自觉取舍了。

3.行为惯性法

比如，你可以给自己划定一个比较容易拿得出的固定的时间，规定在这个固定的时间内，只能做哪些事情。例如，每天晚上十一点（睡觉前），喝一杯牛奶，这是很容易做到的，你的头脑会渐渐地变得愿意执行任务。在习惯之

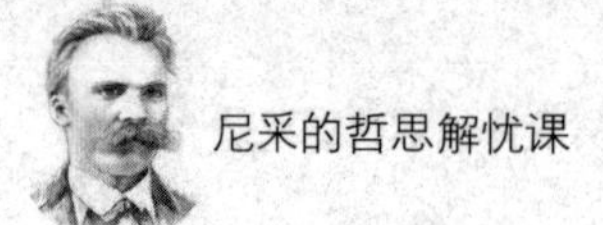

后，你再逐步加入一些难度大的任务，当一切形成习惯之后，自制力也就随之形成了。

总之，失去控制的人生最终会使你失败。唯有自制的人，才能抵制住诱惑，有效地控制自身，把握好自我发展的主动权，驾驭自我。一个人除非能够控制自我，否则他将无法成功。

学会坦然接受自己的变化

人总在更新换代、脱胎换骨，总在不断长大，我们要坦然接受自己的变化，进而让自己更快地焕然一新。——《快乐的知识》

尼采这句话是要告诉我们，我们每个人从一出生开始，就在不断成长，成长的不仅是我们的身体，还有我们的知识层面、思维和方法等。比如，曾经我们一直坚信的某些真理，随着我们知识的增长和眼界的开阔，我们逐渐认识到那些所谓的真理是错误的，曾经我们坚信的原则和信条也会变化，这些改变并不是说我们过去的看法是错误的，知识表明事物在变化而已，而我们需要做的就是与时俱进，随时调整自己。

的确，这个世界，没有一成不变的事。一个人只有以积极的、阳光的心态看待周围的人和事，才能拥有快乐的心情，这就需要我们学会转换思维，时时心存感激不忘欣赏生活的美好，保持均衡的生活，让每一天都过得有意义。

因此，生活中的任何一个人，如果想要获得快乐，就要敞开心胸，就要学会坦然地接受自己的变化。

在《郁离子》里有一个故事：

一个年轻人在路上碰到了一位老者，这位老者正坐在路旁哭泣。这个年轻人感到有点好奇，于是上前询问："老人家，您为什么会这么悲伤啊？"

老人抬头看了他一眼，回答道："我的命真苦啊。我年少时，当权的皇

帝喜欢与武者交往，于是我便拜了一位武者为师，可待我学成之后，那位喜用武者的皇帝已经驾崩了。新上任的皇帝又喜欢文士，于是我又拜了一个秀才为师。待我学成后，新任国王却又喜欢年少者为师，而我那时已两鬓斑白。就这样，我最后一事无成。现在我走在街上，忽然想起了这些经历，所以才在此痛哭啊！”

这位老者文武俱通，不可不谓是个人才，但却一事无成，不得不让人叹惋。事实上，人的生命毕竟是有限的，有时候，我们对于某些目标的成功也都是幻想，是不可能实现的，如果你把毕生的时间都花在了追悔过去上，而不去执行一些实际的计划，当你年迈之时，只能悔之晚矣，而学会放下那些执念，你才可能充足人生，迎来新的人生。

有人说，人生就好比一只口袋，当袋口封上的时候，人们会发现，里面装的全是没有完成的东西和令人遗憾的东西。但即便如此，我们也不要一味地沉浸在悔恨和遗憾中，因为陷入悔恨中，你就无法取得新的进步。

英国也有一句名言：别为牛奶洒了而哭泣。这些都告诉我们：如果你不小心在人生旅途上栽了个跟头，请千万不要沉浸在失败的阴影中，要调整好自己的心态，继续走好往后的每一步，否则等待你的将会是无尽的失败。

尘世之间，变数太多。事情一旦发生，就绝非一个人的心境所能改变。伤神无济于事，郁闷无济于事，一门心思朝着目标走，才是最好的选择。相反，如果跌倒了不敢爬起来，不敢继续向前走，或者就决定放弃，那么你将永远止步不前。

面对变化，我们若想取得进步，就要走出悔恨和自责的心理误区，你应学会勉励自己：“我要振作精神，跟命运搏斗，我要把痛苦化为力量，设法有所建树。”实际上，在变化面前，我们不停下来好好想想、歇歇脚，失利正好给了我们反省的机会，这更利于我们看到自己的不足。

对此，你可以从以下几个方面调整自己：

然而，在面对困难和失利时，我们总是听到一些女人不停地抱怨，不断地自责。这样一来，将自己的心境弄得越来越糟。这种对已经发生的无可弥补的事情不断抱怨和后悔的人，注定会活在迷离混沌的状态中，看不见前面一片明

朗的人生。

在遭遇困难时，可能你会怀疑自己的能力：我能成功渡过困难吗？当然能，但前提是你不要被面前所谓的“失败”吓倒，或者怨天尤人，而应该先冷静下来，找到问题的缺口，才能反败为胜。

具体来说，你需要做到：

首先，你要接受事实，承认失败。

哲学家叔本华曾说过：“逆来顺受是人生的必修课程。”我们每个人都要明白，当事情已经发生时，我们只能接受。“事必如此，别无选择”，但这并非容易的事情。你需要常提醒自己。

其次，先停下，然后再重新开始。

我们时常钻进牛角尖而不知自拔，因而找不到新的解决方法。

曾经在一个记者招待会上，有记者问艾森豪威尔总统：“为什么你的周末比别人的时间都长呢？”对此，艾森豪威尔说：“我不相信，无论你从事什么，可能是自己的营生，或者是政府人员，你既然坐到办公室里，就应该为自己的工作负责，因此，我们最好要避开那些琐事的干扰，而应该把有限的精力用在基本决策上。只有这样才会作出更好的判断。”

我们每个人都应该记住艾森豪威尔的话，当你遇到重大的难题时，不要马上放弃，先放下手边的工作换换气氛，当你回来重新面对原有的难题时，答案便会不请自来了。

最后，把握要点。

遇到问题，你应冷静下来，想想是不是曾经有其他人遭遇过类似的问题，却成功地加以克服了？问题的关键在哪里？只有找到问题的关键，才能解决好问题，俗话说：“打蛇要打在七寸上”，“七寸”就是蛇的致命处。我们对待问题，也要把握住问题的“七寸”，才能把问题“置于死地”。

总之，无论过去如何，无论你犯了多大的错误，你都不要学会坦然接受，只有收拾心情，尽力走好未来的每一步，我们才会有更美好的明天！

了解你的“为什么”，找到人生的答案

我们需要搞清楚的问题是，你为什么要做这件事？为什么想成为那样的人？为什么要走那条路？这些问题也就是自己的“为什么”，不了解这些问题，你也就找不到人生的答案。——《偶像的黄昏》

尼采的这句话是要告诉生活中的人们，无论你现在在做什么，都要善于思考，要思考现在所走的路是不是适合自己，而绝对不能跟在别人后面模仿别人，不能人云亦云，这样只会在错误的人生道路上越走越远。我们只有弄清楚自己到底想成为什么样的人，想做什么样的事，才能真正找到一条对的人生道路。

事实上，我们不难发现，那些真正的成功者多半都是特立独行的，在他们追求成功的道路上，他们的周围也有各种不同的声音，但他们从不怀疑自己的动机，他们坚持自己的想法，最终，他们成功了。对于我们的人生也是如此，如果一味地走别人走过的老路、毫无创新的话，那么，你也只能复制出别人的未来；而如果你寻找到属于自己的、正确的活法，那么，你的未来就是美好的。

生活中，我们周围的每一个人都是一个单独的个体，人与人虽然没有优劣之分，但却有很大的不同。这世界上的路有千万条，但最难找的就是适合自己走的那条路。每一个人都应根据自己的特长来设计自己量力而行，根据环境与条件，应努力寻找有利条件；不能坐等机会，要自己创造机会；拿出成果来，获得了社会的承认，事情就会好办一些。每个人都应该尽力找到自己的最佳位置，找准属于自己的人生跑道。当你的事业受挫，不必灰心也不必丧气，相信坚定的信念定能点亮成功的灯盏。

很多成就卓著的人士的成功，首先得益于他们充分了解自己的长处，根据自己的特长来进行定位或重新定位。但在对自己进行准确定位前，你需要做的就是果断地放弃自己现在所不擅长的道路。

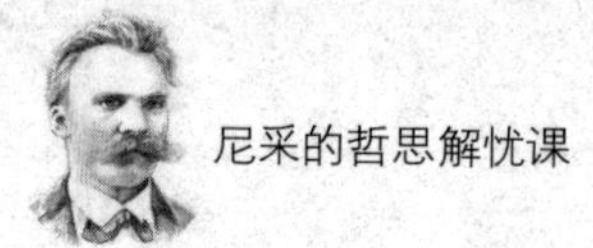

奥托·瓦拉赫是诺贝尔化学奖获得者，他的一生可谓富有传奇。

还在他读中学时，父母为他设计了一条文学之路，然而，似乎他并不适合这条路，在第一学期结束时，老师对他的学习进行了这样的总结：“瓦拉赫很用功，但过分拘泥，这样的人即使有着完美的品德，也绝不可能在文学上发挥出来。”

此时，他的父母是民主的，也尊重孩子的想法，让他改学油画。可瓦拉赫既不善于构图，又不会润色，对艺术的理解力也不强，成绩在班上是倒数第一，学校的评语更是令人难以接受：“你是绘画艺术方面的不可造就之才。”

面对如此“笨拙”的学生，绝大部分老师认为他已成才无望，只有化学老师认为他做事一丝不苟，具备做好化学实验应有的品格，建议他试学化学。

父母接受了化学老师的建议。这不，瓦拉赫智慧的火花一下被点燃了。文学艺术的“不可造就之才”一下子变成了公认的化学方面的“前程远大的高才生”。在同类学生中，他遥遥领先……

可见，成功是多元的，并没有贵贱之分，适合自己的、自己擅长的就是最好的，也便是成功的。瓦拉赫的成功，说明这样一个道理：人的智能发展都是不均衡的，都有智能的强点和弱点，人一旦找到自己的智能的最佳点，使智能潜力得到充分的发挥，便可取得惊人的成绩。这一现象人们常称为“瓦拉赫效应”。幸运之神就是那样垂青于忠于自己个性长处的人。

松下幸之助曾说，人生成功的诀窍在于经营自己的个性长处，经营长处能使自己的人生增值，否则，必将使自己的人生贬值。他还说，一个卖牛奶卖得非常火爆的人就是成功，你没有资格看不起他，除非你能证明你卖得比他更好。

而现实生活中，一些人在人生发展的道路上，却把命运交付在别人手上，或者人云亦云，盲目跟风，他们忽视了自己的内在潜力，看不到自身的强大力量，甚至不知道自己到底需要什么，不知道未来的路在哪里，于是，他们浑浑噩噩地度过每一天，一直在从事自己不擅长的工作和事业，以致一直无所成就。事实上，来自上辈人以及大多数人习惯的定式规则，才是禁锢我们头脑的一大天敌。不论个人还是企业，一旦头脑被禁锢，他的发展就一定会受到限制。我们只有善于思考，打破这种定式，才能找到属于自己的路。

生活中的人们，如果你还在走别人的老路，还在感叹自己的碌碌无为，那么，要改变现状，你首先就要懂得反省，及时悬崖勒马。你有必要认真检查一下：你是不是在走别人的老路？你是不是应该重新思考自己的人生了？

在头脑清醒时反省自己

一天的工作和学习结束后，你会认为此时正是总结和反省的时刻，其实不然，此时的你只是身体累了，而不是真的冷静了，你需要的是立即休息。——《曙光》

尼采这句话的含义是，人无完人，我们也都会犯错，所以我们就有经常作自我反省的必要，然而，真正有效的反省是在头脑清醒的情况下进行的。通常情况下，我们在结束了一天的工作学习之后，就会理所当然地回顾当天的情况，然而，此时你做的反省都是在疲惫的状态下进行的。比如，你会发现与人交往中他人做得不好的部分，你可能会认为自己在某件事上是无能的，就会变得郁郁寡欢，最终，你会伴随这样一些负面情绪睡去。很明显，此时的反省不是有效的，你只是疲惫了，此时，你该做的就是休息，等身心放松了再进行反省，你会更平和地看待问题。

有一则寓言相信大家都不会陌生：

一只狐狸在跨越篱笆时滑了一下，幸好抓住一株蔷薇才没有摔倒，可它的脚却被蔷薇的刺扎伤了，流了好多血。受伤的狐狸很不高兴地埋怨蔷薇说：“你也太不应该了，在我向你求救的时候，你竟然趁机伤害我！”蔷薇回答说：“狐狸啊，你错了！不是我故意要伤害你。我的本性就带刺，是你自己不小心，才被我刺到了。”

在我们的周围，也有很多这样的人，他们在遭遇挫折或犯了错误的时候，常常责怪或迁怒别人，他们有这样的总结，往往就是因为他们在不良情绪下作

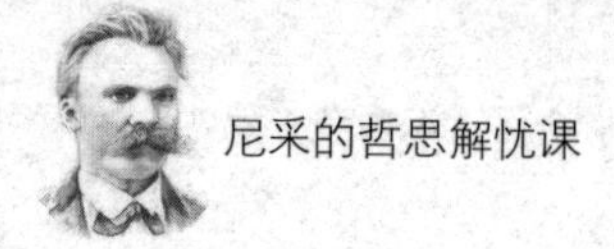

了决定。

其实，无论是我们自己还是他人都会犯错，敢于不断犯错的人，往往也是最容易成功的人。因为他总是无所畏惧，敢于从各个角度尝试不同的办法，最后总能有所突破。人不怕犯错误，关键是要知错能改。对我们所犯的每一个错误，要对它有所分析，有所记录，不断地反省并时刻铭记，以避免重蹈覆辙。这样，错误就变成了经验，这些经验对你最后的成功至关重要。但对于错误和教训的终结，必须是在我们头脑清醒的情况下进行，才能是客观的、有效的，也才能对我们接下来的工作产生积极的效用。

当然，要作反省就要全方位地审视自己。审视，是一种积极的自我超越，正如每日照镜子一样，没有审视地活着，实际上是对自我存在的极不负责的纵容。当然，全方位地审视自己，不仅包括发现自己的不足，还包括明确自己的优势。相反，一味地吹嘘自己，你可能会暂时获得心灵上的某种满足感，但事实上，你不一定能获得他人的认同，而最为可悲的是，你会因此蒙蔽自己的双眼而失去努力的动力。

布思·塔金顿是20世纪美国著名小说家和剧作家，为人所熟悉的《伟大的安伯森斯》和《爱丽丝·亚当斯》就是他的代表作，这两部作品都获得了普利策奖。在塔金顿声名最鼎盛时期，他在多种场合讲述过这样一个故事：

那是在一个红十字会举办的艺术家作品展览会上，当时，布思作为特邀嘉宾也来参加了展览会。会上，他遇到了一个很可爱的小女孩，六七岁的样子，她走到布思面前，希望能获得布思的签名。

“我没带自来水笔，用铅笔可以吗？”布思当然知道小女孩不会拒绝，她也只是想表现一下自己作为一名大作家应该有的平易近人的态度而已。

小女孩确实很干脆地回答了：“当然可以。”小女孩兴奋的样子让布思也很欣慰。然后，小女孩取出了一本精致的笔记本，然后布思签上了他的名字，还写上了一些鼓励的话，令布思感到惊奇的是，小女孩却皱起了眉头，她仔细看了看布思，问道：“你不是罗伯特·查波斯啊？”

“不是。”布思非常自负地告诉她，“我是布思·塔金顿，《爱丽丝·亚当斯》的作者，两次普利策奖获得者。”

小女孩将头转向另外一个女孩，耸耸肩说道：“玛丽，把你的橡皮借布思用用。”

那一刻，我所有的自负和骄傲瞬间化为泡影。从此以后，布思时时刻刻告诫自己：无论自己多么出色，都别太把自己当回事。

的确，无论我们有什么样的成就，都不要太把自己当回事。一个不关注内心的人，通常都看不到真正的自己，他们眼界狭小，认为自己伟大、功勋卓著，久而久之，他们的心灵就会被蒙蔽。而那些真正伟大的人，则能够看得高远，既知道自己在自己的小环境中所处的位置，也能知道在大环境下的处境。既能看到现在自己的成功或是不足，也能够预见未来自己的境遇和发展，这才是真正聪明的人所应该做的。

先哲说：“人生的真谛在于认识自己，而且是正确地认识自己。”我们每个人都应当从现在起，培养自己的反省意识。当然，正确的反省是应该在轻松、自然的心态下进行的，为此，当你处于不良情绪中时，你可以问问自己在下星期、明年或一百年后，现在让你感到生气的事还很重要吗？你也可以劝慰自己：睡一觉再说吧。一段时间以后，你会发现，原来时间和休息是最好的良药，能帮助我们很好地认识自己！

我们没有精力去经历所有的事

人生苦短，我们没有精力去经历所有的事，我们应该趁着年轻时脚踏实地，认清自己前进的方向，并沿着这一方向不断钻研，这样一定能令自己更加贤明与充实。——《漂泊者及其影子》

很明显，尼采的这段话是要告诉我们，要趁年轻，专注于一件事，脚踏实地去做。不知你是否发现，那些攀岩成功的人都有个共同特征，那就是他们不会三心二意，也不会向下看，他们会一直努力地攀登，这样，尽管脚下是万丈

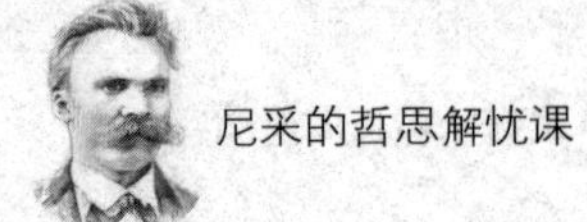

悬崖，他们也不会害怕。这就是专注的精神，洛克菲勒也曾说过：“做事不抢时间，不求多，稳稳当当地做，就能做许多事情，这有多好！”这句话也就是在告诉我们所有珍惜时间的人在做事时都要做到循序渐进、稳扎稳打。

我们可以发现，那些用心不专的人很容易被周围的人和事影响，其中重要的一个方面就是他们有太多空想，会在很多事上投入精力，而这样，最终会让他们精疲力竭。

阿雷·谢富尔指出：“在生活中，唯有精神的肉体的劳动才能结出丰硕的果实。奋斗、奋斗，再奋斗，这就是生活，唯有如此，也才能实现自身的价值。我可以自豪地说，还没有什么东西曾使我丧失信心和勇气。一般说来，一个人如果具有强健的体魄和高尚的目标，那么他一定能实现自己的心愿。”伊格诺蒂乌斯·劳拉也有一句名言：“一次做好一件事情的人比同时涉猎多个领域的人要好得多。”在太多的领域内都付出努力，我们就难免会分散精力，阻碍进步，最终一无所成。

王羲之小的时候，练字十分刻苦。据说他练字用坏的毛笔，堆在一起成了一座小山，人们叫它“笔山”。他家的旁边有一个小水池，他常在这水池里洗毛笔、冲砚台，后来小水池的水都变黑了，被人们叫作“墨池”。

长大以后，王羲之的字写得相当好了，还是坚持每天练习。有一天，他聚精会神地在书房练字，连吃饭都忘了。丫鬟送来了他最爱吃的蒜泥和馍馍，催着他吃。他好像没有听见一样，还是埋头写字。丫鬟没办法，就去告诉王羲之的夫人。夫人和丫鬟来到书房的时候，看见王羲之正拿着一个蘸满墨汁的馍馍往嘴里送，弄得满嘴乌黑。她们忍不住笑出了声。原来，王羲之边吃边看着字，错把墨汁当成蒜泥蘸了。

夫人心疼地对王羲之说：“你要保重身体呀！字写得已经不错了，为了苦练把身体弄坏就不值得了。”

王羲之抬起头，回答说：“我的字说是不错，但那都是学习前人的写法。我要有自己的写法，自成一家，不苦练是不会成功的。”

经过艰苦摸索，王羲之写出了一种妍美流利的新字体。大家称赞他写的字像彩云那样轻松自如，像飞龙那样雄健有力。王羲之被认为是我国历史上最杰

出的书法家之一。

王羲之是个做事专注的人，他的故事告诉我们，要想学有所成，就必须做到专注。

的确，任何事情，都需要我们有严密的思维，踏实的行动，吃苦的精神，顽强的毅力。而心神不定则是大敌。“世界上怕就怕认真二字。”说的就是如果你能安下心来认真做一件事情，就没有做不好的。然而，真正让你浮躁的，并不一定是外在世界的动静，还有可能是你内心的“动静”。如果我们不能沉淀下来，专注于一件事，我们就什么事也做不好。

为此，有以下三点建议：

1.不要同时做两件或两件以上的事

计算机能同时运行两个甚至更多的程序，但我们却不能“一心二用”，认为自己可以同时处理很多事是一种误区，做好事情的前提是专注。然而，我们发现，一些人，一边学习，一边看电视，或者一边作策划案，一边上网，试想，这样怎么能聚精会神呢？这样自然不能集中精力去做事，久而久之，你便养成了一心二用的坏习惯。

为此，你必须克服这一缺点，做事时就专心做事，休息娱乐时就放松自己，经过一段时间，你会发现，自己无论做什么事，都专注多了，而最重要的是，效率也提高了很多。

2.善于总结

无论做事的效果怎样，只有做到及时总结，才会即使反省，尤其是对于错误和失败。要知道，成功出于自错误中学习，因为只要能从失败中学得经验，便永不会重蹈覆辙。失败不会令你一圈人振，这就像摔断腿一样，它总是会愈合的。大剧作家兼哲学家萧伯纳曾经写道：“成功是经过许多次的大错之后得到的。”

3.要有追求完美的心态

“没有最好，只有更好”，十全十美的事做不到，也不存在，但你首先应该有一个追求完美的心态。“取法其上，得其中也；取法其中，得其下也；取法其下，不足道也”。只有与时俱进，以高标准的要求和精益求精的态度，聚

精会神抠细节，才能实现突破。

总之，我们要记住的是，在对有价值目标的追求中，坚韧不拔的决心是一切真正伟大品格的基础。充沛的精力会让人有能力克服艰难险阻，完成单调乏味的工作，忍受其中琐碎而又枯燥的细节，从而使他顺利通过人生的每一驿站。

第 02 章

内心越强大，就越是能触摸到幸福

细心的你可能发现，那些真正的成功者都有一颗强大的心灵，他们总是敢于走自己的路，在他们追求幸福、成功的道路上，也会遇到他人的非议、怀疑甚至攻击，但无论遇到什么，他们都会听从内心的声音、坚持自己的信念，这样，我们勇往直前，从不畏惧，而正是这样专注的精神，让他们免于忧虑、触摸和感受到了真正的幸福。

对待生命不妨大胆一点儿

你要搞清楚自己人生的剧本——不是你父母的续集，不是你子女的前传，更不是你朋友的外篇。对待生命你不妨大胆一点儿，因为终有一天你要失去它。如果这世界上真有奇迹，那只是努力的另一个名字。生命中最难的阶段，不是没有人懂你，而是你不懂你自己。——《玩笑、欺负与复仇》

关于这一观点，尼采在他的《玩笑、欺骗与复仇》中再次补充道："胆怯，就是毁灭。"我们都知道，人生路上，不断进取，敢于面对一切困难，努力克服它，战胜它，这是生存的法则。相反，逃避是懦夫的作为，最终只能带来更多的危机。

生活中的人们，如果你渴望成功，你就要记住尼采的话，追求成功的路上，难免会遇到一些困难，逃避无济于事，只有正面迎击，困难才会解决。这时，你会发现，有时候，那些所谓的困难与麻烦只不过是恐惧心理在作怪，每个人的勇气都不是天生的，没有谁是一生下来就充满自信的，只有勇于尝试，才能锻炼出勇气。

任何一个人，只有控制了怯懦，才会在生活中始终乐观而健康。你若失去了财产，你只失去了一丁点儿；你若失去了荣誉，你就丢掉了很多；你若失掉了勇敢，你就把一切都失掉了。"勇敢"是一个想获得成功的人必不可少的品质。要取得成就有很多必要条件，其中的一条非常重要，那就是：勇气。

稻盛和夫是日本京瓷公司的创始人，曾有记者问他：身为两个世界500强企业的缔造者，你被尊称为"经营之圣"，你认为企业经营成功的最大秘诀是什

么？稻盛和夫的回答是："成功的两大因素：缜密计划和前期准备。"

他在他的《活法》一书中写道："在挑战无人尝试过的事情时，不可避免地会遭到周围人的反对和抗拒。但是，如果自己心中有'我做得到'的坚定信念，能够描绘已经实现的景象，就应该大胆宣传这个设想。设想本身应该基于超大胆的'乐观论'，张开想象的翅膀，并在周围聚集一些积极发表意见的乐观派人士。"

稻盛和夫是个爱思考的人，在他经营公司的过程中，每当他头脑里灵光闪现、出现了新的想法时，他都会召集干部们加以讨论。面对这样的讨论，不同的人给稻盛和夫的意见是不一样的。"那些从大学里出来的高材生们反应冷淡，多数时候甚至向我说明这个主意是多么脱离现实、多么欠斟酌。他们的话也有一番道理，分析也非常敏锐，列举的全是不可行的理由。因此，再好的主意在遭到泼冷水后都会凋谢，本来可以做成的事情也做不成了。"

在稻盛和夫的热情几次被浇灭后，他发现，应该彻底更换一下商量的对象，这些大学生们很聪明，但思维太悲观。因此，他决定不如和那些积极的人讨论，他们会告诉他："这样很有趣，试试吧。"即使这些人在日常工作中挺马大哈的，但至少他们的意见是有鼓舞作用的。因为在一件事情的推敲设想阶段，很需要这种积极的乐观态度。

事实证明，稻盛和夫是个"兼听"的人，他深知，积极的态度有利于梦想的设立，但在设想向具体计划转移时，则应该以悲观理性的分析为主，必须设想所有可能存在的风险，慎重、小心、严密地推敲计划。当然，大胆和乐观在这一阶段始终是有效的。

在实现你的梦想的过程中，你不妨也记住稻盛和夫的话：一旦到从计划转入落实阶段，则再次基于乐观论，坚定不移地开始行动。也就是说，"乐观地设想、悲观地计划、愉快地执行"，这在成就某些事情、变愿望为现实上是非常必要的。

的确，我们发现，一些人在行动前，总是会给自己的胆怯找一些借口。比如，对手太强、困难太多、状况太差等，而一旦你内心恐惧时，即使你再有潜力、具备再多的成功的条件，你也会最终失败。也有人说，无畏是灵魂的一种

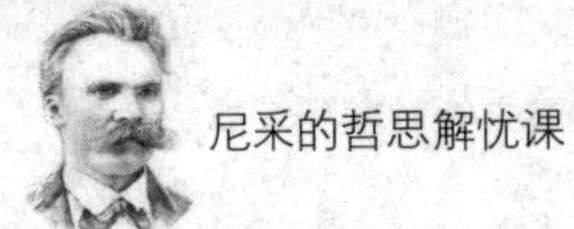

杰出力量，正是靠这种力量，成功者在遇到困境时才能以一种平静的心态把持自己，从而控制自己的怯弱，最终战胜困难，走出困境。

恐惧是获得胜利的最大障碍。你若失去了勇敢，你就失去了一切。而现实中的恐怖，远比不上想象中的恐怖那么可怕。很多时候，成功就像攀爬铁索，失败的原因不是智商的低下，也不是力量的单薄，而是威慑于自己的无形障碍。如果我们敢于做自己害怕的事，害怕就必然会消失。

那么，面对内心的担忧、恐惧，我们该如何做呢？

1.学会转换思维

比如，面对着半杯水，对于乐观旷达、心态积极的人而言，是：“哈，真高兴我还有半杯水！”对那些悲观沮丧、患得患失的人而言，则是：“唉，只有半杯水了，这该如何是好呀？”

因此，对那些乐观旷达、心态积极的人而言，两个都是好机会。而对那些悲观沮丧、心态消极的人而言，两个都是不好的机会。

2.做好最坏的打算

谚语常说：“能解决的事不必去担心，不能解决的事担心也没用。”这样一想，你会发现，在最坏的情况面前，也没什么可忧虑的，那么，你也就能变得积极了。

总之，做任何事之前，如果你不能自己除掉恐惧，那样的阴影会跟着你，变成一种逃也逃不掉的遗憾。不要因为恐惧失望而害怕尝试。一旦你正面面对恐惧，很多恐惧都会被击破。既然困难不能凭空消失，那就勇敢去克服吧！

解读人生时所要面临的两难境地

解读人生，我们将会面临一个两难境地。——《玩笑、欺骗与复仇》

尼采这句话是什么含义呢？从字面的含义上来说，任何事物都是能被解

读的，而至于如何解读，则在于我们自己，因为每个人的立场、看问题的角度和方法都不同，所以，我们获得的答案也是不同的。然而，无论我们给出怎样的解释，从我们开始解释时，我们就已经将自己置身于解释之中。这意味着你已被解释所束缚，只能从解释得通的视角来观察事物了。也就是说，我们所解读的答案会影响我们的判断，这种判断甚至是片面的、错误的，而如果不作解读，我们根本无法判断，也就无从下手处理事务。这便是解读人生时所要面临的两难境地。

那么，如何跳出这一两难的怪圈呢？也许我们所做的，就是尽量不受思维的束缚，尽量从多角度考虑问题，只有这样，我们才能解放自己的思维，获得与众不同的成就。

在美国加州，有一家老牌饭店——柯特大饭店。

曾经，这家饭店的老板准备筹建一个新式电梯，他重金聘来世界各地的著名建筑师和工程师，他希望他们能一起解决这个建筑问题。

不得不承认的是，这些建筑师和工程师们的经验是丰富的，他们根据自己的经验提出，要改造电梯，饭店就必须停止运营，而这一点，实在让老板很苦恼，这意味着饭店将要遭受经济上的损失。

他问："难道就真的没有别的方法了吗？"

"是的，我们一致认为，再也没有比这更好的方法了，饭店要停止营运半年，对于经济上的损失，我们也很难过……"建筑师和工程师们坚持说。

就在老板为此头疼的时候，饭店的一个年轻的清洁工说出了一段惊人的话："难道非要把电梯安在大楼里面，外面不可以吗？"

"多么好的方法啊！我们怎么没有想到呢？"工程师和建筑师听了，顿时诧异得说不出话来。

很快，这家饭店采用了清洁工的计策——屋外装设了一部新电梯，而这就是建筑史上的第一部观光电梯。

这位年轻人为什么能提出与众不同却又巧妙绝伦的解决难题的方法？因为他打破了传统思维。的确，在人们的观念里，电梯就应该安装在房间内部，却想不到电梯也可以安装在室外。

事实上，生活中，很多人在解决问题时，都被这些传统思维限制了。问题不在于他们的技术高低、学识多寡，而在于他们突破不了常规的思维方式。工程师和建筑师被专业常识束缚住了，而清洁工的脑子里没有那么多条条框框，思路很开阔，所以才会想出令专家们大跌眼镜的妙招。

我们再来看下面这个财富故事：

20世纪40年代，南美洲的很多方糖都是从美国进口的，因此，美国也有很多制糖公司，但对这些公司而言，他们一直有一个苦恼的问题，那就是，运送过程中，都会因方糖在海运途中受潮造成巨大损失。为了解决这个问题，这些公司曾经请了很多专家研制解决方法，但都没有效果。

后来，运送方糖的轮船上有个年轻的工人却用最简单的方法解决了这一难题：在方糖包装盒的角落戳个通气孔，这样，方糖就不会在海上运输时受潮了。

这个方法被运用到运送方糖上，为这些制糖公司减少了几千万美元的损失，而且这个方法的最大的好处是，不需要什么成本。

这个年轻的工人也是个有头脑的人，他马上为该方法申请了专利保护。后来，他把这个专利卖给各大小制糖公司，成了百万富翁。

后来，又有个日本人，他从这件事中得到启发，他发现，这一方法不仅可以用于制方糖包装盒上，还可以放到其他很多方面。比如，若能在打火机的火芯盖上也钻个小孔，能够大量延长油的使用时间。而他，也凭着这个专利发了财。

从这个故事中，我们发现，很多时候，小小的创新都能带来很大的财富。这也就是为什么成功者总是说财富是“想”出来的。人不但要养成思考的好习惯，还要始终坚守自己的独立思想，同时扩展思考的范围，开阔思路，扩展思维，这样才会更好、更大限度地获取有益的信息，促成自己获得辉煌的成就。

的确，现代社会，我们都强调要创新，任何重大成果的发现，都离不开创新意识的发挥。任何一个人都应该摒除生搬硬套和墨守成规这两点，学会突破，你才能有所收获。

曾有人这样说：“你只要离开常走的大道，潜入森林，你就肯定会发现前

所未有的东西。”要想摆脱传统观念和习惯思维的局限，就要鼓励自我打破思维禁锢，突破常规的路线，激活创新的意识。

总之，人是善于思考的动物，处于竞争激烈、变化多端的社会中，当我们一旦发现自己的定位与现实不合拍时，调整步调才是最明智的选择。

看不起人，是因为内心虚弱

看不起人，是因为内心虚弱，而不是内心强大。——《人性的，太人性的》

关于这句话，尼采的解释是，那些态度夸张的人，都是虚荣心所致。他们希望通过表现自己形象的高大来告诉别人自己能力出众，希望被重视，其实这只能表明他们内心虚弱。

在中国民间，流传着一个故事：

一天，唐伯虎游玩到西湖时，已经又累又饿的他，便在西湖边某酒楼里吃了一顿午饭，但当他找来店小二准备结账时，发现身上的钱袋居然丢了。吃饭没带钱，唐伯虎居然遇到这种糗事，他急得一头汗，但聪明的他很快想到一个解决问题的办法，啪，打开手中扇紧摇慢扇……看到扇子他来了主意：“就凭我的画，怎么着也得值几个金元宝。”没想到，店小二根本不识货，也不知道站在自己面前的就是唐伯虎，便说老板不在，做不了主。唐伯虎一时来了气：“我今天还就不信活人能被憋！”他吆喝起来：“谁买扇？”

这时，旁桌一个富态的中年人走过来，一把拿过唐伯虎的扇子，然后很轻蔑地说：“画的什么呀这是？现代不现代，前卫不前卫，一文不值。”随手扔在地上，唐伯虎此时已经是相当郁闷。

看到这里，在场的一个知识分子实在忍不住了，他原本只是打算为一个沦为乞丐的食客打抱不平，但却眼前一亮：“天哪，这不是唐伯虎的墨宝吗？”

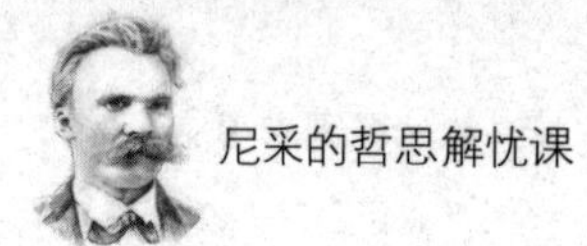

再看这个食客，果然是唐寅，因为一个文人的气质是与众不同的。这位知识分子激动而又景仰地向大家宣布："女士们、先生们、朋友们、同志们，这位就是江南第一风流才子唐伯虎！"所有人都惊喜不已，又是抢着与唐伯虎搭讪，又是争购唐伯虎之扇。

此时，得到解救的唐伯虎自然是感激涕零："这扇子我谁都不卖，只给他！"

受宠若惊的知识分子连忙笑着说，我这兜里只有十两银子，买不起，买不起！唐伯虎说："别，别，我只收您五两，多了不要。"

刚刚那位嘲弄唐伯虎的富商一看这阵势，知道自己有眼无珠，没认出大名鼎鼎的唐伯虎，于是，只好赔礼道歉："算我瞎了眼，您的画那是天下独一无二的精品，您喝，喝！"把唐伯虎灌了个醉意朦胧。酒酣之际，富商说："您还是将扇子卖给我得了，我多出价钱！高他200倍！"

唐伯虎当然不会答应，于是，只说了两个字："没门儿！"

富商很是不快，露出本来面目："你吃了我的，喝了我的，就白吃白喝啦？！"唐伯虎说："这饭是你请的，酒也是你请的，又不是我要吃，吃了不就白吃？"引得众人大笑不止。

此时，人群中有人劝说唐伯虎："给我点儿面子，给我点儿面子！此人惹不起啊，他是本地四大款之一。"

唐伯虎："嘿！我还真不知道，既然如此，我就为您当场画一幅吧。"

笔墨伺候，唐伯虎起身儿，在他后背上"刷刷刷"几笔完事，然后拉着那位知识分子大步离去。众人看画，更加痛笑不已。富商脱衣一看立马晕倒。

那上面留着唐伯虎的笔墨：王八。

你敬他人三分，他人敬你七分。唐伯虎的故事，给我们一个启示：互相敬重要平等，弱势的人也应当被敬重人格，不知道哪天哪会儿"我敬的人"会报"我"以更有意义的"回敬"。

可见，尊重别人不代表你的懦弱，蔑视别人也不能表示你的强悍。在人与人之间的交往中，需要理解、信任与尊重。你对他人的尊重必当换来他人同样甚至更多的"回敬"。

因此，我们每个人，在待人接物的过程中，都必须放下所谓的傲慢，别人才会接纳你，从现在起，你要努力做到以下几点：

1.热情待人

热情是傲慢的天敌，与人交往，良好印象的形成中，热情是第一个被对方感知到的品质，这也是人际交往中的心理规则。因为人们总是有这样的感觉，那些热情的人肯定会有一些其他良好的品质，如有爱心，乐于助人，对生活保持乐观态度，容易接近等，而这些都是人们在交往中希望看到的。

2.真诚

与人交往，赢得信任的最基础条件是真诚，一个人只要真诚，总能打动人，真诚是沟通人与人心灵之间的桥梁。真诚是一种巨大的人格力量，一旦具备了真诚的人格品质，你在别人印象中就会与信用、善良、美德结缘。

3.多审视别人的长处和自己的短处

因为具有骄矜之气的人，大多自以为能力很强，很了不起，做事比别人强，看不起别人。由于骄傲，则往往听不进去别人的意见；由于自大，则做事专横，轻视有才能的人，看不到别人的长处。因此，待人接物，要多审视自己的短处，看到别人的长处，才能逐渐变得谦卑。

4.虚心求教

试想，有谁会喜欢高高在上的姿态，得意忘形的面孔，颐指气使的神情，专横跋扈的气势呢?

5.意见不一时，委婉指出

当你占据有理的一方时，你也不要得理不饶人，这样只会让你的同学、朋友远离你。

其实，当彼此意见不一时，不妨采取一些委婉的方式，来表达自己的观点。如果对方仍然坚持自己的观点，大可以一笑了之。

总之，一个人应该和周围的环境相适应，适者生存，更容易被人接受，更能融入和谐的社会关系中。因为谦逊既是一种姿态，也是一种风度，一种修养，一种品格，一种智慧，一种谋略，一种胸襟。

成长要靠自己的力量

人要勇敢地去成长，要真正爱自己，首先必须靠自己的力量。——《查拉图斯特拉如是说》

尼采这句话是要告诉我们，任何一个人，只有靠自己的双手奋斗、靠自己的双脚前进，才能真正成长起来。的确，人生在世，谁都渴望获得友谊、获得他人的关注目光，但一个人，要真正成长起来，就必须要靠自己的双脚走路，朝着高处的目标迈进。那样会伴随着痛苦，但那也是心灵成长之痛。事实上，人生本来就是一场面对种种困难的“无休止挑战”，也是多事多难的“漫长战役”，这场战役必须由我们每个人自己去打，其他人是无法代替的。你若总是缺乏主动性和信心，那么，你的这场人生之战最终会是失败的。

一个人在屋檐下躲雨，突然看见远处走来一位撑着伞的禅师，因此，他大声喊道：“禅师！佛法讲求普度众生，你可以度我一程吗？”禅师说：“我走在雨里，你躲在屋檐下，我被雨包围着，而你藏身的屋檐下却根本没有雨，你又何需我度你呢？”

听到禅师这么说，那个人赶紧走出屋檐，站在雨里，说：“您看，我现在也在雨里了，现在，你可以度我了吧？”禅师说：“我依然不能度你！”那个人疑惑不解地问道：“刚才我在屋檐下你不度我，现在我在雨里，你为什么还是不度我呢？”禅师说：“此时此刻，咱们俩的处境是一样的，即都在雨中。唯一的区别在于我带伞了，而你没有带伞，所以我没有淋雨，而你却淋雨了。确切地说，我之所以没有淋雨，是因为伞度我，因此，我根本无法度你。假如你想找人度你，那么，你根本不必找我，正确的做法是找伞！”

虽然那个人被大雨淋得浑身都湿透了，但是，直到最后，禅师也没有度他。

那人愤愤不平地说：“既然不愿意度我，就应该早点儿说明。绕了这么大一个圈子，是故意让我淋雨吧。人们都说佛法讲求‘普度众生’，我看佛法是

‘专度自己’！”

禅师听了，丝毫没有生气，而是平心静气地说：“想要不淋雨，出门的时候就要记得自己带伞。有的人总是想依赖别人，即使看到天马上就下雨了，也不带伞，一心只想着别人肯定会带伞，肯定会有人帮助他，实际上，这种想法是最害人的。如果一个人不依靠自己的努力，而一心只想着依赖别人，到头来终将毫无所得。实际上，真正悟道的人是不会被外物干扰的。人生来就有自性，只是有的人因为平日不去寻找，所以还没有找到而已。如果自己不做任何努力，只把眼光放在别人身上，想依靠别人成功，那简直是不可能的。

有一天，一个老人和一个年轻人一起来到沙漠里栽种胡杨树。等到树苗成活以后，老人很少来，即使偶尔来了，也只是扶一扶被风刮倒的树苗，不浇一点儿水，任由胡杨树自由地生长；年轻人却觉得沙漠里太干旱了，树苗很难长成大树，所以每隔几天就来给树苗浇水。转眼间，几年过去了，老人的胡杨树看着很干枯，像在沙漠中渴了很久的枯树一样。而年轻人的胡杨树则不同，它们郁郁葱葱，长得很粗壮。沙漠里的气候很恶劣，突然有一天，刮起了罕见的沙尘暴。风停后，人们惊讶地发现老人种的胡杨树只是被风吹折了一些树枝，吹掉了一些树叶，而年轻人栽的胡杨树几乎全被风刮倒了，有的甚至连根拔起。年轻人疑惑不解，就问老人这是问什么，老人缓缓地说道：“这是因为你总是隔三差五地来给树浇水施肥，这样一来，它们自己就不会努力把根往泥土深处扎以吸收养分和水分。而我种的树则不同。从树苗成活以后，我从来没有给树浇过水，因为生存环境的恶劣，所以它们不得不把自己的根扎到地底下的泉源中去。你想，树有这么深的根，怎么可能轻易地被风刮倒呢？”

以上两个故事都说明了一个道理，过分地依赖别人，必将使自己在面对困境时手足无措。就像胡杨树一样，任何时候，人都应该靠自己，只有这样，才能使自己从容地面对人生的风风雨雨。这个道理也同样适用于我们的生活和工作中，虽然职场不讲求佛法，环境也不像沙漠那般恶劣，但是，职场却同样要求每一个人勤奋努力，依靠自己获得成功。

其实，人生就是一个过程，是一个历练自己、成就自己的过程。诗中有云，不经一番寒彻骨，怎得梅花扑鼻香。不管是在生活中，还是在工作中，我

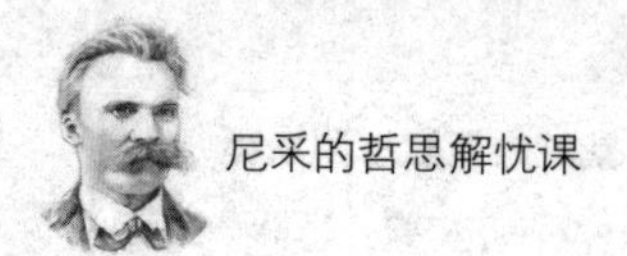

们都要依靠自己，自立自强。如果过分依赖别人，轻则被别人釜底抽薪，重则被别人利用，不管是哪一种结果，都是我们所不愿意看到的。

如果你想做出一番成绩，就必须全面、正确地认识客观事物，通过由表及里，由此及彼，去粗取精的加工过程，抓住事物发展的规律，结合自身的条件，制订符合实际的理想和奋斗目标，在实施中根据客观事物的发展变化修正理想和目标，使人生幸福之路永远长青。

总之，我们要做个有自信、有主见的人，要有自己的思想和决断，不要总是依赖别人，只有这样，你才能获得事业、爱情以及人生的成功。

别给自己留下失败时的借口

无论何等好事，不要“为了……”而做，因为那样，只会给我们留下失败时的借口。——《查拉图斯特拉如是说》

很明显，尼采这里强调的是，无论做什么，都别给自己找借口。也就是他此处说的“为了……”，后来，尼采还补充“然而，当你纯粹地、主动地为爱而做事时，是不会联想到‘为了’这个词的。”

人生在世，每个人都必须有责任感，这不仅是对他人负责，也是对自己负责。而借口与托词，则是责任的天敌。任何一个成熟的人，只要有责任心，就能做到毫无借口地行事。

有一个乡下人在山里打柴时，拾到一只很小、样子怪怪的鸟，他把这只怪鸟带回家给儿子玩耍。后来人们发现，那只怪鸟竟是一只鹰。时间久了，村里的人们对于这种鹰鸡同处的状况越来越害怕，人们一致强烈要求：要么杀了那只鹰，要么将它放生。这一家人自然舍不得杀它，他们决定将鹰放生，让它回归大自然。然而他们用了许多办法都无法奏效。后来村里的一位老人说：把鹰交给我吧，我会让它重返蓝天，永远不再回来。老人将鹰带到附近一个最陡峭

的悬崖绝壁旁，然后将鹰狠狠地向悬崖下的深涧扔去，如扔一块石头。那只鹰开始也如石头般向下坠去，然而快要到涧底时它终于展开双翅托住了身体，开始缓缓滑翔，然后轻轻拍了拍翅膀，飞向蔚蓝的天空，它越飞越自由舒展，越飞动作越漂亮，这才叫真正的翱翔，蓝天才是它真正的家园啊！

记得一篇文章中有着这样一段话：当面对一堵很难攀越的高墙时，不妨把你的帽子扔过去，然后你就不得不想尽一切办法翻过高墙到那边去了。“把自己的帽子扔过墙去”，这就意味着你别无选择，为了找回自己的帽子，你必须翻过这堵高墙，毫无退路可言，这就是绝不找借口，这就是给自己施加压力，让自己永远不要有退缩的念头，去战胜困难，争取成功。

然而，无论在生活中还是工作中，我们总是能看到一些人在为自己找借口：“因为我资源不足，所以我做不了。”

“我没有完成这些工作，是因为这段时间太忙，毕竟我是一个人，不是机器。”“我做错了，但是大家不都是这么干的吗？”

“我没有去克服困难，因为我从来没有过这方面的培训。”

“如果其他人更好地配合我的话，我想我会做得好些。”

……

无所不在的借口变成了一面挡箭牌，事情一旦办砸了，他们就能找出一些冠冕堂皇的借口，以换得他人的理解和原谅。找到借口的好处是能把自己的过失掩盖掉，心理上得到暂时的平衡。但长此以往，因为有各种各样的借口可找，人就会疏于努力，不再想方设法地争取成功，而是把大量的时间和精力放在如何寻找一个合适的借口上。

从古至今，成大事者，都有担当大任的品质，这其中就包括责任心。这一点，同样适用于竞争日益激烈的现代社会。比如，一流的企业，需要一流的员工。只有一流的员工，才能担当企业赋予的重大责任。而这里的“一流”，是必须包含强烈的责任心、集体荣誉感和爱岗敬业的，也就是“一流”的完成工作的任务能力和态度。

恺撒是一位出色的军事将领。有一次，他奉命率领舰队前去征服英伦诸岛。出发前他检阅舰队，才发现严重的问题。随船远征的军队人数少得可怜，

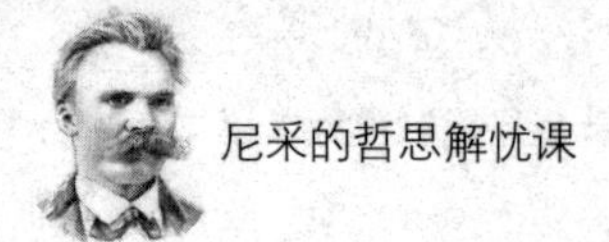

而且武装配备也残破不堪，以这样的军力去征服骁勇善战的盎格鲁萨克逊人，无异于以卵击石。

但军令如山，恺撒决定背水一战。舰队到达目的地，恺撒等所有士兵全数下船后，立即命令部属一把火将所有战舰烧毁。同时，他召集全体战士，明确地告诉他们：战船已全部烧毁，大伙儿只有两种选择。一是勉强应战，如果打不过勇猛的敌人，后退无路，只得被赶入海中喂鱼；二是奋勇向前，攻下该岛，则人人皆有活命的机会。求生是人的本能，士兵们人人抱定必胜的信念，终于攻克强敌，以弱制强。恺撒也因为这次成功的战役而备受重视，直到日后掌握大权。

我们任何一个人，无论做什么事，必须具有绝无退路的决心，勇往直前，遇到任何困难、障碍都不能后退。如果立志不坚，随时准备迎难而退，那就很难有成功的一日。

对此，你必须要明白，要做个成功的人，就必须要有成功的心态：不为自己找任何借口退缩，而是勇敢向前。

1.摆正态度，把责任心放在第一位

的确，没有人愿意主动失败或者出错，这也是很多人的借口。但一个对待工作不小心不认真的人又怎么能够把工作完成得圆满出色呢？也就是说，不管你做什么事，摆正态度，才能减少失败出现的可能。

2.不要试图让别人为你承担失职的责任

有些不负责任的孩子在事情出现问题时，首先考虑的不是自身的原因，而是把问题归罪于外界或者他人。这样的做法，不仅会让你养成推脱责任而不是找解决问题的方法的习惯，还会影响你的人际关系。

总之，如果你有找借口的习惯，那么，请把借口从你人生的字典中永远剔除，不要再做只想“如果”的人，而是做一名只想“如何”的人。“如果”和“如何”虽只是一字之差，但却代表两种迥然不同的态度，“如果”只会让你推脱责任，逃避困难；而“如何”是一种积极的思维方式，他会从失败中找根源，会积极寻找更有效的办法和措施来解决问题。

如何使更多的人站在自己这边

聪明的人通常都会明白如何才能使更多人站在自己这边。——《人性的，太人性的》

从尼采这句话中，我们明白了好的人际关系对于我们人生的重要性。生活中，我们不难发现这样一种现象：那些懂得“拉拢”人心的人，他们总是能获得他人支持，他们无论是事业还是生活都顺风顺水，而那些人缘不好的人办起事来似乎总是处处犯难。很明显，是否懂得与人相处，是否能给他人留下好印象事关我们做事的成功与否。

的确，人生活在社会中，总是要和别人进行交流和沟通的。在交流沟通中，自己是否能最大限度地被人认可和支持，往往是由自己的社交水平、品位以及为人处世的方法所决定的，同时它也可以决定一个人事业的成功和失败。

因此，我们在人际交往中，应该注意做到以下几点，来赢得他人的好感、获取他人对自己的支持。

1.真诚待人

朱太太雇了一个保姆，下个星期一，保姆王嫂就要正式上班了。于是，朱太太利用这段空余时间给她的前任雇主打了个电话：“您好，我是王嫂的责任雇主，我想了解一下她以前在您这里的情况。”让朱太太大吃一惊的是，她听到的评语竟然抱怨远远多于赞赏。

星期一很快就到了。朱太太亲切地对保姆说：“王嫂，前几天我给你的前任雇主打了个电话，她对你的评价很好。她说你为人可靠，对孩子非常细心，而且有一手好厨艺，但有一个小小的缺点，就是不太会收拾屋子。我觉得她的话并不完全可信，因为从你的穿着来看，你应该是个整洁的人，所以我认为，你一定会把屋子收拾得很干净，而且大家应该能够和睦相处。”

最后的事实证明，她们的确相处得很好，王嫂就像朱太太说的那样，每天勤奋地工作，把屋子收拾得干干净净，有时甚至加班完成剩下的工作。有一次，朱太太在外开会，但却把一份很重要的文件落在家里了，在她束手无策的时候王嫂给她送过来了，朱太太感激不尽。

这就是在与人交往中，真心待人带来的益处，当你发自内心地对别人友好时，别人就会感觉到你真诚的心意，不知不觉对方就会对你产生信任感，你们之间就有了好的开头。如果朱太太没有真诚地对待王嫂，王嫂自然也不会为朱太太送文件了。真心地对待别人也是一种人情投资，而绝非人们认为的思想乃至物质上的“包袱”，投资必定有回报，朱太太的事例就是个说明。

2.与他人交流时要开放而坦率

有一次，奥普拉主持几位曾有过吸毒经历的母亲的谈话节目。其中一位母亲讲道，她是因为害怕失去男朋友才染上毒瘾的；另一位母亲则说，自己之所以来参加节目，公开自己的隐私，是因为奥氏从来不说假话。这时候，奥普拉再也忍不住了，冲口而道：“我也吸过可卡因的，咱们同病相怜！”

话音刚落，一旁的同事惊慌不已，她却坦然道：“没事儿，一切都过去了，一切都会好的。”正是在她的带动下，谈话者才都坦然地道出自己的真实感情来。

奥普拉作为一个明星主持人，说话如此坦率，令人佩服。也正因如此，才给人一种亲近之感，才能得到对方同坦率的回答。

要赢得别人对自己的欢迎，很重要的一点是首先要让别人相信你，这样人们才可能觉得你可以信赖，才能以一种真心交流的态度与你相处。所以，我们第一件事情就是不要对别人保密和隐瞒，应该换以开放而坦率的态度与他们交往，只有这样人们才会对向自己开放的人开放。

3.要谦恭自律

与人相处中，他人发现了你的优点，向你表示钦佩时，千万要记得说“谢谢”。然后真诚地告诉对方其实这个没什么，你也可以的。简单的“谢谢”会给对方发自内心“真有涵养”的赞叹。

4.要用豁达的态度来赢得朋友

在与别人相处时，难免会遇到一些不开心的事情。如何对待这些小摩擦，让关系变得更好就成为交往中很重要的一个环节。善于交往的人往往在处理这

些不愉快的事情时，总表现出一种豁达的态度，这样对方很容易发现你的真诚，发现你对他并不计较，从而自动和你和好；同时你用自己的态度来证明了自己是一个值得信赖的朋友，相信别人也会用真诚对待你的。

5.用热忱与激情表达信念

通过热忱与激情表现你的信念，这相比其他东西来说是反映真诚的更值得信赖的指标。

6.时时刻刻要给人一个好印象

人与人交往，印象是很重要的，好的印象，对自己的交往有着激发和促进作用；不好的印象就会对交际起着抑制和阻碍作用。如果你始终是守信、正直、稳重和文雅，那么别人无论在何时何地都会支持你的。

总之，我们若想获得他人的支持，就要学会如何做人和做事，在做事上要力求做到有力度、有魄力、当仁不让，而在做人上，要学会谦虚、低调。只有这样，你才能赢得他人的信任、器重，为日后的发展奠定更坚实的基础。

别指望所有人都喜欢你

你不可能让全世界的人都喜欢你，既然如此，就以平常心面对吧。——《人性的，太人性的》

尼采这句话是希望我们在面对他人的偏见和不喜欢时，要摆正自己的心态，正如他说的另外一句话一样：“聪明的人只要能掌握自己，便什么也不会失去。”诗人但丁也曾说：“走自己的路，让别人去说吧。”的确，即使再完美，做得再周到，也不可能让所有人对我们满意，与其这样，我们不如坦然接受他人的不喜欢。

我们都知道，把事情做好的方法有很多，但首要的一条就是“不要试图把所有的事情都做好”；处理人际关系的准则也有很多，但最重要的一条是：

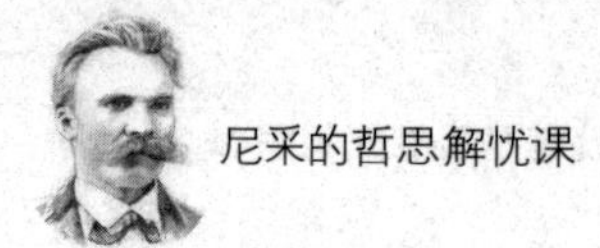

“不要试图让所有人都喜欢你。”因为这不可能，也没必要。

美国前任国务卿鲍威尔这样总结自己的为人处世之道，与两千年前的孔子有异曲同工之妙：“你不可能同时得到所有人的喜欢。”世界上确实有不少人，你越是努力和他结交，努力给他帮忙，他越是不把你放在眼里。反之，如果你做出成绩了，又不狂妄自大，自然能赢得别人的敬重。

有人问孔子：“听说某人住在某地，他的邻里乡亲都很喜欢他，你觉得这个人怎么样？”孔子答道：“这样固然很难得，但是在我看来，如果能让所有有德操的人都喜欢他，让所有道德低下的人都讨厌他，那才是真正的君子呢。”

事实上，那些真正的成功者多半都是特立独行的，他们从不奢求所有人都喜欢他们，在他们追求成功的道路上，他们也听到了一些他人的闲言碎语，但他们始终坚持做自己，坚持自己的信念，最终，他们成功了。因此，生活中的我们也要学会明白一个道理：让所有人都喜欢我们是很不成熟的想法，不必委曲求全。做好自己，你才能获得快乐。

元朝有个著名的学者，叫许衡。在他身上曾经发生过这样一个故事：

有一天，他跟着一群小朋友到荒郊野外去游玩、嬉戏。大家都玩得很开心、很疯狂，不一会儿，因为天热，这群孩子就觉得口渴了，这个时候，他们刚好看见路旁有一棵梨树，于是，大家便争相前去抢食梨子以解渴。

当大家吃得津津有味、口水直流的时候，忽然发现只有许衡安安静静地坐在树下，并没有参加抢梨大战。

有些孩子觉得奇怪，大家吃梨解渴，很是开心，为什么单单就许衡一个人不去摘梨呢？有人问他，他却淡淡地回答说：“不是自家的东西，不能随便摘。”

许衡这么说，大家都不以为然，只觉得扫兴，还纷纷回嘴说：“现在是什么时期？兵荒马乱，许多人家死的死、逃的逃，这只不过是一棵没有主人的梨树而已，为什么不能摘来吃？不吃白不吃，未免太傻了吧！”

许衡有点儿恼怒，立刻一本正经地回答说：“这棵梨树或许真的没有主人，可是我们的心，难道也没有个主张吗？一定要随心所欲偷吃不属于自己的

东西吗？”

许衡的做法是对的，一个人，活着就必须要活出自我，要有自己的主张，这样才能维持一个人的格调。一般人都只有“偏见”，而少有“主张”，尤其是自己独一无二的“主张”，所以难有吸引人的“特质”。

我们必须承认，我们要想获得成功，就需要他人的支持和喜欢，但我们还必须明白，即使你做得再完美无缺，也没有招惹任何人，仍然会有人看不惯你，仍然会有很多不利于你的传言。对某些心胸比较狭隘的人来说，你不需要招惹他，你在某方面比他优秀，这就已经招惹他了。

人活于世，就难免会被人评论，当然其中也有一些是语言上的伤害，而其实，如果我们能迷糊一点儿，视而不见，那么，对方必当会因为我们的以德报怨而心生惭愧，进而感念我们的宽容和大度，被我们的胸怀所折服。

有一天，在拥挤喧闹的百货大楼里，一位女士愤怒地对售货员说：“幸好我没有打算在你们这儿找‘礼貌’，在这儿根本找不到！”

售货员沉默了一会儿说：“你可不可以让我看看你的样品？”

那位女士愣了一下，笑了。售货员的幽默打破了他们之间的尴尬局面。

可见，事情弄得很紧张、很严重的时候，如果我们能大度一点儿，放下对方不快的言语对我们造成的伤害，便可巧妙地避免麻烦和纠纷。如果那位售货员对于争吵也采取一种较真儿的态度，那对于大家又有什么好处呢？无非是更加激化双方的矛盾。正因为意识到这一点，这位售货员巧妙地批评了那位女士的无礼，从而制止了进一步的争论。

其实，人生，只要不存在原则上的对立，就没必要战争，没必要硝烟，没必要对抗，更没必要老死不相往来。人生需要更多的智慧，人生也必须有智慧能力解决问题。不以消灭对方或简单暴力结束彼此关系，可以给自己和冲突方最大的回旋余地，何乐而不为？比如，对待一个长舌妇，以牙还牙就失去了身份。一笑而过、沉默不语也未必不是一种很好的还击方法，必将使之气滞羞愧。

但其实反过来一想，无论你怎么做人做事，总是有人欣赏你，让所有人喜欢是件不可能的事，想让所有人讨厌也不那么容易。你绝对不能因此而生气，更不能大动肝火，如果真这样，那么，你只能越描越黑，让他人产生很多无端的猜忌，另外，你也会因为这些空穴来风的话而大伤脑筋，其实，如果你能懂得放下的智慧，凡事不作过多的解释，那么，这便是最好的证据和回击的武器。

第03章

不必忧虑，豁达面对一切不快

生活中，有乐事也有忧事，有成功也有失败，有快乐也有悲伤，我们对此应进行精心地筛选，不能让那些悲哀、凄凉、恐惧、忧虑、彷徨的心境困扰着我们，这就需要我们有豁达的心境，只有这样，我们才能经常忆乐忘忧，而不至于让阴影笼罩心头，失去前进的动力。

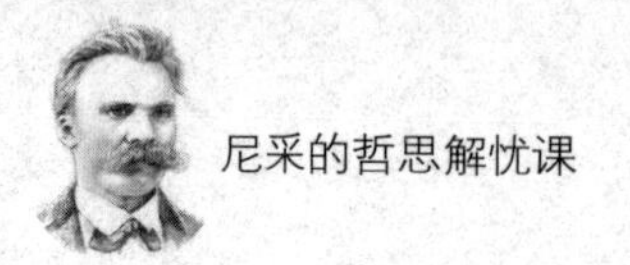

顺其自然，那些你不需要的都会离开

人生苦短，我们要珍惜当下，努力做出点成就来，为此，我们就必须要懂得舍弃。而至于该留下什么，舍弃什么，我们不必为之烦恼，因为在你努力向前的时候，那些不适合你的、不需要的东西自然会离开你。——《快乐的知识》

这句话是要告诉我们，人生在世，我们面临的抉择实在太多。我们一定要学会放弃，如果你什么都想要，那么，最终，你很有可能什么也得不到。那么，哪个会被你忍痛割爱？人生旅途中，经常会遇到岔路口，该何去何从呢？

的确，很多时候，我们遇到的选项都是非常具有诱惑力的，但却不能同时拥有。在鱼与熊掌的选择中，我们往往会斤斤计较，患得患失，优柔寡断。但必须要明白的是，你必须学会抉择，学会舍得。生活的辩证法也告诉我们这一道理，“得”与“失”之间也是矛盾的统一体。在鱼和熊掌不可兼得时，你必须有取有舍。取就必须舍，舍了才能得。例如，要成功就必须放弃享乐；选择家庭的同时就得放弃单身生活的很多自由空间；选择内心平静的同时就得放弃对权力和金钱的追逐。当必须拿定主意的那一刻，你会犹豫彷徨、无所适从吗？关键处、紧要时，你能当机立断、正确选择吗？有这样一个很有趣的故事：

在仙雾缭绕的山中，有一位仙子，她有伟大的神力，可以决定什么花开成什么颜色、什么样子。

有一朵蓓蕾，它非常美丽，很受仙子喜爱，仙子给了它优先选择颜色的特

权。然而，令仙子失望的是，蓓蕾因为选择太多，一直拿不定主意，在花季过了之后，仙子在山谷中发现了它——一朵未及开放便枯死了的蓓蕾，只是因为它选择太多却始终无法作出选择。

这朵蓓蕾为什么会最终凋谢。就是因为它什么都想得到，最终错过了花期。其实，我们人类何尝不是在重复着这样的悲剧呢？我们的一生，会经常站在抉择的交叉路口，而且，很多时候，这些选择是单项的，如学业上，填报志愿时，你有两个都很喜欢的专业；就业后，你遇到了两份都不错的工作；到了适婚年龄，你周围的异性都让你很满意……当遇到多个选项、鱼和熊掌又不可兼得的时候，你有能力和魄力作出明智正确的抉择吗？

可能你会认为，摆在眼前的都是我的最爱，舍弃任何一个，都会让我痛苦。但你必须明白的是，只有果断地放弃其中之一，才会得到、拥有其中之一。只有作出选择，才不至于什么都得不到。选择是一门看似简单却十分有讲究的艺术。人的一生，就是一个不断进行选择的过程。选择的正误和效率，是一个人价值取向、思想水平、道德意识和判断能力的综合反映。

一些看似无所谓的选择其实是奠定我们一生重大抉择的基础，古人云："不积跬步，无以至千里；不积小流，无以成江海"，无论多么远大的理想，伟大的事业，都必须从小事做起，从平凡处做起，所以对于看似琐碎的选择，也要慎重对待，考虑选择的结果是否有益于自己树立的远大目标。

有选择就必须要舍弃，而舍弃，对每一个人来说，都是一个痛苦的过程，因为很多时候，一旦舍去，就意味着永远不再拥有，但是，不想舍去，想拥有一切，最终你将一无所有，这是生命的无奈之处。如果你不放弃眼前的热烈，就无法享受花前月下的温馨……生活给予我们每个人的都是一座丰富的宝库，但你必须懂得，选择适合你自己应该拥有的，否则，生命将难以承受！

生活中，我们每个人都在走自己的路，在面临人生选择时，只有那些志向远大的人，才知道自己最终到底要什么，才能作出正确的取舍，把握自己的命运。因为只有远大的目标才是我们作抉择的衡量准绳。孟子曰：舍生取义，这是他的选择标准，也是他人生的追求目标。

在面临选择时，我们必须清醒地知道，我们需要什么，哪些才是对自己最重要的，哪些才是最适合自己的。

有时候，我们选择的似乎只是如何处理问题的方式方法，但实际却也是在对自己的人品、人格作出选择。选择必须考虑到社会效益，不能因一时之快或蝇头小利而失去做人的道德、良心和他人的信任。

总之，人的一生需要放下的东西很多。古人云：鱼和熊掌不能兼得。如果不是我们该拥有的，那么我们就得学会放下。过去常听人说，人要懂得放弃。放弃是对事物的完全释怀，是一种高妙的人生境界。而放下则更具有丝丝缕缕的难舍情怀，是一首悠扬的乐曲，在每个人的心底奏起。

责备他人，也就暴露了自己

责备他人，也就暴露了自己。——《曙光》

我们来对尼采这句话进行解释：人都是会犯错的，如我们的孩子、下属等，这就需要我们对其进行批评指正。但如果我们采用激烈的言辞责备他人，是会被对方或者第三人看在眼里的，我们的坏脾气、性格中不好的部分就暴露出来了，对方为此会认为我们是个性格低劣的人，进而会厌恶我们。因此，在他人犯错时，我们最好不要过分责骂他人。

那么，我们该怎样批评他人呢？我们先来看下面一个故事：

伏尔泰曾有一个仆人，有些懒惰。一天伏尔泰请他把鞋子拿过来。鞋子拿来了，但布满泥污。于是伏尔泰问道：“你早晨怎么不把它擦干净呢？”

“用不着，先生。路上尽是泥污，两个小时以后，您的鞋子又要和现在的一样脏了。”

伏尔泰没有讲话，微笑着走出门去。仆人赶忙追上说：“先生慢走！钥匙呢？食橱上的钥匙，我还要吃午饭呢。”“我的朋友，还吃什么午饭。反正两个小时以后你又要和现在一样饿了。”

伏尔泰巧用幽默的话语，批评了仆人的懒惰。如果他厉声呵斥他、命令他，就不会有这么好的效果了。

每个人都是有自尊心的，直截了当地当众批评、责备他人，或者会引起对方的强烈反驳，找到一些理由来为自己辩护；或者会以沉默相对抗，口服心不服，并从此积怨于心。所以心理学家都异口同声地说："不要当众斥责人。"这是很有道理的。批评是一件严肃的事情，但这并不排斥应该让被批评者发出欢快的笑声。委婉含蓄，点到为止，使对方心领神会，回味无穷，能让被批评者在轻松、活泼、愉快的笑声中接受批评教育，认识到自己的缺点和错误，是开展批评的有效方法。这里有几点小建议：

1.批评要具体

批评千万不能无事生非，毫无根据，这样，你的下属是无法接受的，因此，在批评中，你的批评必须是具体的，要针对具体的事进行批评，并且，最好能帮助下属认识到问题的所在，并找出解决的方法。

2.诚恳礼貌

批评本身就是一件不愉快的事，没有人喜欢被他人批评，因此，批评能否起到效果，很大程度上是取决于你的说话的态度，所以领导者应该注意自己在批评时的态度，即使有些个人成见，也要始终保持友善的气氛。

3.不要在众人面前批评

被批评是一种他人对自己的否定，因此，没有人喜欢被批评，更没有人喜欢被当众批评。这种否定，越是被第三者看到或者听到，被批评者越是无法接受。因此，从被批评者的面子角度考虑，我们要尽可能地避免第三者在场，更不要把门大开着，更不要生怕没有人听见你正在批评人似的。在这种时候，你的语气越"温柔"越容易让人接受。

因此，即使是批评，你也一定要与对方直接交涉，尽量以私密的形式传达。如果你希望批评能够产生效果，绝对不可让对方的自我产生反抗。因为批评的目的是获得良好的结果，而不是要让对方自我受挫。

4."吻后再踢"，先赞扬对方

先称赞对方，给予对方亲切的言辞，会帮助你与被批评者之间建立良好的关系，这样，即使你对对方进行批评，他也能感受到，你的批评是为了助其改正缺点，是一种帮助。而如果你尚未开始批评，便横眉冷对，破口大骂，对方会立即产生一种反抗心理，绝对不会倾听别人的意见。称赞能使对方兴奋，也能使你发现对方的许多优点，而当你批评他时，他必然会欣然接受。称赞能打开对方的心扉。

5. 对人不对事

人无完人，谁都会犯错误，犯错并不代表这个人如何如何，错的只是行为本身，而不是人某个人。一定要记住：永远不要批评“人”。因此，批评时，一定要针对事情本身，不要针对人，更不要批评对方的人格等。

6.为对方提供明确的解决问题的方法

任何批评，如果只是为了批评，那么，便是无效用的。令人心服口服的批评，也必当是建立在指点迷津的基础上的，你要告诉对方错在哪里，该如何改正等，一定要让他明白：你不是想追究谁的责任，只是想解决问题。而且，你有能力解决。

7.在友好的气氛中结束

在批评结束时，如果对方还心有不甘或者心生怒意，那么，这样的批评就不是成功的。因此，不要在事情还没解决之前，就暧昧地搁置下来，到后来才再一次讨论，而应该在有了结论之后即刻结束批评。面谈结束时，必须好好安慰对方。因为留给对方的最后印象非常重要——要让他感觉到是安慰而不是责骂，才能收到较好的效果。

因此，可以说，你的批评是不是“成功”的，很大程度上取决于你批评的“度”的把握，没有人喜欢被批评，不要相信“闻过则喜”。如果你一味地指责别人或者简单说明你的看法，你将会发现，除了别人的厌恶和不满外，你将一无所获。然而，如果你能够让对方感觉到你是来解决问题纠正错误的，而不是仅仅来发泄你的不满，你将会获得成功。

切莫总是跟随群众

你今天是一个孤独的怪人，你离群索居，总有一天你会成为一个民族！——尼采

尼采这句话是要告诉我们，成功者在大多数人之外。我们要想成功，就要敢于走自己的路，而不是跟随群众。的确，在我们的生活中，我们发现，人都是有从众心理的，跟随大家的脚步行事，会让我们减少不少风险，但因循守旧、人云亦云，我们永远不可能有大的成就。

因此，人生路上，我们不必过于在意别人的看法。用心思考，你会发现，任何一个成功的故事无不来自一个伟大的想法，来自坚持自己内心的声音。

理查德是哈佛毕业的高才生，但令人感到惊讶的是，他并没有和其他毕业生一样就职于某家大企业或者成为某一行业的技术骨干，而是成为了一个出类拔萃的油漆匠。

理查德的父亲也是一位手艺很好的油漆匠，在他年轻的时候，他成功偷渡到了洛杉矶，但移民生活是艰苦的，而他正是凭借这一手好手艺在洛杉矶站住了脚，后来，因为一个大赦，他拿到了绿卡，一家人也就成了名正言顺的美国公民。

理查德是个懂事的孩子，在他很小的时候，为了减轻父亲的工作压力，他常常会帮父亲干一些油漆活儿。几年下来，他不但掌握了父亲所有的手艺，还在很多方面有所创新，这让他的父亲感到很诧异。

理查德在读书方面也表现出了与众不同的天赋，他在学校的成绩一直是前三名，他在社区服务的记录一直是最好的，而且，他还获得过全美中学生美术展油画铜奖，这就使得他轻而易举地被哈佛大学录取了。

在哈佛读本科的四年，理查德虽然成绩一直名列前茅，但他似乎一直忘不了油漆工作，他觉得自己只有在抹油漆的过程中，才是快乐的，为此，一到周末，他就赶紧回家，然后摆弄油漆。

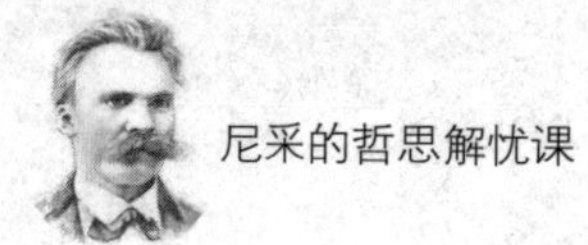

很快，四年大学生活结束了，他坚持不继续深造，而是在洛杉矶找了一份不错的工作。

理查德在工作中也一直很努力，为此，老板嘉奖了他很多次，但他就是忘不了油漆，一次，当老板问及他对公司有什么建设性意见时，理查德不假思索地说："公司经常要把一些零部件拿到外面去漆油漆，这样，浪费了成本不说，每次油漆的质量也不怎么样，如果公司能成立这样一个专门的油漆部门，那么，这个问题便能很好地解决。"

老板笑着说："这简直太难了吧，买设备倒是小事，但我们去哪儿找那些优秀的油漆工呢？"

理查德说："用不着找了，你面前就有一个。"

于是，接下来，理查德道明了自己的想法，以及自己过去的经历，他还说，自己想招收一些年轻人，由自己亲自培训。这个想法打动了老板，于是，老板当即决定，成立油漆部门，由理查德任经理兼技师。

回家后，理查德兴冲冲地告诉父亲自己被提升了。听完儿子的话，老父亲半天没说出话来，他当然反对儿子这么做，但他也知道，自己是阻止不了儿子的。事实证明，理查德是对的，经过几年的经营，这个油漆部门的工作非常出色，连白宫有些用品都指定在这里加工呢。

为什么理查德的故事在哈佛大学被广为传诵？因为哈佛希望学生们能明白，一个人，只有走自己的路，坚持自己的想法，才能真正走出一条与众不同的康庄大道。

不得不说，我们都渴望成功，但最终成功的往往是那些走"小路"的人，人云亦云、混迹于人群中的人即使有天赋的才能，最终只能泯然众人。

生活中的人们，如果你所希望走的路与周围人的看法相背离时，你是坚持自己的想法还是听从父母的意见呢？如果你与同学、朋友的想法相左时，你又该怎么办呢？其实，此时，如果你认为自己的观点是正确的，那么，你就要坚持。未来社会，相信自己正确，那么，你就敢走自己的路，就能不怕失误、不怕失败，在大多数情况下，不敢自信走"小路"的人，通常也难成为创新型人才。

其实，许多事例证明，别人给予你的意见和评价，往往不是正确的。

音乐家贝多芬在拉小提琴时，他宁可拉自己的曲子，也不愿做技巧上的变动，为此，他的老师曾断言他绝不可能在音乐这条道路上有什么成就。

20世纪最伟大的科学家爱因斯坦4岁时才会说话，7岁才会认字。老师给他的评语是“反应迟钝，不合群，满脑袋不切实际的幻想”。

大文豪托尔斯泰读大学时因成绩太差而被劝退学。老师认为他“既没读书的头脑，又缺乏学习的兴趣”。

如果以上诸位成功人士不是走自己的路，而是被别人的评论所左右，那他们就不会取得举世瞩目的成就。

总之，生活中的人们，如果你希望获得成功，就要有与众不同的思维，就要走与众不同的路，当你认为自己选择的路正确时，请坚持你的选择，别太看重别人怀疑和反对的态度，坚持自我，你会有更大的突破。

有自己的想法，别人云亦云

我们不能被人们的心理波动所驱使，错误地判断事物是否重要。——尼采

尼采这句话的含义是，对于任何事物，我们都要有自己的思考，要养成凡事不要看表象的习惯，有问题时就要有寻根究源的意识，然后巧用逻辑思维找到答案。日常生活中，可能我们都有这样的感触：对于那些已经经过前人证实的观点或者众人都认同的思想，我们通常会本能地接受、省略思考的过程。而事实上，如果一个人总是有从众心理的话，那么，他最终会变得随波逐流、毫无创新意识和创新能力，进而一事无成。

这一点，一千多年前的伽利略就给我们树立了榜样：

在伽利略之前，古希腊的亚里士多德认为，物体下落的快慢是不一样的。它的下落速度和它的重量成正比，物体越重，下落的速度越快。比如，10千克

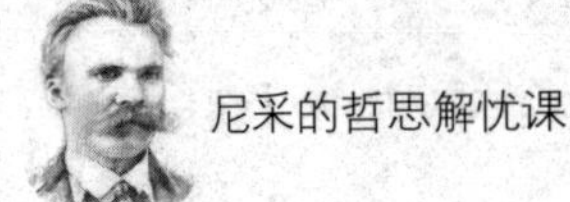

重的物体，下落的速度要比1千克重的物体快10倍。

1700多年以来，人们一直把这个违背自然规律的学说当成不可质疑的真理。年轻的伽利略根据自己的经验推理，大胆地对亚里士多德的学说提出了疑问。经过深思熟虑，他决定亲自动手做一次实验。他选择了比萨斜塔作实验场。

这一天，他带了两个大小一样但重量不等的铁球，一个重100磅，是实心的;另一个重1磅，是空心的。伽利略站在比萨斜塔上面，望着塔下。塔下面站满了前来观看的人，大家议论纷纷。有人讽刺地说:“这个小伙子的神经一定是有病了！亚里士多德的理论不会有错的！”实验开始了，伽利略两手各拿一个铁球，大声喊道：“下面的人们，你们看清楚，铁球就要落下去了。”说完，他把两手同时张开。人们看到，两个铁球平行下落，几乎同时落到了地面上。所有的人都目瞪口呆了。

伽利略的实验，揭开了落体运动的秘密，推翻了亚里士多德的学说。这个实验在物理学的发展史上具有划时代的重要意义。

表面上看，重的铁球应该是最先着地的，但实际上，伽利略向所有人证实了事实并不是如此。

从这里，我们应该有所启示，很多时候，事物的表象往往具有迷惑作用，要想拨开迷雾，就要善于运用逻辑思维。因为思维既不同于以动作为支柱的动作思维，也不同于以表象为凭借的形象思维，它已摆脱了对感性材料的依赖。

一位心理学家称，每个人都容易羡慕别人，因为在比较中，你总会发现比你优越的人。很多人不禁感叹，自己何时能赶上别人？世界著名的成功学大师拿破仑·希尔著有《思考致富》一书，在书中，他提出是“思考”致富，而不是“努力工作”致富。希尔强调，最努力工作的人最终绝不会富有。如果你想富有，你需要“思考”，独立思考而不是盲从他人。

人都是独立的个体，对一个事物都应该有一个主观的看法和评价，一味地顺从别人的看法，你将找不到属于自己的路。然而，我们的生活中有这样一些人，他们已经习惯了听从他人的意见，甚至缺乏判断力和选择的能力，这样的人又怎么可能获得别人的尊重，又怎么可能独当一面呢？

曾经有一个叫魏特利的人，他经历过这样一件事：

19岁那年，他的朋友特别多，一天，有个朋友和他约好，在周日早上一起去钓鱼，魏特利很高兴，因为他还不会钓鱼。

因此，头天晚上，他先收拾好所有装备，如网球鞋、鱼竿等，并且，因为太兴奋，他居然穿着自己刚买的网球鞋就上床了。

第二天一大早，他就起床了并且把自己的东西都准备好，他还时不时地朝窗外看，看看他的朋友有没有开车来接他，但令人沮丧的是，他的朋友完全把这件事忘记了。

魏特利这时并没有爬回床上生闷气或是懊恼不已，相反，他认识到这可能就是他一生中学会自立自主的关键时刻。于是，他跑到离家最近的超市，花掉了他所有的积蓄，买了一艘他心仪已久的橡胶救生艇。中午，他将自己的橡胶救生艇充上气，顶在头上，里面放着钓鱼的用具，活像个原始狩猎人。

随后，他来到了河边，魏特利摇着桨，滑入水中，假装自己在启动一艘豪华大油轮。那天，他钓到了一些鱼，又享用了带去的三明治，用军用水壶喝了一些果汁。

后来，他回忆这次的光景时说，那是他一生中最美妙的日子之一，是生命中的一大高潮。朋友的失约教育了他，凡事要自己去做。

生活中最大的危险不在于别人，而在于自身。不在于自己没有想法，而在于总是依赖别人。

一个人，活着就要活出自我，就要学会支配自己的大脑，就要有自己的主张，这样才能维持一个人的格调。总之，我们一定要有自己的想法，要有自己的原则，当你自己认为自己的观点是正确的时候，没必要为了讨好别人而迎合别人，也没必要因为害怕得罪人而对别人的要求来者不拒。

一个有从众心理的人是很容易人云亦云的，这种心理足以抹杀一个人前进的雄心和勇气，足以阻止自己用自己的努力去换取成功的快乐；它还会让我们跟随他人的脚步而只能停在别人的身后，以致一生都碌碌无为。因此，如果你想获得成功，那么，从现在起，无论遇到什么，你都要学会独立思考，别人云亦云。

智者从不被他人支配

一个人，扮演的无非是两种角色，支配者和被支配者。人生总不能总担任被人支配的角色，为此，我们就要学会支配。——《曙光》

尼采这句话要告诉我们的是，任何一个人，如果不想被支配，就要用支配来反抗被支配，任何人只有破除对他人的依赖、顺从，才会找到自我，活出自我。

有人说，人生是一场面对种种困难的“无休止挑战”，也是多事多难的“漫长战役”，这场战役必须由我们每个人自己去打，其他人是无法代替的。面对问题，若我们总是缺乏主动性和信心，那么，你的这场人生之战最终会是失败的。毕竟，每个人成长环境不同，养成的性格和品质也不同，现在一些人，尤其是年轻人，他们在长辈的“保护伞”下，越来越娇气，而最终，他们永远也不会长大。你要明白，你只有学会独立行走、大胆地向前冲，才会“拾级而上”，勇敢地追逐自己的理想和目的。

小仲马是法国著名的小说家，他从小在父亲大仲马的耳濡目染下就开始喜欢文学创作，尤其是写小说，但在他开始创作的头几年，他的稿子总是被编辑退回来，他很苦恼。

看到儿子如此受打击，大仲马对他说：“你可以直接告诉他你是我的儿子，那么，也许情况会好很多呢。”

小仲马固执地说：“我绝不，如果这样，那么，我就是踩在你的肩上摘苹果，用这种方法摘到的苹果又有什么味道呢？”他拒绝了父亲的建议，而且还给自己取了十几个不同的笔名，并且用这些笔名给很多编辑寄了自己的文章。

当然，小仲马后来还是接连不断地遇到退稿的情况，但他并没有沮丧，而是鼓励自己一定会成功。

后来，他寄出了自己的长篇小说《茶花女》，这次，他的文章震撼了一位老编辑，这位老编辑是细心的，他发现，这篇小说的寄出地址和自己多年的好

友大仲马的地址是一样的，因此，他怀疑这是大仲马采用了另外一个笔名写的作品。因此，他带着这些疑问去拜访大仲马。

令他没想到的是，这部小说的作者竟然是大仲马的儿子小仲马。“你为何不在你的稿子上署上你的真实姓名呢？”老编辑不解地问小仲马，小仲马说：“我只想拥有自己真实的高度。”

从小仲马的故事中，我们每个人都要记住，一个人，只有自立，才能做真正的自己，才能超越他人。的确，自立是生存之本，只有自立才能越超自己，超越他人，才能实现自己远大的理想和美好的愿望。

自立是一个人在生活中开展一切活动的基础。所谓自立，指的不仅仅是一个人独立、自主地做一件事，还有一个人在处理某些事时是否有勇气。

关于自立，爱默生在其文章《自立》中阐述得很清楚：人活着就是要相信自己；不要太在意别人怎么想，不要被他人奴役……当然，在现实生活中，要使自己的言行举止真正与这几点相吻合，恐怕有些困难。但你必须要努力去做，因为这些内容都是衡量个人尊卑的标准。一个自立的人，才能做到自主，才能令人尊敬，而那些甘愿成为别人附庸的寄生虫则会让人鄙视。

1.敢于打破各种定见和共识

如果你想成为一个有创造力的人，你就需要做到：

第一，不要迷信权威。第二，不要太依赖他人，要学会独立思考；第三，摒除观念思维、经验主义等主观定势，不要给自己上思维枷锁，你不仅需要敢于挑战书本的权威，也需要敢于自我否定。

2.敢于否定他人

独立思考是否定他人、提出不同意见的前提，反过来，做到后者，你也就逐渐学会了独立思考。

3.独立面对各种难题

正如一位名人所说：“所谓成长，就是去接受任何在生命中发生的状况。即使是不幸的、不好的，也要去面对它，解决它，使伤害降至最低。所谓的成长，所谓的智能，所谓的成熟，都不过如此。”这样的你才能独当一面，成为一个自立自强的人。

拿破仑说：“人多不足以依赖，要生存只有靠自己。”德田虎雄说：“人，谁都想依赖强者，但真正可以依赖的只有自己。”福泽谕吉说：“没有独立精神的人，一定想依赖别人，依赖别人的人一定怕人，怕的人一定阿谀谄媚人。”

总之，我们都要明白，一个人要想取得事业上的成功，甚或一个小目标的达成，必须首先使自己完全自立。因为自立是我们立身处世的基础，没有自立我们将寸步难行。

作恶之人，实际是不够爱自己

恶人作恶的原因是因为憎恨自己，这是所有恶人的共同点，恶事最终伤害和惩罚的都是自己，所以那些恶人才会在自我毁灭的道路上越走越远。我们不能盲目地认为，恶人是自作自受，我们应该做的是鼓励他们努力爱自己。——《曙光》

从尼采的这段话中，我们看到了恶人作恶的本质，一般来说，我们都认为，那些恶人作恶，伤害的是别人，他们会从中获得愉悦，但实际上，真正受伤害的是他们自身，因为无论你做了什么，都会产生好的或者坏的影响，这一影响也是作用于其自身，作恶会得到惩罚，免除惩罚，就不能作恶。所以，我们要说的是，如果你想爱自己，就要多为善事，不为恶。

心理专家认为，自私是人的天性，就像贪吃是人的天性一样。生活中，我们也经常看到一些为恶、犯罪的人，到最后，他们才幡然醒悟，伤害他人，其实是在自我毁灭。然而，遗憾的是，当他们意识到这一点，已经为时已晚。

石油大王洛克菲勒曾经有过一次被骗的经历，在他给儿子的信中，他向小约翰讲述了自己经历：

在科利佛兰，那时候，很多商人都想挤进这个行业，而导致的情况就是

这一行业出现了过剩的情况，实际上，我们已经无利可图了，那些商人也几近破产。

另外，科利佛兰这座城市远离油田，相对于那些工厂在油田的炼油商来说，这个城市的炼油行业毫无优势，对此，洛克菲勒决心站出来，将科利佛兰的炼油工厂集中起来，形成合力，这样才能抵御竞争，然而，那时候的洛克菲勒太年轻了。在他买下那些毫无价值的废旧工厂后，这些商人却见利忘义，甚至与洛克菲勒为敌，将自己变卖废铁得来的钱重新购置机器，重操旧业，甚至公开敲诈洛克菲勒。

那个时候的洛克菲勒心痛极了，他后悔自己太过相信别人。而最令他难过的是，在以利益为中心的商业社会中，没有永远的朋友，今天还在一起喝酒的朋友，明天就可能因为一点儿利益争端而成为敌人。他的两位教友就曾多次欺骗他，他震惊了，我不明白与我一同祷告、虔诚地发誓要摒弃骄傲、纵欲和贪婪之心的人，何以如此卑鄙!

在经历了种种欺骗与谎言后，洛克菲勒得出一个结论：不要太相信任何人，只有相信自己，才不会被蒙骗。这个世界有太多的欺骗，提防是我们不可或缺的生存技能。

“儿子，请不要误会我，我无意要将我们这个世界涂上一层令人压抑、窒息的灰色；事实上，我渴望友谊、真诚、善良和一切能滋润我心灵的美好情感，我也相信它们一定存在。然而，很遗憾，在追名逐利的商场中，我难以得到这种满足，却要经常遭遇出卖和欺骗的打击。直到今天，我还清晰地记得数次被骗的经历，那才叫刻骨铭心呐。”这是洛克菲勒告诫小约翰的话。

从洛克菲勒的经历中，我们看到了一些商界见利忘义、尔虞我诈的现象。其实，这些恶性的本质都是他们不够爱自己。种善因，结善果。人生就是一条充满磨难的旅途，仅仅看重一点儿蝇头小利，是不会得到长期事业的。仅仅因为磨难，你就改变了自己的价值观，发了不好的心，偏离了正确的人生轨道，我想，原本跟你志同道合的朋友就会离你而去，所谓得道多助失道寡助说的就是这个。没有善缘，凭一己之力，岂会成功呢！？

当然，我们必须承认的一点是，人是这个世界上情感最为复杂的动物，那

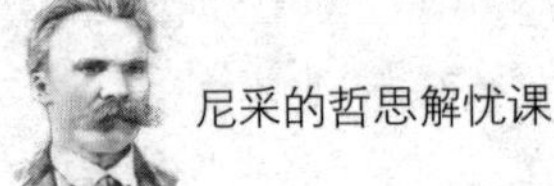

些为恶的人之所以为恶，多半是因为恨、贪婪等一些负面情绪，而这些情绪的产生，是因为他们没有看到爱自己的正确的方式。

那么，我们该如何选择爱自己的方式呢？其实，我们需要的是一个正确的人生态度。那么，什么是人生态度呢？人生态度就是对待人生的心态和态度，就是把人生看作什么。它是人生观的主要内容，也是人生观的直接反映和体现。它需要了解的是“人究竟应该怎样活着”的问题。不同的态度产生不同的人生观和价值观。我们不难发现，即使在今天，也有一些人，他们原本一直都是走在一条正确的人生道路上，但却经不住诱惑，为自己埋下了毁灭的炸弹。这种错误的人生态度一旦蔓延到民族或者人类这一大群体上，就会产生严重的后果。

总之，我们应该认识到，树立正确的人生态度，对于人的一生有着十分重要的意义，人生态度，具体表现在人们怎样对待人生所遇到的每一个具体问题上，关系着人们在每一个具体问题上得到什么结果。人们对待人生的每个具体问题的态度不尽相同，在人生的每个阶段上的态度也有所不同，但是，一个基本的人生态度始终贯穿在其中，决定着人的一生。

由此看来，一个人如果没有正确的人生态度，他不仅在每个具体问题上失败，而且他的一生也不会有一个好的结局。树立正确的人生态度，不仅可以使人们处理好人生道路上的各种具体问题，迈好人生道路上的每一步，而且可以使人们几十年如一日，走出一条美好光明的人生历程。

对立者我们也应当爱

爱，便是理解与自己想法和活法不同的人，并为之感到喜悦。即便双方有所不同，也不要否定，而是要热爱这种不同。——《各种意见与箴言》

可以说，尼采的这句话和中国人常说的“包容”、“博爱”有异曲同工之

妙，接纳和爱那些和我们存在不同的人，我们的人生才会更丰盈，心才会越来越宽广。

我们都知道，人是社会关系的总和，人生世上，都是在一定的社会环境中生活的，都存在敌人和朋友，对待朋友，我们的态度多半是关心和爱护，而对待敌人则完全相反，要么打压，要么老死不相往来。其实，如果我们能尝试着爱自己的敌人，那么，你不仅有可能改变彼此的关系，还能从敌人身上学到很多长处。

“开口便笑，笑古笑今，凡事付之一笑；大肚能容，容天容地，于人何所不容！”这是一座著名庙宇弥勒佛像两边的楹联，说的是佛祖的气度与胸怀，大度与宽容。如果生活中，聪明的人们，对于你的敌人，你能主动伸出和好之手，甚至能以德报怨，那么，你一定能做到化敌为友。

苏联著名作家叶夫图申科在《提前撰写的自传》中，讲过这样一则十分感人的故事：

1944年冬的一天，在寒冷的莫斯科大街上发生了这样一件事：

这天，天空飘着雪花，但人们缺没有在家里烤火，而是纷纷来到了大街上，因为那些曾经伤害过他们的德国战俘今天要受到裁决。人们看着两万德国战俘排成整齐的队伍从莫斯科大街上依次穿过。

当然，为了控制住场面，很多苏军士兵和警察都出动了，在群众和战俘中间画出了一道警戒线。这些围观者多半是莫斯科及其周围乡村的妇女。她们的儿子、丈夫、父亲都在德军所发动的侵略战争中丧生。她们都是战争最直接的受害者，都对悍然入侵的德寇怀着满腔的仇恨。

因此，当那些德国战俘从她们身边经过时，她们多么希望自己可以冲出警戒线，向他们讨回公道，不过，幸好有苏军士兵和警察的拦截，才维持了现场的秩序。

这些战俘们自然也是心惊胆战，他们也害怕这些妇女会做出什么疯狂的举动来。

就在这时，一个穿着破旧、上了年纪的妇女对警察说，希望自己可以走进警戒线看看这些战俘，警察看她没有什么恶意，便允许了。

于是，她来到了战俘身边，用长满老茧的手从怀中掏出一个小布包，然后她打开布包，将一块黝黑的面包塞进了一个疲惫不堪的战俘的口袋里。这个年轻的战俘怔怔地看着面前的这位妇女，刹那间已泪流满面、泣不成声。他扔掉了双拐，“扑通”一声跪倒在地上，给面前这位善良的妇女，重重地磕了几个响头。其他战俘看到此情此景，也纷纷跪了下来，拼命地向围观的妇女磕头。于是，整个人群中愤怒的气氛一下子改变了。妇女们都被眼前的一幕所深深感动，纷纷从四面八方涌向战俘，把面包、香烟等东西塞给了这些曾经是敌人的战俘。

在故事的结尾，叶夫图申科写了这样一句令人深思的话：“这位善良的妇女，刹那之间便用宽容化解了众人心中的仇恨，并把爱与和平播种进了所有人的心田。”

故事中的这位妇女就是个以德报怨的智者，她用自己的善良换来了曾经杀害自己亲人的敌人的悔恨之心和其他愤怒的受害者家人的同样的宽恕之心。

苏格拉底说的“真正高明的人，就是能够借助别人的智慧，来使自己不受蒙蔽”就是这个意思。然而，我们的身边却有这样一些人，他们太过天真，常常把身边的人简单地归类为朋友和敌人，认为世事非黑即白，还秉承着不向敌人低头的做人原则，其实，这种做法是幼稚的，甚至有时候，真正能对你起到帮助作用的，不一定是你那些所谓的朋友，相反，关键时刻，能起到帮助作用的可能正是这些危险的敌人。因此，我们不妨善待他们，主动结交他们。

有时候，你可能也会发现，当你的人生陷入低谷时，真正拉你一把的却正是我们曾经误认为的敌人。因此，化敌为友，你的人生才会变得更宽阔。总之，只要你主动伸出和解之手，解开彼此心中的疙瘩，可能就会减少一个敌人，而增加一个肝胆相照的好朋友。

因此，我们不妨宽容一点，主动一点，主动去拥抱你的敌人，你的人生境界将会变得更加开阔。具体来说，你可以做到：

1.用心去宽容别人

这里的宽容，并不是让你毫无原则地一味退让。宽容的前提是对那些可宽容的人或事；宽容的内心是爱。宽容，不是去对付，去虚与委蛇，而是以心对

心去包容，去化解。

2.尝试忘却

宽容就是忘却。人人都有痛苦，都有伤疤，动辄去揭，便添新创，旧痕新伤难愈合。忘记昨日的是非，忘记别人先前对自己的指责和谩骂，时间是良好的止痛剂。学会忘却，生活才有阳光，才有欢乐。

3.关爱你的敌人

你的关爱也会换来关爱，也会迎来朋友。有朋友的人生路上，才会有关爱和扶持，才不会有寂寞和孤独；有朋友的生活，才会少一点儿风雨，多一点儿温暖和阳光。

因此，生活中的人们，学会爱那些与你对立的人吧，你的关爱也会换来关爱，也会迎来朋友。

第04章

与人为善，用心经营人脉

知识经济时代的来临，人脉的重要性已经毋庸置疑，正如人们常说，一个人能否成功，不在于你知道什么，而是在于你认识谁。人脉是一个人通往财富、成功的门票。自古以来，看那些商界的成功人士，他们之所以成功，是因为他们拥有一本雄厚的“人脉存折”，才有之后的辉煌的“成就存折”。那怎样才能积累人脉？实际上，人际关系不会自行获得，需要我们与人为善、用心经营，这样，我们才能找到自己自身的位置，进而如鱼得水，游刃有余。

笑声表露出一个人的本性

一个人的笑容，如何笑、何时笑，能将人性表露无遗。比如，你是因为有趣的事笑，还是嘲笑他人的失败，抑或是精练的机智而笑？笑声的深度，也能表露出一个人的本性。——《漂泊者及其影子》

尼采这句话向我们展现了人性的表现手段之一——笑容背后的含义，也就是一个人是如何笑、何时笑，笑的深度和姿态都能体现出他的性格、内心动态。当然，尼采还向我们指出，我们不要惧怕微笑，因为一个人的笑容改变了，他的性格、心理也会随之改变。

人们常说“伸手不打笑脸人”，微笑是一种智慧，是一个人的名片。在人们的工作和生活中，没有一个人会对一位终日愁眉苦脸的人产生好感。相反，一个经常面带微笑的人，往往也会使他周围的人心情开朗，受到周围人的欢迎。在一般情况下，如果你对别人皱眉头，别人也会用皱眉头回敬你；如果你给别人一个微笑，别人就会用更加灿烂的微笑回报你。

分辨愉快的笑与虚假的笑单单是“笑脸”，就有微笑、苦笑、嘲笑等几十种。“笑”本来是为了缓和紧张感而生的，然而像嘲笑或怜悯的笑之类，反而是在不愉快的场合中出现的“笑”。根据不同的笑脸，我们可以了解对方微妙的心理情况：

嘴角上扬的人：自信心很强、气场很足；

半边嘴角上扬的人：自信心不饱满，对一切都感到很空虚；

笑起来像女人一样的男人：平时很认真，但行为无法预测，时有惊喜的

表现。

只用鼻息发出笑声的人：做任何事情都很努力，多数比较吝啬。

用鼻子笑的人：有蔑视他人的倾向。

发出哧哧笑声的人：平常应该是温顺的人，他们是谨慎保守的老好人，会在别人背后帮忙。假如故意这么笑的话，就有嘲笑人的因素在里头。

笑声爽朗的人：性格开朗，从心里感到放松，豪迈的笑与高声笑的人也是这种状况。只不过，在不太自然的情况下的大笑，会令人感觉有别的意图，如故意显示自己很了不起，让人觉得自己很豪爽。有的人外表看起来豪爽，然而内心有强烈的自卑感与不安，想以大笑来隐藏，属于个性扭曲、不想让人看见真心的那种类型。

抿着嘴笑的人：让人感觉到他的优越感。这种笑，有时会让人觉得不舒服。这种人可能容易轻视他人，而且丝毫不加掩饰，不谙人心理的微妙之处，是独善其身的人。即使自己发生失误，也会假装“不关我的事”，一副若无其事的样子，会毫不在乎地推托抵赖。

一点儿也不希奇的是，有人经常笑。这种恭维的假笑，是一种阿谀别人的举动。带有“我会服从你”意味的笑脸，表示心怀不安或是有担心的事，有“请帮助我”“请关心我”的动机。此外，还有“想和你成好朋友”的亲和欲求的信息。

是不是从内心发出的笑，只要留意眼睛和全身即可得知。不自然的笑或有目的的笑，通常嘴角堆着笑，但眼睛却没有笑意。此外，身上也没有很兴奋的反应。

脸色变红或变苍白表示心里不安，脸上泛红是心里不安的证据。脸色变苍白的人，表示心中怀着强烈的恐惧与不安。例如，在关系到自己和他人性命或去留与否的情况到了严重的程度，脸色不只泛红还会变苍白。心中不安的程度较强的话，脸色会变苍白。由于生气而脸色苍白的话，恰是震怒的象征，若不想个法子后果会很严重。

然而，这些笑容的小秘密被透露出来，并不是说我们要控制自己的笑容；相反，这是要告诉我们在对他人微笑时，一定要发自内心。并且，如果你是个不爱笑的人，一定要加以训练。

可能你会产生疑问，天生木讷的人，该怎样学会微笑呢？而且，人是复杂的感情动物。或多或少都会受自己情绪的左右。当工作有障碍时，当心绪特别糟糕时，当误会或委屈时，当失意时……又该怎样以微笑面对客户呢？对此，我们不妨从以下几个方面努力：

1.生活中多加练习

为了能够使自己的微笑让别人看起来更加自然，发自内心的真诚，日本销售大师原一平曾经这样练习微笑：他假设各种场合与心理，自己面对着镜子，练习各种微笑。因为笑必须从全身发出，才会产生强大的感染力，所以他就找了一个能照出全身的大镜子，每天利用空闲时间，不分昼夜地练习。通过多次的练习，他发现嘴唇的闭与合，眉毛的上扬与下垂，皱纹的伸与缩，种种表情的“笑”都表达出不同的含义，甚至双手的起落与两腿的进退，都会影响“笑”的效果。

2.摆正心态

现实中有不少人不爱笑。为什么？是因为他们天生不会笑吗？不是！很多时候因为他们的自我意识太强。由于这种人自我意识太强，一紧张就不容易笑出来。即使笑出来也很勉强，脸部肌肉显得非常僵硬，有时这种笑比哭还难看。所以，如果你脸上实在笑不出来的话，那我就劝你用眼睛去笑。虽然眼睛里的笑没有脸上的笑容那样好看，但毕竟也是发自内心的，客户也能感受得到。

心理学家告诉我们，外部的体验越深刻，内心的感受越丰富。也就是说，有了外部的“笑容”也就有了内心的“欣喜”。每天晚上对镜中的“你”笑上几分钟，然后含笑而眠；早上起来，心中默念“嘴角翘，笑笑笑”，你会发现因为有了笑容，也就有了好心情。

为何一些人喜欢滔滔不绝地谈论自己

滔滔不绝地谈论自己的人，所陈述的并非完全是事实，甚至会对某些问题有所隐瞒。——《善恶的彼岸》

尼采这句话是要告诫我们，在与人交往的过程中，如果一个人所说的话比平时多，那么，他很有可能是以此来转移你的注意力，很可能他是刻意隐瞒了一些事。因为一个人在撒谎时，谈天说地、高谈阔论是典型的表现，不过，这需要我们细心观察才能发现，生活中，我们与人交流时，如果我们细心观察，可以发现，从他人的语言中，我们能够或多或少地剖析对方的心理。其中，那些说话滔滔不绝的人，多半也会闪烁其词，这是因为他们说话有所隐瞒。

人们常说，识人心一定要懂得观察，于细微处看出一个人的心理动态，这样，即使面对那些经验丰富的人，也能先观其心而作出具体的应对策略。而语言就需要我们耐心地去思考，也就是人们常说的察言观色中的“察言”，“察言”是指通过对方的言谈了解其性格、品质、情绪及其内心世界，从而摸透对方的心思。善于“察言”的确是社交的一种要强技能。但这并不是说思考研究语言就是为了“察言”，更重要的是怎样通过语言来把控人心，从而拉近人与人之间的距离。人际间的沟通也是为了达到这个目的。

那么，在人际交往中，我们该如何察言以听出对方真实的内心呢？我们可以从以下几个方面掌握：

①谈话过程中，自始至终把“我”挂在嘴边的人，独立心和自主性强；而经常使用“我们”的人，多见于缺乏个性、埋没于集体中、随声附和型的人。

②从语速上的变化识别对方的心理动态，如果在你的鼓励下继续说话的对方，语速突然加快，一般表示他们有愧于心或是在说谎；而如果对方语速变得迟缓，甚至变得不善言谈，往往表示其心怀不满，或者持有敌对态度。

有一对姓张的夫妇，他们已经结婚十年，早过了七年之痒之期，张先生是个体贴的男人，每年的结婚纪念日，他都会为妻子买一份礼物。但就在他们结婚的第十一个年头里，张太太明显发现张先生不大对劲，他加班的时间多了，出差的次数也多了，以女人的直觉，她心里很清楚，丈夫可能有外遇了。于是，她准备试探一番。

这天，张先生还是和往常一样，夜里十二点才回来，张太太也和往常一样为醉酒的丈夫换衣梳洗。

“你今天是和老王一起喝酒的，什么事这么开心啊。”张太太故意问。

“是啊，老王升职了，他这么客气，非要请大家喝酒啊。”即使半醉的状态下，张先生还是很善于撒谎。

“是吗？可是我晚上八点多去逛超市的时候，明明看见老王和大姐也在呢。”张太太故意试探性地问。

“你不说我还忘跟你说了，老王的姐姐今天晚上刚好从国外回来了，这不得好好招待她，老王喝到半道儿就走了啊。”张先生说完这一番话后，深深地吸了一口气，而这一切，都被张太太看在了眼里。

“可是我今天晚上并没有看见老王，我逗你玩儿呢。”张太太说。

“你、你、你……”张先生急了，他知道，这下子不得不跟妻子“招供”了。

故事中的女主人公张太太是聪明的，她猜到丈夫可能会撒谎，于是，她事先设下圈套，让丈夫往里面跳，然后通过反复问一些突发的问题来察看丈夫的应变能力，当然，张先生也是聪明的，但他聪明反被聪明误，还是不打自招，不得不承认自己撒了谎。

③那些喜欢滔滔不绝将新鲜词汇挂在嘴边的人，未必有多高明，其实那些人多是将词语作为掩饰自己内心弱点的盾牌。

④如果对方突然提高了说话的音调，多半表示他与你意见相左，想在气势上胜过你。如果对方说话时突然语气婉转，转换说话的方式等，那么，他要么是“图谋不轨”，要么就是想要吸引别人的注意力，自我表现一番。

⑤一个人语言过多，不着边际，甚至让人如坠云雾之中，其实这种情形倒反映出他们的自卑意识，他们口若悬河，不过是在掩饰他们的自卑。一个人内心虚无，自然就会用缥缈的语言来掩饰自我，但他们没有意识到的是，对于那

些察人高手来说，他们的这点小伎俩早就被识破了。

当然，我们“察言”的具体方法还有很多，某些人甚至能在语言中掩饰自己，这就需要我们更加细心地去品味、推断他们的真实意图，并结合其他因素综合把握，具体情况具体对待。只要你是一个有心人，就一定会逐渐拥有这种能力。

把注意点放到他人的优点与长处

在观察他人的时候，应当把注意点放到他人的优点与长处上，如果你总盯着他人的缺点和不足，那么只能从反面印证你的状态不佳。另外，与人交往，最好也不要选择与这类只看他人缺点的人，否则，你也会变得与他一样低级。——《善恶的彼岸》

尼采这句话的含义是要告诉我们获得良好人际关系的秘诀：多欣赏他人的优点与长处。一个人，只有学会用欣赏的眼光看待他人的长处，才能帮助我们正确认识自己，提高自己和获得进步，而最重要的是，我们能交到朋友，获得友谊。

卡耐基小时候是一个公认的坏男孩。在他9岁时，父亲把继母娶进家门。当时他们还是居住在乡下的贫苦人家，而继母则来自富有的家庭。

父亲一边向继母介绍卡耐基，一边说：“亲爱的，希望你注意这个全郡最坏的男孩，他已经让我无可奈何。说不定明天早晨以前，他就会拿石头扔向你，或者做出你完全想不到的坏事。”

出乎卡耐基意料的是，继母微笑着走到他面前，托起他的头认真地看着他。接着，她回过头对丈夫说：“你错了，他不是全郡最坏的男孩，而是全郡最聪明最有创造力的男孩。只不过，他还没有找到发泄热情的地方。”

继母的话说得卡耐基心里热乎乎的，眼泪几乎滚落下来。就是凭着这句

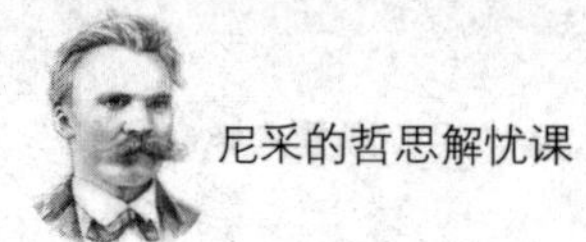

话，他和继母开始建立友谊。也就是这句话，成为激励他一生的动力，使他日后创造了成功的28项黄金法则，帮助千千万万的普通人走上成功和致富的道路。

卡耐基14岁时，继母给他买了一部二手打字机，并且对他说，相信你会成为一名作家。卡耐基接受了继母的礼物和期望，并开始向当地的一家报社投稿。他了解继母的热忱，也很欣赏她的那股热忱，他亲眼看到她用自己的热忱，如何改变了他们的家庭。所以，他不愿意辜负她。

来自继母的这股力量，激发了卡耐基的想象力，激励了他的创造力，帮助他和无穷的智慧发生联系，使他成为美国的富豪和著名作家，成为20世纪最有影响的人物之一。

在继母到来之前，没有一个人称赞过他聪明，他的父亲和邻居认定：他就是坏男孩。但是，继母只说了一句话，便改变了他一生的命运。

案例中卡耐基的继母也是个聪明人，她看到的也正是一个坏男孩身上别人没发现的优点，一句赞美，让一个坏男孩成为20世纪最有影响的人物之一。

人与人相处，难免会相互比较，比较之下，就会有优劣之分，聪明之人会从他人身上吸取优点，进而取长补短，而也有一些人，他们总是盯着别人的不足，他们总认为别人比自己差，在这种自欺欺人的比较结果中，他们不求进步。同时，因为这种比较能带给他们优越感，导致了他们更愿意与那些各方面不如自己的人交往，久而久之，他们即使是“雄鹰”，也成了飞不起来的“小鸡”。因此，生活中的每一个人，在日常交际中，都应该学会用欣赏的眼光看待他人，只有这样，才能避免因嫉妒而产生紧张的人际关系，也能帮助你找到自身的不足，进而不断提升自己。其实，很多时候，我们不喜欢一个人乃至看不到他的优点，并不是对方的错，而是我们自身的问题。

有个女人曾经向朋友抱怨“A真讨厌，从心底不喜欢他。”

朋友问她“你喜欢榴莲吗？”

“榴莲臭臭的，闻到就想吐。”

“那有人喜欢吃榴莲吗？”

“当然有，否则怎么会有卖的？”

“那你不喜欢榴莲是榴莲的错吗？”

“……”

“那你不喜欢A，是A的错吗？”

这只是一个小故事，但却告诉我们，对他人的态度如何，多半取决于我们的态度。

其实，生活中，我们也发现，一些人在看到别人得到荣誉、好处或利益时，表面上也许会说些赞美的话，但是内心却不服气；也有些人会对他人的成就持“没什么了不起”的看法，其实这种心理状态会阻止我们成长和进步，它会让人迷惑，丧失看清自己的机会，也会使好事多磨，产生很多阻碍。

可见，生活中的人们，如果不懂得疏通自己的情感，嫉妒既能损害到自己，又可能损害到被嫉妒者。对此，要有一颗宽容的心，能够坦然接受事实，承受他人的优点，并不断地努力，充实自己的才能，发挥自己的才干，才能得到属于自己的东西，才能找到人生的乐趣和生存价值。

除此之外，你还需要接受自己。任何人都不可能十全十美，当然也不会一无是处。因此，你有必要接纳自己并完善自己，所谓的接纳自己，就是既能看到自己的不足，又能看到自己的优点，然后继续发扬自己的优点，改正自己的缺点。当然，这里有一个关键点。你要相信自己是有价值的人，从而全力以赴地去实现自己的价值。

总之，以欣赏的眼光看待周围的人，不仅能学会用客观的眼光看自己和对方，也能弥补自己的不足，这样，就不至于为一点小事钻牛角尖，还能交到帮助自己成长的真正朋友。

为了头衔和名声给自己带来的快感

人都是有弱点的，如人都好面子，都想知道自己在别人眼中是什么样子的，都希望别人觉得自己伟大，太过重视自己的名声只会百害而无一利。因为

人们给出的评价并不一定是绝对公正的，甚至是错误的。——《人性的，太人性的》

尼采的这句话是要教诲人们，我们在乎名声，但不要为声名所累，做一个相对简单的人，免得树大招风。

我们都知道，人们都是渴望被尊重的，人们都想获得一个好名声，名声是一个人追求理想，完善自我的必然结果，但不是人生的目标。一个人如果把追求名声作为自己的人生目标，处处卖弄自己，显示自己，就会超出限度和理智。人一旦超出限度，超出理智，常常会迷失自我，不是你想干什么就干什么，而是名声要你干什么你就得去干什么。

战国时期，在齐国有个叫黔敖的善人，总是行善好施。这年，齐国出现了严重的饥荒。于是，黔敖在路边准备好饭食，以供路过饥饿的人来吃。

一天，有个饥饿的人很想接受黔敖的施舍，但却很爱面子，于是，他只好用袖子蒙着脸，无力地拖着脚步，莽撞地走来。黔敖看到这个人，就左手端着吃食，右手端着汤，对他说道："喂！来吃吧！"那个饥民扬眉抬眼看着他，说："我就是不愿吃嗟来之食，才落地这个地步。"黔敖追上前去向他道歉，他仍然不吃，最后饿死了。

"宁可饿死，也不受嗟来之食"，表面上看，这是有自尊心的表现，但实际上，这是典型的"死要面子活受罪"，如果没有了生命，又何来自尊呢?

德国生命哲学的先驱者叔本华说："凡是为野心所驱使，不顾自身的兴趣与快乐而拼命苦干的人，多半不会留下不朽的遗物。反而是那些追求真理与美善，避开邪念，公然向公意挑战并且蔑视它们的错误之人，往往得以不朽。"

尼采还说过，人最终喜爱的是自己的欲望，不是自己想要的东西！能够控制欲望而不被欲望征服的人，无疑是个智者。被欲望控制的人，在失去理智的同时，往往会葬送自己。因为，他们用钻营谋得来的权势，对上不得不唯唯诺诺，言听计从；对下虽能专横跋扈，逞一时之威，可是不受百姓拥戴，就像无源之水易于干涸，无本之木易于腐朽一样。

的确，人人都在以不同的方式追求成功。但绝不能靠投机取巧求名利，

不能靠掺杂使假骗钱财，不能靠连跑带送谋官位，而必须靠高尚的品行立身做人。马登在《伟大的励志书》中写道："每个人的一生，都应该有一些比他的成就更伟大，比他的财富更耀眼，比他的才华更高贵，比他的名声更持久的东西。"这个东西就是高尚的品格，达到此境界便是做人的成功，而且是人生真正的最大的成功。

何谓荣誉，我们来看看西点军校的乔治·林肯是怎样做的：

西点军校1929年的毕业生乔治·林肯，三十八岁就成了陆军准将。战争结束后的1947年，已经是少将的林肯，完全可以向马歇尔将军要求美军中的任何一个职务和岗位。但他竟出人意料地主动要求去西点军校的社会科学系教书，级别相当于副主任。但西点的系副主任至多只能是上校军衔，林肯为了能到西点社会科学系任职，不惜向上级要求连降两级，从少将变成上校。马歇尔再三劝阻无效后，只得批准了林肯的请求。

这段"能上能下"的佳话，的确显示了林肯追求为了理想抛弃名利地位的卓越品格。林肯后来在西点社会科学系主任的职位上又升为准将。故林肯楼里，有关林肯的记载和牌匾都一直称他为林肯准将。

试想，如果我们处在林肯这样的社会地位时，我们能做到主动连降两级吗？估计大多数人的回答是否定的，因为理智告诉我们，这样做会失去荣誉。而林肯做到了，正是他这种对荣誉的淡然心态，使他赢得了更大的荣誉。

可见，我们应追求荣誉，但荣誉不能自封，不能作假，不能沽名钓誉，不能把它当作目的来追求。而贪图虚荣的人，把名利作为追求的根本目标，貌似爱荣誉，实则想的是光宗耀祖、荣华富贵那一套。

在明确了荣誉感和虚荣心的区别后，我们应该在行动上有明确的方向了，为此，你要谨记：

1.脚踏实地，淡化名利

荣誉是一个人行为的结果，只能通过自己的诚实劳动，为祖国和人民履行义务才能获得。荣誉不能自封，不能作假，不能沽名钓誉，不能把它当作目的来追求。许多事实证明，仅仅为了获取荣誉而工作的人，荣誉往往与他无缘。倒是不图虚荣名利的人，常常会"无心插柳柳成荫"，于不知不觉中获得荣誉。也就是说，只要我们脚踏实地地做好本职工作，而淡化名利，荣誉自然会光顾我们。

2.防微杜渐，不要让虚荣心滋生

没有人能真正做到完全对名利“视而不见”，因为我们希望得到肯定，而荣誉的确是个人成绩的表现之一。而你们要记住，“好名之害，与好利同”。虚荣心本身说不上是一种恶行，但不少恶行都围绕着虚荣心而产生。这种心理如同毒菌一样，消磨人的斗志，戕害人的心灵。为此，我们必须要做到防微杜渐，不要让虚荣心滋生。

可见，声名是一把双刃剑，世上却不知有多少人为声名所累。功名可求不可贪，还是把精力放在干些实事上吧。切记不要用钱去谋取权力，也不要用权换取金钱的侵蚀。它于己无益，于社会更是有害。

小心那些胆小鬼

笨拙、胆小之人更具杀伤力、更危险，令人防不胜防，因为他们不知道如何运用正当的方法防御，也无法冷静地处理问题，抹杀敌人，是他们惯用的手段。——《曙光》

尼采这句话是要告诫生活的人们，对于那些看起来懦弱和胆小的人，我们需要更加防范，因为表面上看，他们缺乏勇气，需要保护，但一旦他们的利益遭受到威胁，失去控制的他们会采取下下策——攻击和抹杀他人来保护自己。

生活中，我们也不难发现，那些真正的小人往往就是那些平时看起来唯唯诺诺、看似弱小的人，他们没有勇气与敌人正大光明地开战，他们更喜欢搞些小动作，对于这些人，我们一定要收起自己泛滥的同情心并多留一个心眼，否则，你很有可能使自己陷入困境之中。

因此，你要记住，无论在工作还是生活中，你可以保证自己做人做事光明

磊落，但不能保证别人也是如此。因此，你唯一可以做的就是绷紧防范的弦，尤其是小心那些看似软弱和胆小的人，这样才能让自己有效地减少危险。

我们来看看琳琳的职场心酸经历：

琳琳是一个单纯漂亮的女孩子，曾就读于一所比较有名的美术学校，毕业后，她被一家艺术设计公司聘用，具体工作是给舞台礼服设计花样图案。但她的老板却是个抠门的人，每天都会看着办公室的员工们干活，看见谁偷懒，就会严格扣除工资，而他给琳琳的工资每月只有一千七百元，除掉房租勉强只够吃饭。因此，琳琳并不能和其他女孩一样可以大手大脚地花钱，即使想约朋友，也是把他们带回家里来，然后亲自下厨烧菜招待。

琳琳刚来公司时，认识了一个比她稍长一点的姐姐，因为在同一个学校毕业，而那个同事比她资深，算是个小领导，平时看起来很柔弱，说话都不会太大声，与琳琳算投机，所以琳琳就死心塌地地对人家好。

有一天，那位女同事因为和男朋友分手，心情不好，看到琳琳在工作，一下子将情绪爆发出来了，不分青红皂白地把琳琳骂了一通，琳琳虽然也生气，但知道原因并从那位同事的角度想想后，也就原谅了她。次日，她还是满脸微笑地和那位同事打招呼，像什么也没发生过。

而那位女同事压根儿就是个小人，看见琳琳没有生气，反倒觉得奇怪："我这么对她，她居然没有一点儿记恨的表现，肯定是装的！"于是，这个女同事就心生恨意，准备先下手为强，将琳琳赶出公司。终于，她等到了机会。

不久两人去外地出差，客户选中了琳琳设计的几个方案，却没有挑中那位同事的任何一个。琳琳还好心把样稿让一部分给那位同事做，没想到对方压根儿不念好，更对琳琳记恨在心。

第三天，琳琳被公司一个电话提前召回，等待她的是放在桌子上的辞退通知信。她流着眼泪读信，感觉自己是不明不白的被辞退的。后来，有个心眼好的同事告诉她，原来是那位女同事在老板那儿说了坏话，说琳琳在外出差不好好干活，设计的图案一幅也没被选中，还抽空溜出去玩。老板当场大怒，下令把琳琳立刻开除，其他人怎么劝也没用。

这时，琳琳才知道原来自己是被陷害了，并且是自己一直信任的人，她真

是哭笑不得，她也不想解释太多，就收拾东西离开了公司。

琳琳的那位女同事，可以说简直是一个现代版的“以小人之心度君子之腹”的小人，这样的小人生活中自然不少，其实，琳琳落得如此悲惨的下场，也与她自己交友不慎有莫大的关系，她错就错在太善良，对人不留一手，把饿狼当知己，到头来还被饿狼咬了一口。在与那位同事共事的过程中，琳琳早该看出她是个嫉贤妒能、心术不正的小人。这种人，你越是对她掏心掏肺，她就越是不念你的好，反而认为你是假作好心。职场如战场，在面对竞争和利益时，你不懂得保护自己，不懂得趋利避害，你的路将会走得很辛苦，像琳琳那样，试图委曲求全夹缝里求生存依然会被人排挤。

“林子大了，什么鸟都有”，这是人们常来感叹社会复杂的一句话，在我们生活的周围，确实有一些像晏子这样的人，表面上看，他们不被人看得起，甚至被人忽视，但关键时刻，他们表现出来的杀伤力却是惊人的。可能你遇到过这样一些事：公司原本准备提升你，但没想到，最终击败你的却是平时看起来柔柔弱弱、唯唯诺诺的小姑娘；生意场上，那些出其不意成功的也是那些看起来实力不强的人……不得不承认的是，那些胆小怕事之人，他们的行为并不值得我们赞同，但无论如何，你不要再天真地认为，这个世界上都是好人，也不要因为你的同事总在你的面前表现得弱小，你就同情心泛滥，到最后被人利用了还蒙在鼓里。

总之，我们要始终记着“防人之心不可无”。面对利益的争夺，一定要多观察，冷静地判断，以防被小人暗算。

擅长用人的人，不轻易否定他人

擅长用人的人，很少会不分青红皂白、无来由地拒绝或否定。如果把人才比喻成土地，那么，他们就是懂得如何施肥者，进而让贫瘠的土地最终长出丰硕的果实。——《漂泊者及其影子》

这段话告诉那些管理者，现代企业，学会用人，首先就要懂得选用人才，将人才人尽其用。古今中外，治国也好，治企也好，得人心者得天下，失人心者失天下，这是一个谁也否认不了的真理。我们常说，21世纪，各行各业的竞争，实质就是人才的竞争。的确，管理之道，唯在用人。人才就是效率，人才就是财富。在现在这个时代，人才可以说是最重要的，企业要做大，就要重视人才。人才是事业的根本。因此，如果你现在已经是企业的领导，那么，你必须要学会一项本领：善于识别和运用人才。只有做到唯贤是举，唯才是用，才能在激烈的社会竞争中战无不胜。然而，要重视人才，首先就不要轻易否定人才。

我们来看看“福特爱才”的故事：

有一次福特公司的一台马达坏了，公司出动所有的工程技术人员，但是没有一个人能修复，福特公司只得另请高明。几经寻找，找到了坦因曼思，他原是德国工程技术人员，流落到美国后，被一家小工厂的老板看中并雇佣了他。

他到了现场后，在马达旁听了听，要了把梯子，一会儿爬上一会儿爬下，最后在马达的一个部位用粉笔画一道线，写上几个字“这儿的线圈多了16圈”。果然，把多余的线圈去掉，马达立即恢复正常。

亨利·福特非常赏识坦因曼思的才华，就邀请他来福特公司工作，但坦因曼思却说：“我现在的公司对我很好，我不能忘恩负义。”

福特马上说：“我把你供职的公司买下来，你就可以来工作了。”

福特为了得到一个人才不惜买下一个公司。

人才的重要性是不言而喻的。我们再来看看微软公司网罗一流人才的秘诀：微软公司的普力爵提供了网罗一流人才的秘诀：高层主管必须参与招聘流程。直到现在，比尔·盖茨仍会亲自打电话给微软看中的大学毕业生，问对方有无兴趣来工作。普力爵强调，高层主管如果不参与招聘流程，其他人就会认为高层不在乎人才。如果高层主管都不在乎人才，还有谁会在乎？

“千军易得，一将难求”，人才的培养是决定企业生存和发展的命脉，企业的发达，乃人才的发达；人才的繁荣，即企业的繁荣。人才建设是任何一个企业生存、发展的重中之重，没有了人才，一切都无从谈起，因此，对人才的

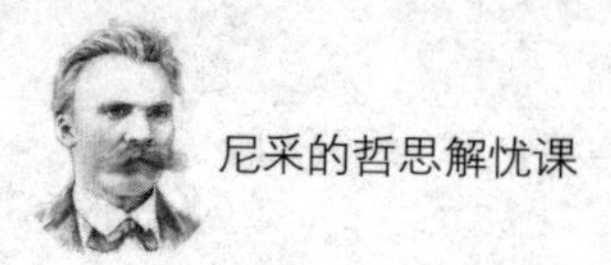

培养事关企业的成败，然而，谁都不希望被否定，尤其是价值的否定，这就需要我们在用人时肯定他人，给足对方信心。

那么，企业领导该如何用人呢？

1.了解自己员工的长处和不足

要想充分发挥员工在企业中的效用，就必须先对员工进行一番了解，做到量体裁衣。而领导者若想知道员工有哪些特长、哪些不足，要初步印象就是通过他们的履历表获得。因此，要想清楚员工的特长，领导者应制定一份员工专长表。这样领导者就会了解他手下有什么样的可供利用的人力资源。一旦有了新的任务，领导者就能够很容易地决定谁是最合适的人选。

2.要充分发挥员工的优点

在用人时充分发挥员工的优点，有利于提高执行的效率。同时，发挥优点也就意味着要避开劣势。如果从人的长处着眼，为使用对象提供和创造良好的条件，让他的长处得以充分地发挥，那么这个人日益增长的优势就会抵消不足的影响，或者填补不足的缺陷，或者抑制不足的劣势。

3.要让每位员工都觉得自己很重要

当一个员工感到自己很重要，是企业不可或缺的一部分时，就会增加企业的主人翁感，因为他在这里得到了尊敬和关怀。

在工作中，如果领导者们能使员工处处感受到尊严、被人尊重，那么，他们就会产生这样的温馨感觉：我很重要，对于企业是不可缺少的；领导既然这样尊重我，我就应该为企业努力工作。当然，如果让员工感受到自己很重要，还需要每一个领导研究人际关系学。

4.适时升迁，使有希望的更加努力

任何一个员工，如果一直在同一个职位任职而没有升迁的机会的话，都会对工作失去积极性，因此，适时地提升员工，最能激励士气，也将带动其他同事的努力。提升员工职位，应以员工的才能高低作为主要标准，年资和考绩应列为辅助标准。

总之，世上没有尽善尽美的人，每个人都有不足和优点，选用一个人，主要是使他发挥自己的优点；至于他的不足，只要不影响工作，不影响别人发挥

积极性，就不要过严。管理人员的任务是寻找员工的优点，在使用过程中，要使人尽其所长。

理解自己的缺点并努力完善自己

成功者，似乎总是有着好运气，比别人聪明，无论在哪个方面都胜人一筹，但事实上，他们也是普通人，也会有缺点，只是他们会将缺点伪装成长处。这方面，他们要比其他人老练得多。——《漂泊者及其影子》

尼采的这段话不难理解，我们每个人都有自己的缺点，即便是那些成功者也是如此，但是大部分人会将自己的缺点隐藏在暗处或者忽略它们，但成功者却能理解它们，这就是他们成功的原因。

实际上，没有人是毫无缺点的，只是在我们的内心，这个缺点的份额大小的问题。如果我们将缺点无限制放大，那么，它将会腐蚀我们的心，阻碍我们成功，我们就会长久自卑；如果我们能正视一些缺点，并将缺点限制在一定的范围内，它就会成为我们努力和奋斗的催化剂，助我们成功。

家喻户晓的史蒂芬·威廉姆·霍金1942年出生于英格兰。

在他还不到20岁的时候就患上了一种不治之症——肌肉萎缩症，而且，随着时间的推移，他的自主活动能力越来越弱，而到最后，他只能借助轮椅活动，并且，医生告诉他，他的下半生都极有可能离不开轮椅了。面对这样的打击，霍金并没有自暴自弃，而是继续学习和科研，一直以乐观的精神和顽强的毅力攀登着科学的高峰。

后来，霍金毕业于牛津大学，毕业后，他长期从事宇宙基本定律的研究工作。他在所从事的研究领域中，取得了令世人瞩目与震惊的成就。

曾经，在一个学术报告上，一个女记者居然问了一个令在场所有人都感到吃惊的问题："霍金先生，疾病已将您永远固定在轮椅上，您不认为命运对您

太不公平了吗？”

这个问题，显然是最触及霍金的神经的，也是不好回答的，当时，现场鸦雀无声，没人会知道霍金怎么回答。

霍金听完这个问题后，缓缓地将自己的头靠在椅背上，然后微笑着，用自己唯一能动的手敲打着键盘，这时，屏幕上显示出这样一段话：“我的手指还能活动，我的大脑还能思维；我有我终生追求的理想，我有我爱和爱我的亲人和朋友。”

顿时，报告厅里响起了长时间热烈的掌声，那是从人们心底迸发出的敬意和钦佩。

科学巨人霍金再次向每个自卑的男孩证明：即使你满身缺点，你还有可以引以为豪的优点，这些优点一样可以让你自信。那些外在的缺陷你不能改变的时候，不要悲伤，也不要失望，而应该庆幸，那些成功的人并非完人，只是因为他们能依然微笑地面对。

那么，生活中，我们怎样做才能发现、理解自己的缺点并努力变得自信呢?

1.正确认识自己，接纳自己

一个人要对自己的品质、性格、才智等各方面有一个明确的了解，方可在生活中获得较为满意的结果。除此之外，不要讨厌自己，不要认为自己羞怯就容忍自己的短处。一个人不要看不到自己的价值，只看到自己的不足，什么都不如别人，处处低人一等。

2.学会正确与人比较

拿自己的短处跟别人的长处比，只能越比越泄气，越比越自卑，有的男孩因为学习不好而产生“无用心理”就是这个原因。

3.不要强迫自己

我们首先不要有压迫自己的感觉，试着在生活中找一些自己做起来感觉舒服的事，如放纵，偶尔的放纵。然后再为自己制订一些小计划，难度不要太高，但一定要完成，完成不了，再找找原因，找一本心理历程的笔记本记起来，在迷茫的时候看看会帮助你改善自己的自控能力。

4.失败的时候，请原谅自己

想一想，如果你的好朋友经历了同样的挫折，你会怎样安慰他？你会说哪些鼓励的话？你会如何鼓励他继续追求自己的目标？这个视角会为你指明重归正途之路。

5.不断地学习，让自己具有硬实力

在今天，素质决定着命运。当然，在具备这点后，你就要实事求是地宣传自己的长处、才干，并适当表达自己的愿望，这样才能让别人更加了解你，也能给予你更多机会。

6.不断地挑战自己

任何一个人，在这个快节奏、高效率的时代，要想脱颖而出，要想进步，就必须要做到不断地挑战自己。要知道，一个人的能力是需要不断挖掘的，只要我们相信自己，欣赏自己，摒弃自卑，就能在职场、事业上不断彰显自己的能力和价值。

总之，人无完人，但这并不代表我们一无是处，因此，我们大可不必因为别人比自己优秀而妄自菲薄，做自己，才能获得出彩。

第 05 章

为他人付出，顾念他人的人才是真正的强者

尼采曾说：“顾念他人的人才是真正的强者”，这句话和中国人常说的“人敬我一尺，我敬人一丈。”有异曲同工之妙，意思就是，如果我们希望获得友谊，我们首先要伸出友谊之手；如果我们希望别人真心待我们，我们首先要付出真心。的确，人与人之间的情感都是双向的，我们每个人，无论你处于何种社会和职场地位，有了何种成功，都要真心待人，为他人付出，多顾虑别人的感受。只有这样，才能获得他人的支持，才能成事。

恐惧让我们为过去苦恼，为将来忧心忡忡

世间之恶，大部分都出自恐惧，恐惧让我们为过去苦恼，为将来忧心忡忡。然而，恐惧的真面目，正隐藏在你当下的内心之中。你可以轻而易举做出改变，因为那是你自己的心。——《曙光》

尼采这段话透露了恐惧的本质，冲破恐惧，靠的是我们自己的心，做到不念过往、不畏将来，我们也就放下了那些烦恼。

人生路上，我们会遇到一些挫折，但我们的敌人不是挫折，不是失败，而是我们自己，是内心的恐惧，如果你认为你会失败，那你就已经失败了，说自己不行的人，爱给自己说丧气话，遇到困难和挫折，他们总是为自己寻找退却的借口，殊不知，这些话正是自己打败自己的最强有力的武器。一个人，只有把潜藏在身上的自信挖掘出来，时刻保持着强烈的自信心，困难才会被我们打败，成功者之所以成功，是因为他与别人共处逆境时，别人失去了信心，而他却下决心实现自己的目标。

那些成功的人士，都是靠勇敢面对多数人所畏惧的事物，才能出人头地的。美国著名拳击教练达马托曾经说过："英雄和懦夫同样会感到畏惧，只是英雄对畏惧的反应不同而已。"

的确，"现实中的恐怖，远比不上想象中的恐怖那么可怕。"当你遇到困难时，理所当然，你会考虑到事情的难度所在，如此，你便会产生恐惧，会将原本的困难放大。但实际上，假如你能减少思考困难的时间，并着手解决手上的困难，你会发现，事情远比你想象的简单得多。

曾经有一个叫卡兰德的军官。有一次，卡兰德在纽约的一个漂亮饭店里，看着善泳的朋友们在阳光下嬉戏，忽然有一种不舒服的感觉涌上心头。卡兰德告诉他们，自己怕晒黑，所以不想下水。朋友们笑着怂恿他："不要因为怕水，就永远不去游泳……"

阳光溅在他们滑溜溜、光亮亮的肌肤上，他们像海豚一样骄傲地嬉戏着，而卡兰德其实并不想躲在没有阳光的阴影里看着他们的快乐嬉戏。他觉得自己是个懦夫。

一个月后，朋友邀卡兰德到一个温泉度假中心，他鼓足勇气下水了。卡兰德发现自己没有想象中那么无能，但他不敢游到水深的地方。

"试试看，"朋友和蔼地对他说，"让自己灭顶，看会不会沉下去！"

于是，卡兰德试了一下。朋友说得没错，在我们意识清醒的状态下，想要沉下去摸到池底还真的不可能。真是奇妙的体验！

"看，你根本淹不死。沉不下去，为什么要害怕呢？"

卡兰德上了一课，若有所悟。从那天起，他不再怕水，虽然目前不算是游泳健将，但游四五百米是不成问题的。

和卡兰德一样，当你遇到困难时，你也可以克服恐惧。人们恐惧的表现之一通常是逃避，而试图逃避只会使这种恐惧加倍。任何人只要去做他所恐惧的事，并持续地做下去，直到有获得成功的纪录做后盾，他便能克服恐惧。既然困难不能凭空消失，那就勇敢地去克服吧！

要摆脱恐惧心理，我们可以从以下几个方面着手：

1.告诉自己"我能行"

生活中，许多人常常说"我不行"。而之所以他们会有这样的意识，通常来说都是因为他们给自己设限，要摆脱这种种恐惧，你必须要在内心反复暗示自己："我能行。"

2.积极的心理暗示

"让我再试一试"，你应该这样暗示自己，要试出好的结果，就要装出非常勇敢，无所畏惧的样子，而且全身心地表现出来。

西奥多·罗斯福，原本也是自卑的人，他曾这样描述过自己："有一次，我读到一本书，这本书中写了一个人怎样克服自己恐惧的方法——人们可以装作不害怕的样子，时间一长，假的就不知不觉变成真的了。我觉得很有道理，因为那时候我真的很害怕很多东西，后来我也就假装不害怕，时间长了，没想到我真的不怕了。我想，人们只要愿意，可能都会有这样的经验的。”詹姆士对此也有同感，他说：“这样，英雄气概就会取懦夫之怯而代之。”

3.多做一些曾经不敢做的事

做曾经不敢做的事，本身就是克服恐惧的过程。如果你退缩、不敢尝试，那么，下次你还是不敢，你永远都做不成。只要你下定决心、勇于尝试，那么，这就证明你已经进步了。在不远的将来，即使你会遇到很多困难，但你的勇气一定会帮你获得成功。

总之，你需要记住的是，在困难面前，逃避无济于事，只有正面迎击，困难才会解决。这时，你会发现，那些所谓的困难与麻烦只不过是恐惧心理在作怪，每个人的勇气都不是天生的，没有谁是一生下来就充满自信的，只有勇于尝试，才能锻炼出勇气。

享受取悦他人的快乐

取悦他人，会让我们内心充实、快乐，即便是一件小事，如果别人获得了快乐，我们也会受到感染。——《曙光》

尼采的这句话的含义是，一个人如果有让他人产生愉悦之情的本事，那么，他就能从他人那里获得认可，就会获得尊敬，他也会因此而产生由衷的喜悦之情。当然，如何愉悦他人，需要我们根据具体情境，掌握他人的心理状态采取具体的措施。我们先来看下面的案例：

老周是公司里资历较深的员工，他对专业技能的掌握程度可谓无人能

及。不过，正因为是老员工，在单位干了几十年，他的年龄也不小了，对待新事物的理解和接受难免有点力不从心。特别是电脑、互联网的介入，老周越来越感觉到自己需要学习的地方太多了。这方面，他最敬佩的就是他的顶头上司刘主任，刘主任虽然和自己年龄相仿，但却是个新潮人。一次，老周和刘主任聊天时，说："你才是真的与时俱进啊，总是在工作中不断学习，你看，你对计算机的了解比单位一些年轻人深多了，怪不得我们一起进的单位，您就能当领导，我只能当员工呢。哈哈……"刘主任一听，也跟着笑了起来。

有些时候，对于电脑里出现的单词，老周都要向刘主任问一问是什么意思、怎么发音，自己再鼓弄半天。

对此，刘主任经常对老周说："老周，这些你不必太在意，有事我们会帮你解决的。"

老周却总是这样说："不行啊，该我会的东西一定要弄明白，我虽然老了，但我还不想被淘汰，要向您学习。"

刘主任对老周的这种态度很钦佩，还特意表扬过他的这种学习精神。

案例中的老员工老周赞美领导的方法值得我们学习，一句话，既赞扬了对方与时俱进的学习精神，更赞美了对方的成就，可谓一箭双雕，刘主任自然心里乐意。

事实上，即便是最普通的人，他也有引以为豪的成就，要么是自己工作努力、业绩突出，要么是学生时代读书勤奋，要么是子女懂事、有成就等，只要你善于挖掘，就能发现，就能找到愉悦他人的点。

那么，具体来说，我们该如何取悦他人呢？具体有以下几个方面的问题需要我们注意：

1.培养自己的观察力

我们知道，人是这个世界上最具智慧的一种动物。人能了解许多事物，却难以了解人本身。难以捉摸的是人的心理、人的需求、欲望和人的个体特征。要想取悦他们，我们首先要做到的就是学会洞察他人，并善加研究各色各样的人物，才能在人的海洋中左右逢源。游刃有余。

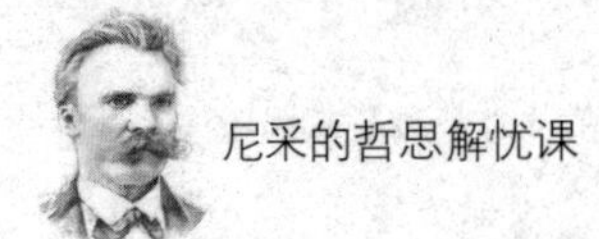

在与人相处时，更要具备一定的洞察力，一步到位看清对方的性格。比如，从难以伪装的习惯动作看出对方的心态，从被忽略的生活点滴推知对方的性格，这样才能在最短的时间内，达到我们的社交目的。

现实生活中，有些人内心方正，有些人内心圆滑；有些人对外方正，有些人对外圆滑。从这个角度考察，人物呈现四种形态：内方外方，内方外圆，内圆外圆，内圆外方。和不同形态的交往，要用不同的交际之道。若对方性格直爽，便可以单刀直入；若对方性格迟缓，则要“慢工出细活”；若对方生性多疑，切忌处处表白，应该不动声色，使其疑惑自消。

2.到什么山，唱什么歌

中国有句谚语说：“到什么山唱什么歌，见什么人说什么话。”大多数交际红人都深谙此道，所以才能在交际中左右逢源，大出风头。可能在日常生活中，我们并不一定需要掌握那么高的说话技巧，但在适当的场合、对适当的人说适当的话的技巧还是非常有用的。

每个人，由于生活环境、接受的教育程度、性格、性别、社会地位等方面的不同，导致了他们所能接受的说话方式、语言习惯等方面的不同。因此，与人说话，一定要看清对象，因人而异。“见什么人说什么话，因人而异”是非常必要的，否则就会犯“对牛弹琴”的错误。

3.学会赞美的艺术

任何人都希望被他人关注和赞美，都希望自己的劳动得到社会的承认，得到别人的理解和尊重。不管你的赞美对他是否会产生影响，有一点是可以肯定的，你的赞美会给他的心理带来愉悦。当你用真诚的语言赞美对方时，他会认为你是一个信任并了解他的人，自然就拉近了你们之间的距离，他所回报你的，便是同样的肯定与信任，焕发出你与他之间相互的热情、友谊和温暖。这样，无形中你就赢得了一个朋友。这无疑是一场最没有风险的情感投资，因为“投桃”必然会“报李”。

总之，只要我们能让他人产生愉悦之情，必定会获得他人的支持和尊重，这种快乐是名利、物质换取不来的，有时候，我们随手所做的一件小事、一句话就能做到。

别将热情列为你的判断依据

人是情绪化的，但在判断一个观点是否为真理时，绝不可将热情列为判断依据。然而，对此，心存误解的人大有人在。——《曙光》

尼采这句话是要告诉我们，在遇到任何事的情况下都要克制自己的情绪，都要理智地进行思考，不能凭一时情绪，做出让自己后悔的事。然而，我们都知道一点，人都是情绪的动物，我们的情绪会被周围的人和事所影响，但成功的人在于能做到自控，做事不冲动；而失败的人则相反，他们性情散漫、毫无节制，总是受自己的情绪摆布，而情绪总是依环境氛围而变幻莫测。于是，他们起伏摇荡于这种恶性失衡之中，做事时陷入自相矛盾的境地。这种过分轻狂不仅毁掉了他们的意志，也殃及他们的判断力，干扰了他们的欲望和理解力。成功需要很强的自律能力。

生活中的你，也许是容易冲动的人，但请记住：冲动是魔鬼，会让自己一败涂地，从现在起，一定要做到自制，理智思考并克服自己的情绪。

在美国某个乡镇，有一个小型的法庭，用于处理乡镇的事务，有法庭就有陪审团，这一陪审团由12个农夫组成。

一次，法庭遇到了一起案件，在审理案件时，陪审团中的 11 个农夫认为被告有罪，另一个农夫则认为被告不应该判罪。由于陪审团的判决只有在其所有成员一致通过的情况下才能成立，于是这11个农夫花了一整天的时间，想说服那个与众不同的农夫改变初衷。此时，天空忽然乌云密布，眼看一场大雨就要来临，那11个农夫都急着要在大雨之前赶回去，好把放在屋外的干草收回家去，可是，这时候那个农夫却仍旧不为所动，坚持己见，11 个农夫个个都急得像热锅上的蚂蚁。他们的立场开始动摇了，最后，随着“轰隆”一声雷鸣，这11个农夫再也无法等下去了，他们转而一致投票赞成另一个农夫的意见：宣告被告无罪。

在这一谈判案例中，这位以胜利的农夫在面对强大的谈判阵容时并没有轻

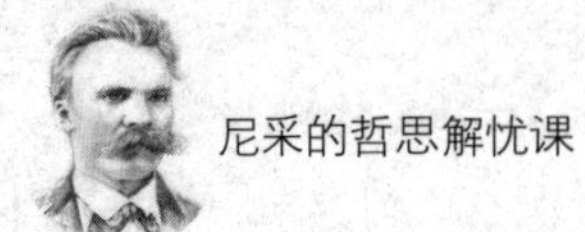

易就范，而是利用了其他农夫都急于结束谈判的心理，向他的对手们展开心理攻势，让对手急得像热锅上的蚂蚁，最终，在忍无可忍的情况下，这群农夫放弃了自己的立场——宣布被告无罪。

生活中的人们，我们也要记住，在任何时候冲动都是我们最大的敌人。如果忍耐能化解不该发生的冲突，这样的忍耐永远是值得的。

相传，勾践战败后，他接受了大臣文种的建议，收买了吴国太宰伯丕向夫差称臣纳贡求降，越王和王后到吴国给夫差为奴做妾。夫差答应了，却在吴国对勾践夫妻极尽羞辱，勾践在夫差面前一幅感恩戴德五体投地的奴才相，嘴里还感激夫差不计前嫌以德报怨，宽宏仁慈。勾践在夫差面前表现得十分恭敬，称自己为贱臣，小心翼翼，百依百顺。夫差要上马，勾践就跪下来让夫差踏在自己的背上。夫差生病了，勾践在夫差面前寝食难安，问病尝粪，嘴里一边吃着夫差的大便，还一边说出自己的忠诚之志："恭喜大王，大王的病就快好了。"

就这样，勾践以自己的忠诚打动了夫差，终于夫差下令让勾践回到越国。勾践回到越国之后，立志要报仇雪根，他唯恐眼前的安逸消磨了自己的志气，于是在吃饭的地方挂上一颗苦胆，每逢吃饭的时候，就先尝尝苦味，并问自己："你忘了会稽的耻辱了吗？"他还把席子撤去，用柴草当作褥子，这就是后人一直传诵的"卧薪尝胆"。

在吴王夫差面前，勾践跟奴才差不多，甚至比奴才更卑贱，不仅受到了夫差的百般侮辱，而且嘴里还感激夫差不计前嫌以德报怨，并自称为"贱臣"。这样的姿态，比委曲求全更甚，自己所受的侮辱和苦难不是普通人能及的，但勾践都一一忍耐了下来。其实，他早就有了复国大计，之所以在夫差面前百般受辱，那是为了赢得夫差的信任，这样自己就可以早日回到越国去施行复国大计。看似委曲求全，实则是一个计谋，勾践早已将整个计划运筹帷幄于鼓掌之间。于是，这才有了后面"勾践灭吴"的故事。

那么，我们该如何控制好自己的情绪，从而作出最理智和明智的决定呢？

1.要有务实精神

务实其实就是脚踏实地，不浮躁，只有打好基础知识，才能开拓，否则，

一切都是花架子。

2.遇事善于思考

伟人之所以成为伟人，是因为有伟大的思维，让思维决定行动，正像爱因斯坦的某些学说在当时被喻为“疯子式的假设和推论”，但后人均证实他的理论并非错误，他的猜测并非虚幻；当布鲁诺用生命捍卫哥白尼“日心说”理论时，所有的人都认为他只是另一个“疯子”，而今天的我们确实认同了太阳系的概念。但这些伟大的思维，无不是在磨难和折磨中中形成的。

可见，人们在不经意地观察中，要善于思考，发现问题、提出问题。正如爱因斯坦所说：“学习知识要善于思考，思考，再思考，我就是靠这个方法成为科学家的。”

总之，考虑问题应从现实出发，而不能凭意气热情，学会站在全局的角度看问题，你就能看得远，寻找出最好的解决方法。

体验是一个需要耐心的过程

体验是一个需要耐心的过程，反省与观察应当是体验彻底结束后的工作，否则你便无法仔细体验全过程。——《漂泊者及其影子》

尼采的这句话是要告诉我们实践的重要性。的确，我们从学校获得的知识都是十分有限的，我们在工作中和生活中所需要的相当多的知识与技能，完全要靠我们在实践中边学边摸索，然而，做成任何事，都需要我们有恒心、有毅力。

的确，人生短暂，在我们追求目标的过程中，诱惑比比皆是，如果我们能坚持梦想、剔除诱惑的干扰，就没有什么做不到的。其实，这个道理很简单，以挖井为例，找到了水脉之后，就要奋力往深处挖，而如果打一枪换一地，那么，最终，你获得的不过是一个个的土坑而已。而在发掘中所消耗的时间和精力，已经永远找不回来了。

丘吉尔说过这样一句话："成功的秘诀就是：坚持、坚持、再坚持！"世上所有的成功，都产生于再坚持一下的努力之中！成功也许真的只是一种"坚持"，当成功与失败的比例是三七开时，坚持的时间越长，成功的机会就越大。凡事坚持，不屈不挠，就有了赢的姿态。

大哲学家苏格拉底有着非同常人的智慧，为此，很多人都来向他求教。

一天，一名学生问他："老师，我也想成为和您一样的大哲学家，但我怎样才能做到呢？"

苏格拉底说："很简单，只要每天甩手300下就可以了。"

有的学生说："老师，这太简单了，别说是甩手300下了，就是3000下、30000下也可以啊！"苏格拉底笑了笑没有说话。

一个月过去了，苏格拉底问："那么，有多少同学每天坚持甩手300下啊？"很多学生都骄傲地举起了手，大概有90%的人。

又一个月过去了，苏格拉底又问："还有多少同学在坚持啊？"这回比上次少了10%的人。

时间一天天地过去了，一年以后，苏格拉底还重复着当年的问题："还有同学在坚持每天甩手300下吗？"此时，大家都低下了头，因为他们都没有做到，这时，一个同学举起了手，他的名字叫柏拉图，他后来也成为了像苏格拉底一样的大哲学家。有人问他成功的秘诀是什么，柏拉图微笑着说："甩手，而且甩得足够久……"

这个哲理故事同样告诉生活中的每一个人，无论做什么事，如果你想成功，就要脚踏实地，从小事做起，没有人生下来就是伟大的人。每天坚持做同一件小事也很不容易，就像每天甩手300下，一个月大部分人能坚持，一年过去了却只有一个人能坚持，只有学习柏拉图这种坚持不懈的精神，才能成为做成大事的人。当你认真对待每一件小事，你会发现自己的人生之路越来越广，成功的机遇也会接踵而来。

的确，世间最容易的事就是坚持，最难的事也是坚持。成功在于坚持，这是一个并不神秘的秘诀。法国启蒙思想家布封曾说过："天才就是长期的坚持

不懈。”的确，无论我们做什么事，要取得成功，坚持不懈的毅力和持之以恒的精神是必不可少的，它将是我们取得成功的法宝。歌德用激励的语言这样描述坚持的意义：“不苟且地坚持下去，严厉地鞭策自己继续下去，就是我们之中最微小的人这样去做，也很少不会达到目标。因为坚持的无声力量会随着时间而增长，到没有人能抗拒的程度。”

艾森豪威尔也说：“在这个世界上，没有什么比‘坚持’对成功的意义更大。”的确，世界上的事情就是这样，成功需要坚持。雄伟壮观的金字塔成功地建成正因为它凝结了无数人汗水的结晶；一个运动员要取得冠军，前提就是必须要坚持到最后，冲刺到最后一刻。如果有丝毫的松懈，就会前功尽弃，因为裁判员并不以运动员起跑时的速度来判定他的成绩和名次。

被拒绝了1000次之后，还敢去敲第1001次门的席维斯·史泰龙就是靠毅力走向成功的。他在未成名之时，身上只有100美元和一部根据自己悲惨童年生活写成的剧本《洛奇》。于是，他怀揣着梦想，挨家挨户拜访好莱坞所有的电影公司，但遗憾的是，没有一家公司愿意录用他。

当时好莱坞有五百家电影制片公司，史泰龙就被拒绝了500次。面对500次的拒绝，他依然没有灰心，他坚信，胜利就在下一秒。

于是，他开始了第二轮的拜访，从第一家公司开始，但结果依旧如此。再一次的打击依然没有打倒史泰龙。他没有放弃希望，他把1000次的拒绝，当作绝佳的经验。接着他又鼓励自己从第1001次开始。后来又经过多次上门求职，总共经历了1855次严酷的拒绝，终于有一家电影制片公司同意采用他的剧本，并聘请他担任自己剧本中的男主角。

史泰龙的成功，更加证实了坚持的道理。在机遇面前，行动固然重要，但坚持更为重要。

在追梦的过程中，生活中的人们，永远都不要放弃心中的希望，如果遇到困难，把困难当成人生的考验，不要在困难面前茫然退缩，更不要不知所措迷失自己，满怀希望地为着自己的梦想而努力，相信终有一天，你会走出低谷，走向光明。现实是美好的，但又是残酷的，关键在于面对困难，你是否具有韧性，能否坚持到底。

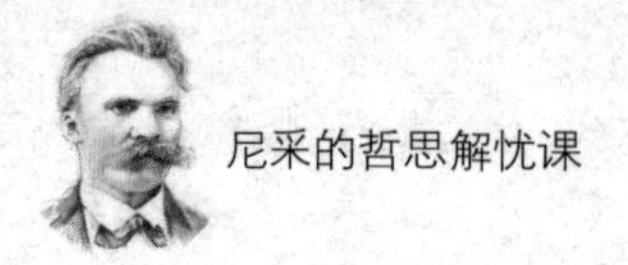

总之，我们任何一个人，都必须要懂得，任何一种策略，只有坚持才会有价值。也只有坚持到底的人，才能经受机遇的层层筛选，并最终得到它的垂青。

完全不谈自己是一种甚为高贵的虚伪

完全不谈自己是一种甚为高贵的虚伪。——《人性，太人性的》

尼采说这句话的含义是要告诫我们，为人处世一定要坦诚、率真，只有真诚地展现自己，才能获得他人的信任。在他的《善恶的彼岸》中，对这一点进行了更为明确的阐释："一种人，他们讲得很差，但却使用各种夸张的手法，以吸引听众的注意力，最终只能事与愿违，而真诚的人，他们毫不矫揉造作，言语中，他们透露的是真诚，是对话题的炙热，听众也会被他们感染，从而聚精会神地聆听。无论是演讲、演戏还是人的活法，都是这样。"

其实，不仅是演讲，在演员演戏时也是如此，那些演技精湛的演员，都会做到让自己融入角色，然后袒露自己的真实感受，进而打动观众；相反，那些演技浮夸、刻意表现的演员，会让观众感到不屑。

从演讲者、演员的表现中，我们就不难得出，浇树浇根，交友交心，人际交往中，我们若想交到真正的朋友，获得他人的信任和支持，我们首先要做到的就是对他人敞开心扉，而不能以面具示人。我们发现，那些人际关系良好、和朋友相处融洽的人，无不是做人坦诚者，因为只有坦诚才能获得信任，这才是真正意义上的"以心交心"。尤其在与陌生人的交往中，主动交往、坦诚自己的感受往往更能带动对方参与交往。

生活中的人们，也应该保持率真的心态，即使是小小的喜悦之情，也应该表达出来。这才是真实的你，真实的人生。

一天，因为单位某同事喜得贵子，小王和单位其他同事们一起前来道贺。来到同事的家，小王环顾了一下，发现同事的家布置得温暖、熟识，尤其是悬挂着的那些花花草草，更是为整个家增添了几分情致。

正当小王观赏之时，同事说："这几盆花草有真有假，你们看出来了吗？"

"我怎么没有看出来呢？"另外一个同事反问道。

"谁能不用手去摸，不用鼻子闻，在五米以外准确地指出真假，我就送给谁一盆郁金香。"主人有些得意地说。

听到主人的话，大家都兴致勃勃地仔细观察起来。只见眼前的几个盆栽，都长得极为茂盛，看起来个个碧绿如玉，青翠欲滴。乍看之下，真是分不出真假，可是用心观察，还是能发现其中的不同。小王偶然发现有三盆花依稀能够找到枯萎的残叶，有的叶片上还有淡淡的焦黄，显示出新陈代谢和风雨侵袭的痕迹。可是另外两盆，绿得鲜艳，红得灿烂，没有一片多余的叶子，没有一丝杂草，更没有一根枯藤。一切都是精心设计精心制造的结果，它们显得完美无缺。看着它们，似乎这完美的东西远不如那些夹杂着残枝败叶的新绿更令人愉快。

的确，人生原本就是极为真实、简单的，且存有不可避免的缺陷，有些人对完美生活的幻想超出了生活本身，刻意装点的生活，就如那盆假花一样，虽然看起来很精致，但总会缺乏生气，缺少生命经历过的真实。如果时时都是如此的心境，事事都是如此的状态，生活的一切虽看似华丽或精细，但它始终缺少灵魂的寄托。

可见，如果我们想掌握交际的主动权，就应该迈出交际的第一步，大胆地与人交流，并以诚待人，具体来说，我们需要做到：

1.找出交往的契机，主动伸出友谊之手

并非所有的人都是善谈的，有的人沉默寡言，虽然有交谈的欲望，却不知从何谈起。这就需要你改变态度，率先向对方发出友好信号，激起对方的谈话欲望，以达到交流的目的。

2.发挥微笑的魅力

俗话说得好，伸手不打笑脸人，对于别人善意的微笑，我们怎么可能会拒绝呢？卡耐基说，笑容能照亮所有看到它的人，像穿过乌云的太阳，带给人们温暖。行动比言语更具有力量，微笑所表示的是："我喜欢你，你使我快乐。我很高兴见到你。"交际中，我们对他人多报以微笑，就会让对方被我们的善意和热情所打动，久而久之，他们也会对我们回以微笑。

3.以真诚打动人心

与人交往，贵在"诚"字，用诚心和热心才能打动他人，而热的心是首要，热的态度，如关心对方，见面打招呼，买些小东西，参加集体活动，写些小卡片……都是方法。此外，还有最重要的一点便是，要想得到他人的认可，首先必须得主动敞开自己的心怀。从一开始就要讲真话、实话，不遮遮掩掩、吞吞吐吐，要以你的坦率获得新同事的好感和爱戴。

总之，我们都应该明白，每个人在生活中都有自己的位置，每个人都扮演着不同的角色，在自己的世界里，我们是主角，在别人的世界里也许只是龙套。当喜则喜，活出真正的自己，坦然面对生活给予的一切，不要让苛求完美的心，使生活失去原本的真实。

你的喜悦是否伤害了别人

我们在表达自己的喜悦时，是不是对他人也是有益的？是不是会让他人产生不甘或者悲之情？有没有侮辱到他人？是不是建立在他人的痛苦与灾难之上？有没有引发他人的报复心？——《权力意志》

尼采这句话是要告诉生活中那些因为成就正处在喜悦之中的人们，即使是表达喜悦之情，也要考虑到他人的感受，也许你的快乐正刺激着他人敏感的神经，甚至因此遭人记恨，种下恶果。

事实上，我们都知道，一个真正成功的人，往往都能赢得人心、拥有好人缘，好人缘能为我们所用。“三十年河东，三十年河西”，今天那些失意的人明天说不定就得意了，假若我们能在对方失意之时大谈自己的得意之事，那么，很可能引起对方的记恨，而如果我们能对其进行肯定和认可，而不是大谈自己的得意之事，那么，对方一定会对我们产生感激之情。

因此，任何一个渴望获得他人支持的人，都应该做到谦虚谨慎，因为无论你取得了什么成就，你都应该照顾他人的感受。

谢灵和陈颖都是一家广告公司的文员，同样是女人，而且同样是漂亮女人，命运却完全不一样，谢灵在自己25岁时，就嫁给了一个地产商，衣食无忧，每个月老公都会给她一大笔钱买衣服，从她生下一个可爱的儿子后，老公对她更是宠爱有加了。而她之所以还在工作，完全是为了想多交朋友，不想让自己与社会脱节。

相比之下，陈颖的生活就惨淡得多了，她也在25岁的时候结婚了，但她结婚的对象却是一个工厂的职工，两个人的老家都在农村，好不容易两个人凑齐了首付在城里买了套房子，但到现在连装修的钱还没存够，只能暂时窝在一个出租屋里，眼看两个人都不小了，但却不敢要孩子，因为养不起。这就是为什么陈颖平时在下班之后还去卖场打工的原因。

这天，陈颖被老板骂了，因为她前一天晚上没睡好，在上班时间居然睡着了，恰巧被老板看到，就这样，她这个月的奖金没了，当她从老板办公室垂头丧气地走出来时，她听到谢灵又在吹嘘自己的豪华生活：“昨天，我去新光天地买了一件九千多元的皮草，哎，买的时候觉得可以，一买回家就不想要了，真是的，下次买东西还是要想好，九千块也不少了，陈颖，你说是吧，你和你老公半年应该都存不到这些钱，对吧？”当谢灵问她的时候，她愣了一下，只回答了个“是”字，她心里很难受，这不明摆着是在炫富吗？

自打这件事后，陈颖就很讨厌谢灵，一有机会就为难谢灵，谢灵是个花架子，很多事情都不会，原先她都问陈颖，而现在的她在办公室显得很无助，不知道该怎么办了。

这则职场故事中，原本两个关系不错的女人，为什么关系一下子变僵了？因为谢灵不该在失意的陈颖面前显摆自己富裕的生活。

一般来说，失意的人较少有攻击性，郁郁寡欢是他们最为普遍的一种表现，但这并不是表明他们没有反击的能力，可能你的得意之语并没有针对性，可这却可能引起对方的记恨，这种记恨不会很明显地表现出来，可他们有自己的反击方式，如背后中伤、背后搞破坏等，明枪易躲，暗箭难防。

在一个激烈竞争的环境中，人人都希望成功，希望出人头地。这种进取之心确实可贵，但无论你处于何种社会和职场地位，有了何种成功，你都要保持低姿态，多顾虑别人的感受。为此，你应注意以下几种情况：

1.不炫耀自己的成功

每个人都有虚荣心，每当自己取得一定的成就或达到某个目标后，难免会产生一些优越的心理，但你千万不要在其他人面前表现出来，更不要借机贬低、挖苦别人，言者无意，听者有心，很可能你一句炫耀的话就伤害了别人，从而让别人产生记恨的心理。

2.保持和善的说话习惯

日常交往中，懂得说话技巧的人，一定是一位和蔼可亲、平易近人的人，他一定会善解人意，无论自己失意还是得意时，都会察言观色，把自己和善的一面展现给别人，让人感觉他没有架子，这样的人一般都会有良好的人际关系。

3.表达真诚

一个说话真诚的人，更容易让人相信、亲近。很难设想，那些冠冕堂皇、虚情假意的话怎么能让人产生亲近感？因此，即使对话双方身份不同、处境各异，只要说的是坦率的、真诚的、发自肺腑的话，往往都能起到感动人心的作用。

4.站在对方角度说话

如果与人对话时多从沟通的角度出发，多一点儿将心比心的理解，多说一点儿善解人意的话，那么，语言表达就容易引起对方的共鸣，一种独特的亲和力也就寄寓其中了。比如，当对方正遭受某种不幸时，你应感情真挚地表达自己的理解，你可以说：“你的心情我能理解……”而假如你漠不关心的话，对

方是不会答应你的请求的。

因此，我们再成功，也没有趾高气扬的权利，尊重别人不代表你的懦弱，蔑视别人也不能表示你的强悍。争取最多的人的支持，拥有良好的人际关系才是人们成功的最坚强的保障。在人与人之间的交往中，需要理解、信任与尊重。

第 06 章

现在努力，为未来积蓄力量

我们都知道，没有人能随随便便成功。在人生的道路上，我们若想有所收获，就必须学会耐得住寂寞，因为只有内心宁静的人，才能沉淀自己，才能有一番作为。所以，想法决定活法，即便你起点低，但人生总是充满无限的可能，而且，几乎所有的成功人士，刚开始所从事的工作都是卑微的，甚至是烦琐的，无聊的，但他们却不忘积聚自己的实力，在长久的努力中，他们厚积薄发，实现梦想。

光有理想是远远不够的

光有理想远远不够，必须先用自己的方法，找到通往理想之路，否则，你的行动将是漂浮不定的。否则，自己的行动与活法就永远也定不下来。——《善恶的彼岸》

很明显，尼采这句话是要告诉我们，梦想具有伟大的力量，但光有理想远远不够，把理想变成现实，我们还必须要付诸实践！要知道，任何人不会随随便便成功，要成功，就要突破，就不能安于现状。做到突破，就要从现在开始，一步一个脚印，逐步提高自己，抓紧时间，奋斗进取，你就能拼搏出属于自己的一片天地。同时，当你跨过人生的沟坎之后，你会发现，原来，一切困难不过是前进路上的小石子，轻轻一踢，它们就滚开了。

生活中的人们，也许现在的你也有很多梦想，你可能希望自己能成为一个著名企业家、一名人民教师、歌唱家等，但无论如何，你要知道，理想不同于妄想和幻想，目标要切实可行，行动要脚踏实地。这样，离你的梦想就不远了。

公元1809年，在一个荒凉的肯德基州农场里，诞生了一位叫亚伯拉罕·林肯的小婴儿，他就是未来第十六任的美国总统。

林肯十五岁时才开始认字母，每天早晚都要走四英里的森林小路到校求学。他买不起算术书，特地向别人借，再用信纸大小的纸片抄下来，然后用麻线缝合，做成一本自制的算术书。他以不定期上课的方式在校求学，知识都是“一点一点学的”。他所受的正规教育，总计起来不过十二个月左右。林肯能

在很艰难的情况下发奋读书，是不向命运屈服的表现，也是我们应该学习的地方。

林肯下田工作时，也将书本带在身边，一有空闲就看书。中午吃饭时，也是一手拿着玉米饼，一手捧书。他在被提名为总统候选人以后，曾说："我能够达到这一点小成果，完全是日后应各种需要，时时自修取得的知识。林肯由一个贫穷的孩子成为统率美国的政治家的历程，深深地打动着我，他成功的关键在于奋发向上，努力不懈，迎接生活的挑战。林肯做到了，成功了。"

林肯只是一个成功的典范，和他一样，出生在贫困的环境中，但通过自己的努力成就一番傲人事业的伟人有很多，可以说榜样的例子无处不在。命运掌握在我们自己手里，选择成功还是碌碌无为，取决于我们自己。

的确，"空谈误国，实干兴邦"。大到国家，小到个人，万事万物都得由小到大。或许你现在做着看似不着边、没有前景的工作。但我们要坚信，事物发展的道路是迂回曲折的，巴纳德说过："机会只偏爱那些有准备的人"。成功的秘诀在于开始着手。现在就采取行动，绝不拖延，行动高于一切！把握现在的瞬间，从现在开始做。心动不如行动。

"一切用行动说话"，这是我们每个人应该记住的，仅仅有理想是不够的，理想必须付诸行动，如果没有行动，那理想永远只是空想，只是空中楼阁，海市蜃楼，那么遥不可及。看古今中外历史上的每一个伟人，无一不是拥有超前的思想和超凡的行动力，并通过发挥自己的优势而赢得荣誉的。一句话，行动促就梦想。说一尺不如行一寸，也只有行动才能缩短自己与目标之间的距离，只有行动才能把理想变为现实。成功的人都把少说话、多做事奉为行动的准则，通过脚踏实地的行动，达成内心的愿望。

在1921年，当电报机发明成功25年之时，《纽约时报》有一篇文章谈到了电报对信息传播的重大作用。有十几个人，从这则报道中得到了启发。他们想，如果创办一份文摘刊物，让读者从大量的信息中获得自己需要的信息，肯定会受到欢迎。但当他们申请邮局发行时，得到的答复是因为还从没有过这类刊物，目前条件还不成熟，还要等一等。绝大多数申办者就只好等等再说。

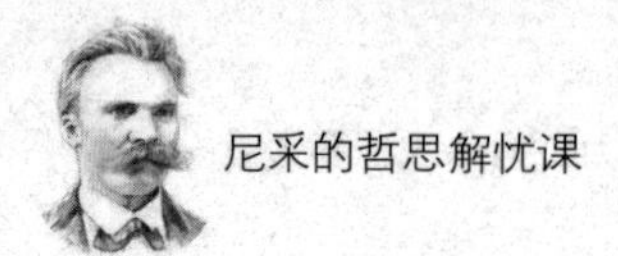

这十几人中有一位叫华莱士的青年却毫不犹豫，他想：你邮局不发行，我可以自办发行呀，他没有等待，而是将订单装入2000个信封中，从邮局发往各地。

就这样，这位青年创办了世界上很少有的文摘刊物，它一下子拥有了不少的读者，而且市场越来越广阔，这就是有名的《读者文摘》。到了2002年，这本刊物已成为世界性的刊物。它用19种文字出版，发行到127个国家，年收入达5亿多美元。

所以，不要怕实践你的梦想，不要因为恐惧而裹足不前，不要当生命走到尽头时，才恍然大悟到原来你可能有机会实现梦想，只是你放弃了。有了梦想就不要空想，不妨勇敢地去实践生命的感觉！不要在意别人的嘲笑。如果没有勇气去大胆地尝试，你永远都不会知道自己的潜力有多大!

因此，不管你的梦想多么高远，先做触手可及的小事。梦想是一个大目标，你需要做的是完成每天的小目标，这样，你朝大目标就近了一步，每近一步，你就会增加一份快乐、热忱与自信，你就会消除一份恐惧，你就会更踏实，就会从积极的思考进展为积极的领悟，那么，就没有一件事情可以阻挡得了你。

若不开始，便不会有进展

万事开头难，但再简单的开头，若不开始，也不会有进展。——《人性的，太人性的》

尼采这句话是要告诫生活中的人们，无论做任何事，如果不敢跨出第一步，不敢开始的话，始终都不会有成功。

作为一个平凡的人，我们每个人都害怕失败，渴望成功，于是，人们在做一件事之前，都会产生各种顾虑，都会迟疑不定，而实际上，正是因为迟疑，

人们开始恐惧、左思右想，最终被恐惧扰乱心境而不敢执行。在任何一个领域里，不敢冒险的人，就不会获得成功。

“要战胜别人，首先须战胜自己。”这是智者的座右铭。有时候，我们的敌人不是挫折，不是失败，而是我们自己，如果你认为你会失败，那你就已经失败了，说自己不行的人，爱给自己说丧气话，还没开始之前，他们总是为自己寻找退却的借口，殊不知，这些话正是自己打败自己的最强有力的武器。一个人，只有把潜藏在身上的自信挖掘出来，时刻保持着强烈的自信心，才有勇气开始，成功者之所以成功，也是因为他们有一个简单的开始。

生活中的人们，如果你想获得成功，就要勇敢地冒险，勇于尝试，这样，你就有了做成功者的机会。胆量是使人从优秀到卓越的最关键的一步。

石油大王洛克菲勒曾说：“与其生活在既不胜利也不失败的黯淡阴郁的心情里，成为既不知欢乐也不知悲伤的懦夫，倒不如不惜失败，大胆地向目标挑战！”他这句话是要鼓励人们勇于改变安稳的现状、敢于冒险。事实上，我们也发现，洛克菲勒本人就是个野心勃勃的人。

1870年，标准石油公司成立，洛克菲勒任总裁，该公司总资产100万美元。洛克菲勒放言，“总有一天，所有的炼油和制桶业务都要归标准石油公司。”公司主要负责人不领工资，只从股票升值和红利部分中提成。“不领工资只分红”这个制度创新一直影响到现在的美国企业。洛克菲勒坚信“一个人往往进入只有一件事可做的局面，并无供选择的余地。他想逃，可是无路可逃。因此他只有顺着眼前唯一的道路朝前走，而人们称它为勇气。”以及“与其生活在既不胜利也不失败的黯淡阴郁的心情里，成为既不知欢乐也不知悲伤的懦夫的同类者，倒不如不惜失败，大胆地向目标挑战！”

的确，人生的旅途中，不敢真正跨出第一步的人最终的结果只能使自己在给自己限定的舞台上越来越渺小。没有舞台的演员就像被缴械的军人，被剥夺了笔的画家，成功离他就越来越远。

当然，风险越大，报酬越高。机遇稍纵即逝，优柔寡断，迟疑不决，将会错失良机。所以，你还需要有勇气。只有敢作敢当的人，才敢于承担责任和风险，才敢于直面困难和障碍，挫折和失败，才能抓住机遇获得成功。

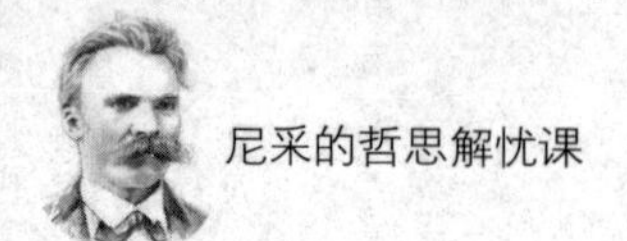

另外，我们不得不承认的是，有时候，人们不愿尝试的原因是他们不愿打破现状。哲人说，自己是最大的敌人，人有时最难突破的，就是自身的局限性。这就是为什么我们会发现那些处于困境中的人最终会取得比那些已经取得温饱的人更有作为。想迈开脚步大干一场，又不舍得抛开自己现有的温饱的保障，如此瞻前顾后，必定无所作为。

据社会学专家预测，未来的社会将变成一个复杂的、充满不确定性的高风险社会，如果人类自由行动的能力总在不断增强的话，那么不确定性也会不断增大。生活中的人们，你应该意识到，各种变化已经在我们身边悄然出现，勇敢地投身于其中的人也越来越多了，而如果你不积极行动起来、缺乏竞争意识、忧患意识，安于现状、不思进取，如果你还没被惊醒的话，就会被时代所抛弃，被那些敢于冒险的人远远地甩在后面。勇争第一、充满冒险精神，是每个成功人士给我们的启示。

生活中的每个人，都应该认识到勇气的重要性，如果你是个什么都敢于尝试的人，那么，你是一个勇者，但如果你希望获得成功，那么，你还有谋略，你就要学会用智慧指导行动。要知道，机遇是个挑剔的女神，只垂青于肯动脑筋、爱用智慧的经营者。没有全面的素质和一双洞察机遇的眼睛，又怎么能够开启成功创富的大门呢？

为此，要锻炼自己的勇气，你可以向自己不敢做的事下“战书”，也就是拿曾经畏惧的事情“开刀”，克服自己的心理恐惧，扫除心理的“精神垃圾”，以树立起信心。

也许你还有很多过去不敢做的事，那就列个困难清单逐个给它们下“战书”，只要做到每天有突破、有进步，总有一天你会把所有的“不敢做”都变成“不，敢做”，那么胆小怯懦的“旧你”就成了自信勇敢的“新你”，成功就会向你招手。

总之，我们需要记住的是，在这个时代，墨守成规，缺乏勇气的人，迟早会被时代所抛弃。处处求稳，时时都给自己留有退路，这是一种看似稳妥却充满潜在危机的生存方式。

荣耀不能改变你的起点，却能改变终点

荣耀不能改变你的起点，却能改变终点。——尼采

尼采这句话是要告诉我们荣誉对于一个人生命的重要性。只有竞争，只有夺得第一才能带来荣誉，最终胜利的人才能与荣誉有缘，因为，荣誉是与结果挂钩的。因此，男人们，不要结果，只要过程的单纯想法，只有努力、只有竞争，才能通向成功的彼岸。当然，这并不是说为了结果而不择手段。尽管我们应注重胜利，我们要做到努力争取第一，但我们并不提倡“胜者王侯败者寇”的观念。追求胜利，重视胜利，同时也关心胜利中的道德因素，或失败中的道德评价。

的确，任何人，都希望得到认可，我们每个人，要担起社会、家庭和国家的责任，更需要用荣誉来证明自己。一些人之所以平庸，就是因为他太容易满足而不求进取，他一生只会盲目地工作，挣取足够温饱的薪金。只有进取人才会进步，也才会获得荣誉，证明自己。

生活中的人们，从现在开始，不妨具备一点儿野心吧，有了获胜的念头，才有可能获胜，一个没有胜利欲望的人，又怎么可能获得胜利呢?

在第一次世界大战期间，法国有个很著名的上校叫泰勒，当时，他任第六师师长，他的处事方式很令人钦佩。

有一次，在他的儿子向他告别时，他告诫儿子说：“孩子，记住：你的姓是泰勒，泰勒这个姓代表着做事能力。你永远不可以靠边站，让出路给其他敢于冒险的人走。你要冒险向前使他们让出路来给你走。”

接着，他继续说道：“大街上行人拥挤，交通阻塞。但呼啸的消防车飞驰而过时，大家都自动地让出路来。当然你偶尔也会感到沮丧、软弱，但这正是你需要鼓起战斗勇气的时刻。只要你迈步向前，沮丧、软弱都会躲开你。”

一个人不愿改变自己，往往是舍不得放弃目前的安逸状况。而当你发觉不改变是不行的时候，你已经失去了很多宝贵的机会。任何成功都源于改变自

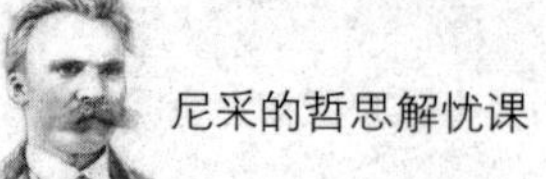

己，你只有不断地剥落自己身上守旧的缺点，才能做到敢为人先，才能抓住第一个机会，才能实现自己的进步、完善、成长和成熟。

现代社会，竞争日益激烈，甘当人后的人终将被残酷的竞争淘汰。只有荣誉才会谱出人生精彩的华章，试想，手捧荣誉奖章的你与碌碌无为的你是不是两种不同的人生状态呢？

所以，进取心塑造了一个人的灵魂。每个人所能达到的人生高度，无不始于一种内心的状态。任何一个人，无论你现在做什么工作，起点有多低，都要力求更好，时时努力超越自己。希望和欲念是生命不竭的原因所在。记住：无论在什么境况中，你都必须有继续向前行的信心和勇气，生命的生动在于永远不要放弃。

路易斯从大学毕业后，进入一家企业做财务工作，尽管赚钱很多，但路易斯很少有成就感，他不喜欢枯燥、单调、乏味的财务工作，他真正的兴趣在于投资，做投资基金的经理人。

在一次旅途的飞机上，路易斯与邻座的一位先生攀谈起来，由于邻座的先生手中正拿着一本有关投资基金方面的书，双方很自然地就转入了有关投资的话题。路易斯特别开心，总算可以痛快地谈论自己感兴趣的投资了，因此就把自己的观念，以及现在的职业与理想都告诉了这位先生。这位先生静静地听着路易滔滔不绝的谈话，时间过得很快，飞机很快到达了目的地。临分手时，这位先生给了路易斯一张名片，并告诉路易斯，他欢迎路易斯随时给他打电话。

回到家里，路易斯整理物品时，发现了那张名片，仔细一看，路易斯大吃一惊，飞机上邻座的先生居然是著名的投资基金管理人！自己居然与著名的投资基金管理人谈了两个小时的话，并留下了良好的印象。路易斯毫不犹豫，马上提上行李，飞到纽约。一年之后，路易斯成为一名投资基金的新秀。

这个故事中，路易斯的人生的改变来自他和这位投资基金管理人的结识，但如果他没有下定决心再次寻找这位投资人，想必他还在做着单调的财务工作，更不可能实现自己的梦想。

世界著名博士贝尔曾经说过这么一段至理名言：“想着成功，看看成功，心中便有一股力量催促你迈向期望的目标，当水到渠成的时候，你就可以支配

环境了”。人世中的许多事，只要想做，并坚信自己能成功，那么你就能做成。这也正是目标的作用。

我们每个人都要明白，人生不能没有目标，如果没有目标，就会像一艘黑夜中找不到灯塔的航船，在茫茫大海中迷失了方向，只能随波逐流，达不到岸边，甚至会触礁而毁。当然，在为自己树立崇高的目标后，你应该做的就是只有努力拼搏，做到最好，才可能做到“杰出”。做到这点，你也能成为一颗令人瞩目的“明星”。

为此，生活中的人们，你们也要大胆地编制自己的梦想，让自己的理想超前一些，你的行动就会领先一步，你才能找到学习的动力。心存梦想，力争上游的人，每天都是积极的，长此以往，必定有不凡的成就。

每一个不曾起舞的日子都是对生命的辜负

每一个不曾起舞的日子都是对生命的辜负。——尼采

我们对于尼采的这句话的理解是，我们任何人，如果没有努力让生命过得充实一些，就是在浪费时间，也就是我们都要珍惜生命，努力过好每一天。

爱因斯坦说：“人的价值蕴藏在人的才能之中。在天才和勤奋两者之间，我毫不迟疑地选择勤奋，她是几乎世界上一切成就的催产婆。”如果你能做到勤奋学习、勤奋做事，你必定会有所收获。

有人问石油大王洛克菲勒：“成功的秘诀是什么？”对此，他有两句座右铭，一句是：“你要不是赢家你就是在自暴自弃”，另一句是“勤奋出贵族”。

事实上，当今社会更是一个需要人们不断学习的社会，知识的更新速度越来越快。曾有人说，“知识的半衰期仅为5年”，也就是5年之内，掌握的知识就有一半过时了。这句话无疑警示所有的人，要想在当今社会生存并发展下

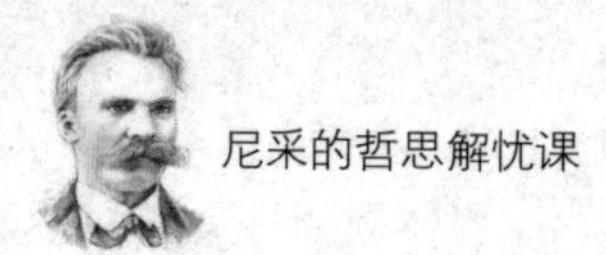

去，我们必须要不断地学习和充实自己，不断地更新自己的知识结构，继而成为一个优秀的人，否则，我们只能被时代所淘汰。

20世纪30年代，在英国一个不出名的小镇里，有一个叫玛格丽特的小姑娘，她从小就受到严格的家庭教育。父亲经常向她灌输这样的观点：无论做什么事情都要力争一流，永远做在别人前头，而不能落后于人。“即使是坐公共汽车，你也要永远坐在前排。”

正是因为从小就受到父亲的“残酷”教育，才培养了玛格丽特积极向上的决心和信心。在以后的学习、生活或工作中，她时时牢记父亲的教导，总是抱着一往无前的精神和必胜的信念，尽自己最大努力克服一切困难，做好每一件事情，事事必争一流，以自己的行动实践着“永远坐在前排”。

玛格丽特上大学时，学校要求学五年的拉丁文课程。她凭着自己顽强的毅力和拼搏精神，硬是在一年内全部学完了。令人难以置信的是，她的考试成绩竟然名列前茅。

其实，玛格丽特不光是学业上出类拔萃，她在体育、音乐、演讲及学校的其他活动方面也都一直排在前列，是学生中凤毛麟角的佼佼者之一。当年她所在学校的校长评价她说：“她无疑是我们建校以来最优秀的学生，她总是雄心勃勃，每件事情都做得很出色。”

正因如此，40多年后，英国乃至整个欧洲政坛上才出现了一颗耀眼的明星，她就是连续四年当选保守党领袖，并于1979年成为英国第一位女首相，雄踞政坛长达11年之久，被世界政坛誉为“铁娘子”的玛格丽特·撒切尔夫人。

从这个故事中，我们可以发现，一个人的行动是受理想支配的，一个人，只要积极向上、朝着自己的梦想和目标奋进，即便当下做着再卑微的工作，也终会有成功的一天。

有位记者曾问我国香港地区首富李嘉诚：“李先生，您成功靠的是什么？”李嘉诚毫不犹豫地回答：“靠学习，不断地学习。”

李嘉诚勤于自学，在任何情况下都不忘记读书。青年时打工期间，他坚持“抢学”，创业期间坚持“抢学”，经营自己的“商业王国”期间，仍孜孜不倦地学习。李嘉诚一天工作十多个小时，仍然坚持学英语。早在办塑料厂时就

专门聘请一位私人教师每天早晨7点30分上课，上完课再去上班，天天如此。当年，懂英文的华人在香港社会是“稀有动物”。懂得英文，使李嘉诚可以直接飞往英美，参加各种展销会，谈生意可直接与外籍投资顾问、银行的高层打交道。如今，李嘉诚已年逾古稀，仍爱书如命，坚持不断地读书学习。

一个人不可能随随便便成功，李嘉诚向每个渴望成功的人展示了这个道理。可能你也惊羡于李嘉诚式的成功，但却做不到李嘉诚式的努力与勤奋。那么，你不妨问问自己：我做到99%的勤奋了吗？如果你的回答是否定的，那么，你就知道症结所在了。也许，有些人会说，我不够聪明。而实际上，即使智慧，也源于勤奋。没有人能只依靠天分成功。自身的缺点并不可怕，可怕的是缺少勤奋的精神。勤奋面前，再艰巨的任务都可以完成，再坚定的山也会被“移走”。滴水能把石穿透，万事功到自然成。唯有勤劳才是永不枯竭的财源。

然而，我们不难发现，在我们生活的这个社会，却有一些富家子弟，他们生活骄奢淫逸、好逸恶劳、挥霍无度，以致虽在富裕的环境中长大，却不免在贫困中死去。也有一些满怀理想的人，但在为理想奋斗的过程中，却做不到一步一个脚印，每天朝目标迈一步，经常三分钟热度，做不到持之以恒。要知道，任何事情的成功都不是一蹴而就的，需要我们做出一点一滴的付出。小事成就大事，在每件小事上认真的人，做大事一定成绩卓著。

学习和汲取知识不会让你感到无趣

不断学习和汲取知识的人，他们还会把这些知识运用到智慧和教养的告诉，这样的人是不会感到无趣的，他对事物的兴趣，也会变得更加强烈。——《漂泊者及其影子》

这里，尼采要告诉我们的是，投身于学习的人不会感到无趣，的确，人生

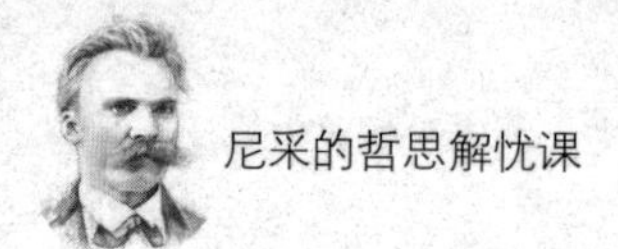

在世，要有一番成就，就必须要学习，学习是获取知识和能力的唯一途径，这是毋庸置疑的。然而，不少人认为学习是一件枯燥的事，这是因为你对学习没有热爱之情。

我们可能都有这样的感受：读书时代，我们经常一到上课就犯困，很重要的一点原因是我们对这门功课不感兴趣。其实，哪一种学习不是这样呢？如果我们认为学习枯燥无味，那么，我们便提不起兴趣，学习效率自然也不高，而反过来，假如我们尝试着对学习投入百分之百的热情，努力、专注地学习，那么，你就会发现，你的学习能力正在提高，你会为此兴奋，同时，你离你的学习目标也越来越近，你是不是又会产生更高的学习激情呢？当然，要提高学习热情，还是要从培养兴趣开始。

因此，我们只有把握好现在的时间努力学习，只有稳扎稳打学好各种知识，才能从从容容地去休闲、去游玩、去消遣。否则，年轻时就开始忙着吃喝玩乐，不干正事，不务正业，那么，只能“书到用时方恨少”，“少壮不努力，老大徒伤悲”了。

当然，要坚持学习，你需要首先把学习融入生活和工作中去。

曾有个青年问苏格拉底：“怎样才能获得知识？”

苏格拉底将这个青年带到海里，海水淹没了年轻人，他奋力挣扎才将头露出水面。苏格拉底问：“你在水里最大的愿望是什么？”

“空气，当然是呼吸新鲜空气！”

“对！学习就得使上这股子劲儿。”

的确，成功，取决于人的能力；而能力，取决于人的学习——归根结底，成功取决于学习。不断地学习知识，正是成功的奥秘！但学习来不得半点虚伪，只有把学习融入生活中，引起足够的重视，才能有所成效。

当然，学习和工作是分不开的，学习是为了更好地敬业。

找到一份工作不容易，能“站住脚”更难，如果因为继续深造耽误了目前的工作，与敬业精神就不符，那么就不会有相应的业绩；没有业绩，怎么保证以后能找到更好的职位呢？所以说，学习和敬业不该有任何冲突，学习是为了更好地敬业。

再者，你要随时留意身边那些可以学习的内容。学习不一定要脱离现在的工作，更没必要脱产走回学校。因为年龄、经济等条件不允许，我们不可能再走回纯粹的学生时代。随用随学，做有心人，留心身边的人和事，学会随时发现生活中的亮点，并注意总结别人的成功经验，拿来为自己所用，这可能是生活和工作中能让自己进步得最快的一招。

生活中，正在学习的人们，你是不是觉得学习是那么的枯燥呢？那么，你不妨调节一下自己的内心，看到学习的乐趣，怀着热情去学习，并努力向上攀登。那么，每天你都会取得进步。

具体来说，你可以尝试以下几种调节方法：

1.摒弃内心“我对学习不感兴趣”的既成观念

我们经常听到一些学生说“哎呀，我是对唱歌、旅游、玩等好多事情都感兴趣，可是就是对学习不感兴趣，我也想学习成绩好，怎样能让我对学习感兴趣呢？”其实，有时候，这是一种既成观念，人们普遍地认为学习是枯燥的，正是这种先入为主的想法，让他们开始排斥学习。

积极的参与、从心理上亲近，心怀好奇之心是让我们接触这些学习内容的最好方法。

无论是你感兴趣的还是不感兴趣的内容，你都要尝试，那么，你会发现，其实，所有的知识都是融会贯通的，对知识的系统性把握，会让你对所有知识都产生了解的欲望。

2.专注、认真是让你产生学习兴趣的内在动因

很多人抱怨自己对学习没有兴趣，其实，这是因为你没有用正确的态度对待学习。其实，认真是和兴趣成正比的，如果你能努力、认真地学习，那么，你就会取得好成绩，你会获得一种成就感，反过来，成就感会刺激你继续认真、努力地学习。这就是兴趣，而兴趣又会促使你更加认真地去学习，从而取得更好的成绩。形成良性循环，互相促进，学习的兴趣会越来越浓，甚至到入迷的地步。

3.寻找积极的情绪体验

你对学习没有兴趣，很多时候是因为你没有看到学习给你带来的快乐的情

绪体验。而事实上，学习不是枯燥的，很多时候，你能从学习中获得某种对成长有益的因素。获得这种积极的情绪体验，你就会主动抛却那些消极的、应付的学习态度了，这会有利于学习兴趣的提高。

在学习过程中，兴趣是极为重要的，如果你认为学习只是一种应付性活动，那么，你是不会有很高的学习效率的。对于这种情况，你有必要调节自己的内心，当你能做到保持不甘落后、积极向上、奋发有为的精神状态，有只争朝夕的紧迫感，那么，你一定会不断进取！

找到让自己真正感兴趣的事

如果你想了解最真实的自我，那么，你首先要真诚地回答以下几个问题：什么才能让你感到灵魂得到了升华？什么能填满你的内心、让你感到喜悦？你究竟对什么东西入迷过？只要回答这些问题，便能明白自己的本质。那便是真正的你。——尼采

尼采这段话的含义是，一个人，只有找到令自己最感兴趣的事物，才能激发出自己的激情，才能让自己狂热起来，也才会有所成就。

人活于世，任何人，都有自己的目标。而做某件事，也有具体的规划，目标和计划是指引我们行动的方向。生活中，我们每个人都希望能通过投资获得财富，然而，投资也不是毫无方向的，我们需要了解自身情况，如自己的兴趣在哪儿，毕竟投资是一项枯燥的工作，如果能将兴趣融入其中的话，则会让投资变成一件快乐的事。

比如，如果你对旅行有兴趣，你可以投资与旅游相关的行业；再如，如果你对美食感兴趣，你就愿意付出更多的精力来投资美食，同样，只有愿意付出精力和热情以及勤奋，我们才会有所收获。

自古以来，无论做什么，兴趣都是孜孜不倦的动力。我们来看看爱迪生的

故事。

爱迪生曾经长时间专注于一项发明。对此，一位记者不解地问：“爱迪生先生，到目前为止，你已经失败了一万次了，您是怎么想的？”

爱迪生回答说：“年轻人，我不得不更正一下你的观点，我并不是失败了一万次，而是发现了一万种行不通的方法。”

在发明电灯时，他也尝试了一万四千次种方法，尽管这些方法一直行不通，但他没有放弃，而是一直做下去，直到发现了一种可行的方法为止。他证实了大射手与小射手之间的唯一差别：大射手只是一位继续射击的小射手。

的确，正是因为热爱发明，爱迪生才不感觉疲惫。无论做什么事，没有热情的努力都是白费的，也是没有效果的，有兴趣才会热爱，你才会珍惜你的时间，把握每一个机会，调动所有的力量去争取出类拔萃的成绩。

我们都知道，人是拥有巨大的潜能的，人的潜能藏于潜意识之中，而这种潜能需要一种强烈的追求来激发，这就是兴趣。心理学研究表明，人一旦对某种活动或某个事物产生兴趣，他就会倾注热情，就能提高从事这种活动的效率。

“兴趣是最好的老师”，科学家丁肇中用6年时间读完了别人10年的课程，最后终于发现了“J粒子”，是第一位获得诺贝尔奖学金的华人。记者问他：“你如此刻苦读书，不觉得很苦很累吗？”他回答：“不，不，不，一点儿也不，没有任何人强迫我这样做，正相反，我觉得很快活。因为有兴趣，我急于要探索物质世界的奥秘，如搞物理实验，因为有兴趣，我可以两天两夜，甚至三天三夜待在实验室里，守在仪器旁。我急切地希望发现我要探索的东西。”

可见，兴趣是我们的原动力，有了兴趣，才有无穷的动力使你在某个领域当中越钻越深。有了兴趣，才有勤奋，有了勤奋，才能成就辉煌和成功。

我们熟悉的玛丽·居里夫人的丈夫比埃尔·居里是很多人学习的榜样，他的经历同样告诉生活中的我们，人生路上，只有找到让自己感兴趣的事，才会产生热情，才会产生源源不断奋斗的动力，也才是幸福的。

比埃尔·居里于1859年5月15日生于巴黎一个医生家庭里。他在童年和少年时期，并没有显示出与众不同的聪明。那时候的他在性格上好个人沉思，不易改变思路，沉默寡言，反应缓慢，不适应普通学校的灌输式知识训练，不能跟班学习，人们都说他心灵迟钝，所以从小没有进过小学和中学。

为此，父亲常带他到乡间采集动、植、矿物标本，培养了他对自然的浓厚兴趣，学到了如何观察事物和如何解释它们的初步方法。居里14岁时，父母为他请了一位数理教师，他的数理进步极快，16岁便考得理学学士学位，进入巴黎大学后两年，又取得物理学硕士学位。1880年，他21岁时，和他哥哥雅克·居里一起研究晶体的特性，发现了晶体的压电效应。1891年，他研究物质的磁性与温度的关系，建立了居里定律：顺磁质的磁化系数与绝对温度成反比。他在进行科学研究中，还自己创造和改进了许多新仪器，如压电水晶秤、居里天平、居里静电计等。1895年7月25日比埃尔·居里与玛丽·居里结婚。

比埃尔·居里的成功我们让明白，一个人爱好学习，勤奋读书，就会学有所获。其实，不仅是学习，要想建筑成功的大厦，也必须有先天的或经后天培养而成的兴趣基础作基础。有了兴趣，才有可能培养和形成敏锐的感觉与反映，累积可供运用和发挥的技术与技巧。有了兴趣，才有无穷的动力使你在某个领域当中越钻越深。有了兴趣，才有勤奋，有了勤奋，才能成就辉煌和成功。

因此，我们一定要记住，只有先搞清楚让自己狂热的事物是什么，才能找到努力和奋斗的方向，一个人如果在自己感兴趣的领域里从事自己最擅长的事情，那么，他成功的概率就会大大提高。

任何一种态度都会影响乃至改变你的历史

我们每个人都有属于自己的历史，它是真切的、每天都会发生的，你今天做了什么，又是怎样做的，都会被记载在你的历史中。那么，你是碌碌无为、安于现状还是勇敢向前、每天都比昨天进步？要记住，你的任何一种态度都会

影响乃至改变你的历史。——《快乐的知识》

尼采这段话是要告诉我们，要想有所成就，就要从现在开始树立积极的态度，要努力向上，就要我们比昨天进步一点。现代社会中的人们，如果你想活出一个不平凡的人生，如果你想成为一个成功的人，那么，从现在起，就尽早告诉自己，一定要有一番作为。一个连想都不敢想的人又怎么会成功呢?

美国钢铁大王卡内基，少年时代从英格兰移民到美国，当时真是穷透了，正是“我一定要成为大富豪！”这样的信念，使他于19世纪末在钢铁行业大显身手，而后涉足铁路、石油，成为商界巨富。洛克菲勒、摩根也都是满怀欲望，并以欲望为原动力，成为资本主义初期美国经济的胜利者。

的确，生活中，不少人也满怀理想，但一旦把自己的理想和现实联系起来时，他们就退却了，就认为不可能，而这种“不可能”，一旦驻扎在心头，就无时无刻不在侵蚀着意志和理想，许多本来能被你们把握的机遇也便在这种“不可能”中悄然逝去。其实，这些“不可能”大多是人们的一种想象，只要你能拿出勇气主动出击，那些“不可能”就会变成“可能”。

为此，如果你想写就自己的历史，那么，你就应该树立一个正确的理念，并调动你所有的潜能并加以运用，努力提升自己的能力，便能带你脱离平庸的人群，为未来步入精英的行列而打好基础!

我们先来看下面一个故事：

许多年前，一位颇有分量的女性到美国罗纳州的一个学院给学生发表讲话。虽然，这个学院规模并不是很大，但这位女性的到来，使得本来不大的礼堂挤满了兴高采烈的学生，学生们都为有机会聆听这位大人物的演讲而兴奋不已。

经过州长的简单介绍，演讲者走到麦克风前，面对着下面的学生们，向左右扫视了一遍，然后开口说：“我的生母是聋子，我不知道自己的父亲是谁，也不知道他是否还活在人间，我这辈子所拿到的第一份工作是到棉花田里做事。”

台下的学生们都呆住了，那位看上去很慈善的女人继续说：“如果情况

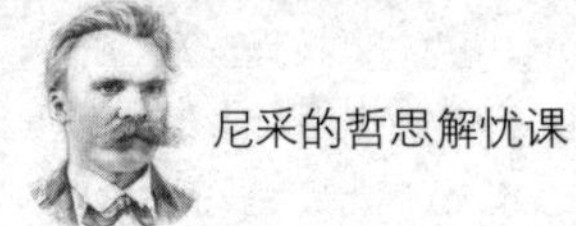

不尽如人意，我们总可以想办法加以改变。一个人若想改变眼前不幸或无法尽如人意的情况，只需要回答这样一个简单的问题。”接着，她以坚定的语气接着说：“那就是我希望情况变成什么样，然后全身心投入，朝理想目标前进即可。”说完，她的脸上绽放出美丽的笑容：“我的名字叫阿济·泰勒摩尔顿，今天我以唯一一位美国女财政部长的身份站在这里。”顿时，整个礼堂爆发出热烈的掌声。

阿济·泰勒摩尔顿是一位女性，一位生母是聋子、不知道亲身父亲是谁的女性，一位没有任何依靠饱受生活磨难的女性，而恰恰是这位表面柔弱的女性，竟成为了美国唯一一位女财政部部长。说到自己的成功，她却只是轻描淡写地说：“我希望情况变成什么样，然后全身心投入，朝理想目标前进即可。”这句看似平淡的话语中，却告诉我们一个道理：任何人，在人生的道路上，只有看到前方光明的道路，看到成功后的喜悦，才能忍耐当下的痛苦与枯燥。

因此，我们每个人都应该明白突破自我的重要性，都应该时时刻刻寻求新的变化，并敢于释放自己、改变自己。当然，要做到敢为人先，你还必须从现下的生活和学习中加以练习，为此。你需要做到：

1.丰富自己的知识结构以开阔视野

在我们的日常生活和工作中，常常用视野比喻人的眼界开阔程度，眼光敏锐程度，观察与思考的深刻程度，等等。可以说，视野是否开阔，是衡量人的综合素质的重要标尺。而视野开阔与否，取决于对知识掌握多少，取决于思想理论水平的高低。常言道，学然后知不足。勤于学习的人，越学越能发现自己的不足，于是想方设法充实自己、提高自己，学到更多的东西，视野会随之越来越开阔，跟上前进的步伐。

2.在心理上超越“不可能”的思想观念

任何人想要解决问题，必须在他的思想中超越问题。这样，问题就不会显得如此令人畏惧。而且他会产生更大的信心，深信自己有能力去解决它。

在你进行尝试时，你难免会产生一种“不可能”的念头。比如，认为自己不能解决某道被人认为很有难度的数学题，但对此，你必须要从心理上超越他，只有这样，你才能站在高高的位置上，低头俯视你的问题。

3.打破现有的安逸假象

一个人不愿改变自己，往往是舍不得放弃目前的安逸状况。而当你发觉不改变是不行的时候，你已经失去了很多宝贵的机会。

因此，即使你现在每天衣来伸手，饭来张口，但你必须要明白，未来社会，你必须要一个人生存、参与社会竞争，你必须要有随时改变自己、更新自己的意识。

所以，任何成功都源于改变自己，你只有不断地剥落自己身上守旧的缺点，才能做到敢为人先，才能抓住第一个机会，才能实现自己的进步、完善、成长和成熟。

用四分之三的力气做事

有人认为做事应该用全部的力气，其实，最合适的力气是四分之三，用四分之三的力气完成的东西，少了几分压抑，给人的是轻松和舒畅的感觉，这样的东西，更为众人接受。——《人性的，太人性的》

尼采的这段话想要告诉我们的是，做事不要有太强的目的性和功利性，以四分之三的力气，更能让人在轻松的心境下完成工作。

诚然，作为一个平凡的人，我们每个人都害怕失败，渴望成功，于是，人们在做事前，都会产生各种顾虑，都会迟疑不定，而实际上，正是因为对做事成果有太强的目的性，才导致了我们有可能失去勇气，在做事的过程中产生恐惧、担忧的情绪，最终影响做事结果。在现实生活中，很多人常常就是因为左顾右盼而没有具体行动，最终一事无成。

有一对夫妻，小两口恩爱有加，很多人都羡慕。然而他们有一块心病，如块垒般郁积心头，一直挥之不去：结婚五六年了，还一直没有属于自己的爱情结晶。小两口那个急呀！一有空就四处寻医问药，但几年过去了，却不见有怀孕的迹象。更为严重的是，以前身体健壮如牛的妻子，竟然和各种莫名其妙的疾病结上了缘，攀下了亲。开始是整天整天地肚子痛，痛得常常出满身的虚汗；痛得常常在床上打滚；痛得常常大呼小叫、鬼哭狼嚎。于是，他们到处求医问药，但都不见好转，连续的奔波，搞得他们身心俱疲。

父母流泪了，劝他们想开点；朋友们伤心了，劝他们顺其自然。小两口不表示拒绝，也不进行辩驳，均一笑了之。

有一天，小两口到医院打点滴，一个护士看着他们青一块紫一块的胳膊，还有胳膊上密密麻麻针头扎过的小红点，不禁落泪了：顺其自然吧，是自己的别人抢不走，不是自己的莫强求……

听着这温柔的、天使般的声音，小两口陷入了沉思：是啊，小护士和我们素不相识，她干嘛要劝我们？还不是看到我们身心俱疲的样子产生悲悯之情了吗？顺其自然，是自己的别人抢不走，不是自己的莫强求……说得多好啊！

回到家，小两口像换了个人似的，把从医院买来的各种中药、西药统统扔进了垃圾堆。小两口相视一笑，顿时浑身轻松。

一个周末，妻子翻翻日历，发现例假很久没来，然后拿出试纸，检测了一下，发现居然怀孕了，小两口紧紧地相拥在一起，激动的泪水夺眶而出……

后来，丈夫向朋友叙说：“真的，自从思想放松后，妻子的什么小烧不断、肌肉乱颤、大肠易激、夜间失眠，统统地不治而愈。”他在叙述这一切的时候，我发现，他的脸色很平静，似乎在叙说一件与自己毫不相干的故事。

凡事顺其自然，确实至为重要。有些事情就是奇怪，你越努力渴求的，它越迟迟不来，让你等得心急火燎、焦头烂额。终于，你等得不耐烦了，它却又如从天而降，给你个惊喜满怀。

有人说，生活就是由各种大大小小的事组成的，按照世俗的标准，人们在做事时，有成功，就有失败；有得意之作，也就有失意之作；有过艰辛，当然也伴随着快乐。成功如何？失败如何？其实，这些都是生活的插曲而已。“凡事顺其自然；遇事处之泰然；得意之时淡然；失意之时坦然；艰辛曲折必然；历尽沧桑悟然。”这“六然”的句子，凝集了人生的处世智慧。然而，人们更愿意相信事在人为，当然，相信人的力量是积极向上的一种表现，但刻意的追

求可能会带来失落、沮丧、遗憾等，以自然的心态面对，反而会收获满满！

强扭的瓜不甜，强求的事难成，一切要尽量顺其自然。只要我们付出四分之三的力气就好。

那么，我们该怎样学会用四分之三的力气做事呢？

第一，排除功利因素，真诚地追求梦想。

如果你留心一下周围形形色色的人，就会发现，一些人生活得开心、快乐，并不是因为他们坐拥名利地位，拥有豪宅、名车等，他们只不过是能够真正地为实现梦想而努力，怀着最真诚的心去努力寻找自己想要的东西而已。然而，现实生活中，多数人对于那些最初的梦想，应该都只是把它们当成最遥远的梦想而默默地埋藏心底吧！当你年迈时，你是否才会感到遗憾？

事实上，大多数人之所以与梦想渐行渐远，就是因为他们总是给自己找很多理由，如我资金不够多；我学历不高；竞争太激烈，做这个太冒险了；我没有时间；我的家人不支持我……而没有足够的资金，没有学历，没有这个那个，其实都是因为你太在意成败，却忘了那句最常听说却最容易忽略的话：胜败乃兵家常事，左右迟疑只会一事无成。

第二，坚持你的目标。

据说，有一次，爱因斯坦上物理实验课时，不慎弄伤了右手。教授看到后叹口气说："唉，你为什么非要学物理呢？为什么不去学医学、法律或语言呢？"爱因斯坦回答说："我觉得自己对物理学有一种特别的爱好和才能。"

这句话在当时听似乎有点儿自负，但却真实地说明了爱因斯坦对自己有充分的认识和把握。

人说，人生路漫漫，人生路奇妙，因为各种突如其来的选择，使我们与许多本来有缘的道路绝缘，又会走上本来不应产生关系的道路。而我们需要做的是，无论是做事还是追求人生理想，都不要绷紧自己的弦，用四分之三的力气就好。

第 07 章

走进人群，寻找生活中的真正意义

我们都知道，人是社会的人，我们都生活在一定的集体和社会中，行走于世，我们就必须要和他人打交道，然而，无论是经商，还是生活，都要眼光长远，要本着利他的原则，学会控制自己的私欲，学会分享快乐，这都是我们应该谨记的，只有这样，才能做到洗涤自己的灵魂，才能收获美好！

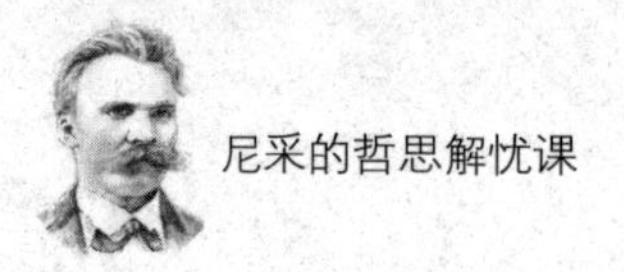

利己主义是鼠目寸光的表现

有这样一类人，他们凡事从自身利益角度考虑，总算计着自己是否得力。然而，他们的算计，是不参照事实的，是感情用事的，因此，利己主义的人，多半是鼠目寸光的人，更是不值得信任的人。——《快乐的知识》

尼采的这段话要告诉我们的是，眼光长远，懂得放长线钓大鱼的道理，才能获得更大的、更长远的利益。

在我们的周围，总是有一些人以为自己很聪明，懂得抓住眼前利益，而事后他们发现，原来自己是舍本求末，因为自己贪图一时利益而失去了更大的利益空间。相反，那些智慧之人，往往都具有更长远的眼光，他们在行事之前，都会权衡利弊得失，不会因为一些蝇头小利而一叶障目，他们懂得放下，可见，眼光在生命的价值中折射出舍得的智慧。具备长远的眼光，放下小利，方可成就大业。

犹太人罗斯柴尔德是一个很精明的商人。长时间的生意经验让他十分清楚地意识到，要在这个犹太人备受歧视的社会里脱颖而出，最有效的办法就是接近手握巨大权势的领主并博得其欢心。

好不容易，他被通知可以接受当地领主的接见。这是个难得的机会，他觉得自己一定要把握住。为此，他不但把花了很多心血和高价收集的古钱币以低得离奇的价格卖给公爵，同时还极力帮助公爵收古币，经常为他介绍一些能够使其获得数倍利润的顾客，不遗余力地帮公爵赚钱。

如此一来，公爵不但从买卖中尝到了很多甜头，对古钱币的兴趣也越来越

浓。罗斯柴尔德和他的关系逐渐演变为带伙伴意味的长期关系，远非只是普通的几笔买卖关系。

罗斯柴尔德是个舍得下血本的人。他为了实现长期战略，宁可舍弃眼前的小利。这种把金钱、心血和精力彻底投注于某个特定人物的做法，日后便成为罗斯柴尔德家庭的一种基本战略。如若遇到了诸如贵族，领主，大金融家等具有巨大潜在利益的人物，就甘愿作出巨大的牺牲与之打交道，为之提供情报，献上热忱的服务，等到双方建立起无法动摇的深厚关系后，再从这类强权者身上获得更大的收益。如果说一两次的“舍本大减价”一般人也可能做得到的话，罗斯柴尔德这种一直“舍本”帮助别人赚钱的做法不能不说是难能可贵的。虽然他得以在宫廷出出进进，但自己在经济上仍然相当拮据。

在罗斯柴尔德25岁那年，他获得了“宫廷御用商人”的头衔。罗斯柴尔德的策略奏效了。

放长线钓大鱼，舍小利获大利，这就是成功的犹太商人的生意经。也是罗斯柴尔德获得成功的心得。交际中，也是如此，为了得到长期的利益，必须在开始的时候让对方尝到他一辈子也忘不掉的甜头。

事实也证明，懂得放弃眼前的利益，甚至是吃点小亏的人，最终获得的是比当时还要大上几倍、甚至几十倍的收益。在现实生活中，无论是与人竞争还是与人合作，我们都不要总是计较眼前的利益，而是要把眼光放到远处，懂得从长远利益出发，舍小利为大谋，这正是一种人生倒推的博弈智慧。

同样，生活中，我们也应该把眼光放长远一点，人情是细水长流的，要做事先做人，欲成功做人先不怕吃亏，瞄准机遇不放手，先舍后得最长久，不怕吃亏得福报，这就是一本万利的“做人经”。要知道，不怕吃亏的人，常常能获得更大的回报，拥有更顺利的人生！

那么，具体来说，我们该怎样做才能让人际关系细水长流，从而实现利益共赢呢？

1.“有舍才有得”，懂得“舍小利”

现实生活中，我们舍不得放弃手头实实在在的利益，心里想的也是怎样保证眼前的利益不受损失。殊不知，这样做只会任机会溜走，不但不会有所得，严重的甚至会失去更多。舍小利以谋远，关键在一个“舍”字，只有舍得，才能获得。那么，人际交往中，我们该怎样做到“舍小利”呢?

①要学会施恩于人，不计较自己的得失。无论如何，求人办事并不容易，提前投资，才能储蓄人情。

②学会蓄零为整。瓜熟自然会蒂落，看似一个小小的帮忙，但对于他人而言可能是意义重大的情谊。

③细心发现需要帮助的人。体贴入微，供人最需，给予别人需要的，才是最有价值的人情。

2.换位思考，多为他人着想

在交往中，如果与人产生了利益争端，应当把自己和对方所处的位置关系交换一下，站在对方的立场上，以他的思维方式或思考角度来考虑问题。这样，通过换位思考，你就会发现，他的要求并不过分。通过换位思考，你会真切地理解他此时此地的感受；通过换位思考，你也会变得宽容。

3.放眼长远，从大局出发，做出让步

人际交往中，要善于考虑大局，放眼长远，才能获得长久的交往，因此，在利益问题上，也要做出让步，考虑让步的幅度和尺度是否有利于长远利益的实现。如果我们只顾眼前利益，就有可能失去更多宝贵的结交机会。

当然，我们在做出让步时，一定要考虑到这一步能否带来效用，值不值得，是否能够得到回报。因为只有实现了买卖双方的共赢，才有可能建立起长期的关系。

与那些理解自己的人相交

要结交能理解自己的同类人。——《快乐的知识》

这里，他对“同类人”的理解与中国人常说的“知己”有异曲同工之妙：

会称赞你的人，正是与你相似的人。你也会称赞与自己相似的人。若非同类，便无法理解其真意，亦不知其善恶。而称赞与自己相似之人，还能令你感到自己也得到了认同。人有不同的层次。理解与称赞，乃至以迂回形式出现的自我认同，都是在同一层次的人中进行的。

中国人常说："人生得一知己足矣。"也许这就是友谊的最高境界。的确，大千世界，茫茫人海，多少人与我们擦肩而过，多少人与我们有过一面之缘，有多少人真正在我们的生命里留下印记，又有多少人真正走进我们的心里呢？

那么，什么是"知己"呢？所谓"知己"，顾名思义，就是知道、了解自己内心的朋友。每个人都有很多朋友，但是真正的知己却很少。

人际关系是需要维系的，再亲密的人际关系，如果长时间不联系，也会生疏。关于这点，心理学上有个"多看效应"。所谓多看效应，指的是对越熟悉的东西越喜欢的现象。多看效应不仅仅是在心理学实验中才出现，在生活中，我们也常常能发现这种现象。

的确，真正的知己，不会受到外物的限制，就像伯牙鼓琴志在高山，钟子期曰："善哉，峨峨兮若泰山！"志在流水，曰："善哉，洋洋乎若江河！"伯牙所念，钟子期必得之。那是心有灵犀的奇妙，是一种无须言说的理解，是心灵长久的感动，是两人情操智慧的共鸣。

朋友有很多种类，有莫逆之交，有点头之交，而知己则是朋友关系中最亲密的。很多人觉得莫逆之交就是知己，其实，莫逆之交也比不上知己。

那么，到底什么样的朋友才算得上是真正的知己呢？

首先，"知己"就是体现在"知"上，就是要能够互相了解、互相体谅、以诚相待，没有任何的欺瞒，虽然这点看起来简单，但生活中能做到的人却很少。这也正解释了为什么知己难寻。

此外，知己还需要有共同语言，两个人，只有有共同语言，才能相谈甚欢，才能有高山流水般的共鸣，否则，这种关系充其量只能称为朋友。

总而言之，知音难觅，知己难求，遇到志同道合者一定要珍惜。

生活中的人们，相信你也有几个这样的死党，他们总是跟你一起工作，

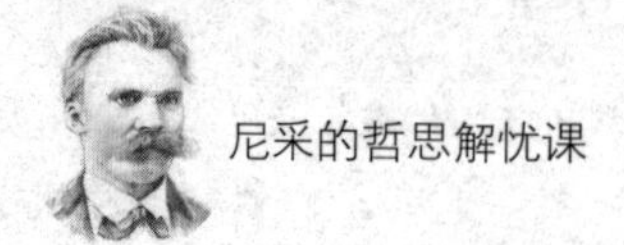

一起学习，一起经历人生路上的风雨，他们在你高兴时陪你一起大笑，在你失意时默默守护你，你们互相了解，有太多的共同语言，对于这些朋友，请一定要善待他们，因为他们给你带来了欢乐，因为有他们的相伴，你的人生才会更完整！

迟钝有时即为美德

无须时刻保持敏感，迟钝有时即为美德。尤其与人交往时，即便看透了对方的某种行为或者想法的动机，也需装出一副迟钝的样子。此乃社交之诀窍，亦是对人的怜恤。——《人性的，太人性的》

对于这句话，尼采的解释是，与人交往时，对于他人的想法或者动机，我们不必表现得太精明。

生活中，我们发现，那些看上去愚钝的人似乎人际关系更好，在交际中的他们也如鱼得水、左右逢源；相反，与人打交道的过程中，那些看似精明、认真、爱较真的人，却往往吃不开，这是为什么呢？因为从心理学的角度看，人们认为，那些笨一点儿的人没有多少心眼，不会“算计”他人，因而人们更愿意相信他们。鉴于这一点，我们在积累人脉的过程中，要想得到他人的信任，也就不能表现得太过精明，而应该装装傻，装傻是一种最高境界的交际哲学，装傻并非真傻，而是大智若愚。

苏联卫国战争初期，德军长驱直入。这是一个关乎整个民族生死存亡的时刻，因此，即便那些曾经驰骋沙场的老将们也带头站出来要保卫祖国。其中就包括铁木辛哥。当然，他们的年纪的确也让他们感到力不从心，在这种情况下，一批年轻的军事家脱颖而出。

江山代有才人出，老将们还是不得不承认未来的天下是年轻人的，当然，他们在思想上肯定也是有波动的。

1964年2月，苏联老元帅铁木辛哥受命去波罗的海，他的任务是协调一、二方面军的行动，青年将领什捷缅科被任命为他的参谋长。其实，什捷缅科心里明白，这位老元帅对总参部的年轻人的能力是持怀疑态度的，但上级的命令，只好服从。

他们一起上了通往波罗的海的火车。晚饭时，一场不愉快的谈话便开始了。铁木辛哥先发出一通连珠炮："上级为什么派你做我的参谋长，难道是来监督我们的？别做梦了。当年我们领军打仗的时候，你们还是一群只会在桌子底下爬的孩子，我们为你们建立起了苏维埃政府，而如今，你们从军事学校毕业了，就觉得很了不起了吗？革命开始的时候，你才几岁？"这通训，简直一点情分都没有留。但什捷缅科却老实地回答："那时候，刚满十岁。"接着，他又心平气和地与老元帅交谈了一会儿，并表示自己很愿意向他学习，最后，铁木辛哥说："算了，外交家，睡觉吧。时间会证明谁是什么样的人。"

就这样，他们一起并肩战斗了一个月。有一次，他们在一起喝茶，铁木辛哥突然说："现在我明白了，我误会了你，你不是我想的那种人，我还以为你是斯大林专门派来监督我的……"后来什捷缅科被召回时，心里很舍不得和铁木辛哥分离。又过了一个月，铁木辛哥亲自向大本营提出要求，调这个晚辈来共事。

长江后浪推前浪，这是理所当然的事，但作为老将的铁木辛哥心中自然不好受，这也是情理之中的事，面对铁木辛哥的发难，什捷缅科在受辱之时装憨相，过了铁元帅关，体现了后生的谦卑及对老人的尊重，表现了自己的单纯，是大智若愚的表现。懂得装假者绝非傻子，憨厚有时是最高智慧者才能为之。许多时候，要想受到别人的信任，就必须掩藏你的精明。具体说来，需要我们做到：

1.睁一只眼闭一只眼，不要指出对方的错误

当然，要运用好这一冷读术，在与人交往的过程中，我们就要做到睁一只眼闭一只眼，揣着明白装糊涂，这是一种大智慧。的确，语言的功效固然不容置疑，但是很多时候单凭言语难以说服对方，采用交际情境表义，睁一只眼闭一只眼，如果对方在言论中有一些错误，不要第一个跳出来指出，这会让他人

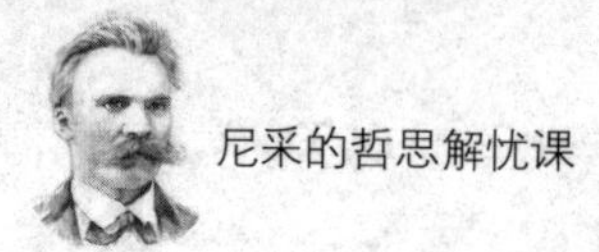

很没面子，没有人喜欢与让自己出丑的人结交。

2.修炼“演技”，藏好自己

当然，我们还需要较好的演技，于“大愚”之中藏大智，在人际交往与应酬中，真正有智慧的人是看不出来的：姜子牙用直勾钓鱼，放弃了河中三寸草鱼，钓来500年周氏天下，是舍小取大的智者。范蠡，辅明主，三千勇士奇吞十万铁甲，辨时事，功成知危携美人归隐江湖。是个不可否认的智者、财神；诸葛亮曾躬耕于南阳，而定天下三分之势，屈身于草庐，却引刘备三顾而不辞辛劳。后虽误用马谡而失街亭，虽死守承诺而扶阿斗，但是无人能够否认他是典型的智者。与人交往，虽然不需要“定天下”的大智慧，却也要我们懂得适时“装傻”的冷读术，不露自己的高明，更不能纠正对方的错误，做一个单纯的人，更易赢得信任！

报答能减少求助时的屈辱感

求助于他人后，我们若能多报答他人，就会减少求人帮助时的屈辱感。多报答的部分，将成为利息，能让对方感到喜悦，而对于我们自身，也会因自身能力的提高而高兴。——《漂泊者及其影子》

“滴水之恩，当涌泉相报。”这九个字就是对尼采的这段话最好的解释——做人要懂得感恩，感恩会让我们获得内心的安宁。

有人说过这样的话，人生的冷暖取决于心灵的温度。可如今这社会就像一个大熔炉，把我们的心也烧得沸腾、喧嚣起来。如若摆脱浮躁的心，我们最需要超越的就是自己心灵的局限。如果能以感恩的心态面对，就能突破心灵的桎梏，所有的痛苦都可以超越，也都可以排解！

日本著名的丰田汽车公司的缔造者石田退三，幼年时家境贫穷，没钱上学，他只能到京都的一家家具店当店员。在家具店工作了8年后，由朋友的母亲

介绍，到彦根做了赘婿。入赘后，他才知道太太家没有一点儿财产，这让他感到有些失望。

贫困的生活是很无奈的，他只能将新婚太太留在彦根，一个人到东京一家店里当推销员。所谓的推销员，其实就是推着车子去推销货品的小贩。这样咬紧牙关干了一年多，他的身体终于支持不住了，无奈之下离开这家店回到妻子家。

然而，在这里等着他的并不是温暖和安慰，而是鄙视的目光和令人难堪的日子，是更加沉重的压力攻击。“你真是个没有用的家伙！”周围人看他的目光是如此，岳母更是丝毫不留情。她说：“你是我见过的最没有用的人！”这些羞辱几乎气得他眼前发黑，几近晕倒。步履艰难地过了几个月后，他终于承受不了这些沉重的压力，被逼得想通过自杀来解脱。

他抱着黯淡的心情，前去“琵琶湖”自杀时，却忽然间恍然大悟。他猛然地抬起头来，想道：“像我如此没有用的人应该非死不可。但如果我真有跳进琵琶湖的勇气，为什么不拿这勇气来面对现实，奋力拼搏，打开一条出路呢？我应该尽自己最大的努力，奋发图强，克服重重困难，用坚定的毅力做出一番轰轰烈烈的事业来！”

这个想法让石田退三勇敢地站了起来，一股强大的力量仿佛在他体内激荡着。他不再满脸愁容，不再想着用自杀来逃避现实了，而是坐上了回家的火车。从此，他不再自怜自叹，他托朋友介绍自己到一家服装商店当店员。在这儿，他重新鼓起奋斗的勇气，将忧愁化为力量，用坚定的毅力承受来自各个方面的压力和挫折。

在他40岁那年，他到丰田纺织公司服务。他不怕艰难，刻苦奋斗，全力以赴地投入工作。对他处事得当的能力，一丝不苟的精神，丰田公司的创业者丰田佐大为赏识。在石田退三50岁那年，丰田就派他担任汽车工厂的经理。53岁时，公司将经营的大权交给了他。

正和石田退三后来回忆的一样，人生就是战场，你要在这战场上打胜仗的唯一法宝，便是斗志和毅力。“我要感谢那些曾经给我压力的人，和曾经光顾我的困难。如果没有它们，我不会有今天。”的确，对于石田退三来说，他的

人生的转机就来自他对周围那些目光的反省，如果没有那场自杀，让他清醒地认识到了毅力的重要性……石田退三恐怕早就命沉“琵琶湖”了，哪还会有今天在丰田取得的卓越成就呢?

在我们的人生道路上，我们无时无刻不在接受他人的帮助，接受他人的恩惠，自打我们出生，父母就在孜孜不倦地哺育我们，教我们做人做事的道理；跨入校门，我们的老师就无怨无悔地把毕生所学传授给我们；当我们成家立业后，我们又得到了来自爱人的呵护；工作岗位上，当我们遇到困难，同事们也总是伸出援助的双手……我们需要报答的人太多。如果你有一颗感恩的心，你还会抱怨父母的不理解、激烈的职场竞争、爱人不能给你充裕的物质生活吗?那么，我们该如何做到感恩于世呢?

1.不要忘记经常对身边的人说“谢谢”

有时候，你可能认为，周围人对你举手之劳的帮助是理所当然。比如，同事帮你做的一个报表，周末丈夫为你做了温馨的早餐，但请记住，没有人应该对你好，所以，你应该对他们说谢谢，有时候，即使这么简单的一句道谢，也是一种幸福的回馈。

2.为社会尽一份微薄的力量

大部分人可能认为，我只不过是个普通人，哪里能为社会作多大贡献?但社会就是由千千万万这样的普通人组成的，只要我们从身边做起，多关心国家大事、社会新闻，多关心慈善事业，那么，哪怕你只捐出一块钱，哪怕你只是简单地拾起了马路上的一张废纸，你也是为社会的发展尽了一份力量。

如果你是一个心怀感恩的人，那么，你一定是幸福的。因为生活需要一颗感恩的心来创造，一颗感恩的心需要生活来滋养。常怀感恩之心，人生就会更加圆满，从而减少了很多憾事。

被骗后你到底为什么难过

我感到难过，不是因为你欺骗了我，而是因为我再也不能相信你了。——尼采

从尼采的话中，我们能看出人们被骗后的真实心情——他们悲伤的并不是被欺骗，而是因为无法再信任对方。这一点，尼采在他的《善恶的彼岸》中给也曾说道：“人们被欺骗时，的确会感到悲伤，悲伤的原因并不是因为被骗本身，而是因为他们失去了一个可以相信的人。”那么，此时，作为被骗的一方，我们应该醒悟，当那份信任不存在时，一定不可过于执着，就让它随风而逝吧。

当然，我们从尼采的话中应该还要得出一点，与人交往，一定要留点心眼，不可轻信他人。

小荷是个很漂亮的姑娘，进入公司半年后，追求她的人不少，可是，小荷似乎一点儿也不开心，身边有些同事都认为她是个清高的女孩，都不愿与之交往，越是这样，小荷越是伤心，脸上的笑容更是没有了。

有一天，在吃午饭时，公司热心肠的张姐主动坐到她身边，张姐看出小荷不高兴，就主动安慰她，让她在公司多与人交往，否则，会越来越孤独，并且，张姐还告诉了小荷自己的秘密。听着张姐的这些事，小荷不禁愣住了，觉得张姐就像一面镜子，和自己惺惺相惜。于是，就将自己隐藏了半年的秘密对张姐说了。原来，小荷爱上了自己的上司，上司没有明确表示拒绝，也没有明确接受她，两人正处于一种暧昧状态中。张姐安慰了小荷几句，她觉得好受多了。

第二天，小荷满脸笑容地来到办公室，对大家打招呼，可是，似乎谁都不领情，并且都用一种奇怪的眼光看着她，那一整天，小荷都被人家指来指去的，但小荷真的不知道怎么回事。终于有一天，小荷在公司唯一的一个朋友小胡偷偷地对她说：“你的事，大家都知道了！其实，你的事不该告诉张姐，她是个大嘴巴，她说她知道你的私事。你怎么能这么不小心呢？”

小荷顿时觉得很尴尬，她的上司也有意地疏远她。没多久，小荷就在同事们的议论中，提出了辞职。

小荷本以为张姐与自己有相同的境遇，又对自己那么热情，一时激动，就轻易相信了张姐这个“大嘴巴”，将自己的秘密和盘托出，而最终，她成为了大家的笑柄，只得以辞职告终。

现代社会，人际间的竞争越来越激烈，在这样的大环境下，并不是每个人都愿意采取公平竞争的方式方法。生活中，就有那么一些人，在与人交往的时候，心怀鬼胎、作风不正、行事诡诈，冷不防就会对那些对有损他们利益的人要点手段，让人防不胜防，对于这样的人，我们做不到处处提防，但可以避开他们，尤其不要得罪他们，这样，才能让自己有效地减少危险。为此，你可以做到：

1.逢人只说三分话，未可全抛一片心

关于藏和露，我们要把握好尺度，需要你表现自己的才能时，你就要大胆地表现，只有这样，才能得到他人对你能力的肯定，但切不可锋芒太露、得罪人。日常工作和生活中，不要过于暴露自己的一些个性弱点，不要太坦诚。这样做就能让人摸不清你的底细，别人摸不清你的底细，自然不会随便利用你、陷害你，不给人放冷箭的机会，也就能有效地保护自己了。

2.善于观察，洞察人心

面对利益的争夺时，有些人会不择手段，我们可以保证自己不对别人放“暗箭”，却保证不了别人不对你放“暗箭”。但只要你聪明一点儿，多看、冷静地判断，不要相信别人的花言巧语，人们在“良言美语”和“糖衣炮弹”的“贿赂”下，会更容易失去抵抗“暗箭”的能力，从而容易任人摆布。

总之，我们无法用“三头六臂”去迎接不同的人，但我们可以选择是否与之交往，只有那些益友，品性端正者才是真正的朋友。中国有句古话：“害人之心不可有，防人之心不可无。”对于那些伪善的人，我们一定要做好防守工作，才能与之和平相处！

智者的魅力有时来源于隐蔽

人们面对一眼见不到底的事物，总会心生敬畏。如果你希望成为他人眼中领袖型的人，那么，保持神秘即可，别让他人看透你的内心。——《快乐的知识》

尼采这句话的含义是，如果我们希望制造权威和领袖魅力的话，就不要过分地暴露自己，不妨制造一点“距离”，为自己增加一点儿神秘感，否则你对他暴露得越多，对方越会看轻你。

生活中，当我们意外遇见某个名人或者某领域的专家时，我们一般都会显得格外惊讶，并倍感荣幸。甚至，我们去看医生，那些喜欢“拒人于千里之外”的医生，我们反倒更相信他的实力，这就是“神秘”感制造出来的权威。

在工作场合和待遇问题上，斯通从不吝啬对下属们的关爱，但在业余时间，他从不要求管理人员到家做客，也从不接受他们的邀请。正是这种保持适度距离的管理，使斯通的各项业务能够芝麻开花节节高。

的确，作为管理者，与员工保持一定的距离，既不会使你高高在上，也不会使你与员工互相混淆身份。这是管理的一种最佳状态。

不少人认为，多沟通、保持亲密的距离，自然会拉近双方的心理距离，这必当有利于人际关系的维护，但事实上并非如此。以工作中为例，一个原本很让下属敬重的领导，因为和下属打得太火热，而使得自己的一些缺点暴露无遗，结果失去了一个领导者应有的权威，却让下属在无形中改变了对他的印象，甚至让下属觉得领导令人失望、讨厌。另外，和下属走得太近，也容易将工作和生活混为一谈，也容易丧失原则，在工作中出现失误。因此，企业管理心理学专家的研究认为：企业领导要搞好工作，应该与下属保持亲密关系，但这是“亲密有间”的关系。雾里看花，水中望月，往往给人“距离美”的感觉。

同样，与人打交道，我们永远不能率性而为、无所顾忌，话语出口前，做

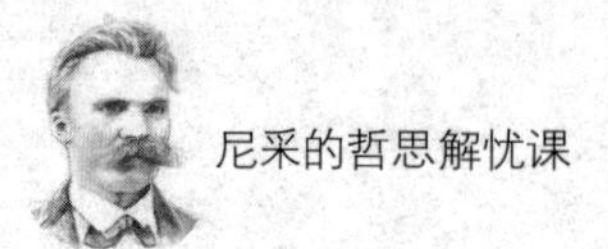

事情前，都要想清楚会造成什么后果，给对方留下一种“神秘感”，会让对方更对你有兴趣，人们往往都会对那些自己不了解和不涉足的人和事更感兴趣，而对那些自己已经熟识的人和事持无所谓的态度，抓住人们的心理，我们要学会用“距离”感树立权威。

当然，我们在制造权威时，还需要注意以下几个方面：

1.改说为听

如果你不想让别人知道自己脑子里的真实思想，如果你不想显示出你的真实能力，那么最好守口如瓶，转而用心去听，在与人交往中，不必过早地表明你自己的态度是很重要的。

许多成功的企业家都有“出色的讨价还价者”的美称，实际上，他们的窍门并不那么神秘，他们只是鼓励别人谈话，保持谈话，同时设法闭住自己的嘴巴。

2.知己知彼

无论出于什么目的与人交往，首先应摸清对方的情况，在许多重大的商业交易中所使用的策略就是在提出你自己的真实目的之前，查明对方需要什么，什么东西会使他感到满意，这样，才能与对方拉出一个适当的距离。但同时，你最好记住要从侧面了解这些信息，因为如果你只能通过听一个人讲话才能确定他的态度，而你自己在这方面若谈得过多，同样也会无意中泄露自己。

3.注意表达

我们要想树立威信，除了要注意自己的态度和说话的方式外，也需要注意表达方法。

①我们说话要言简意赅、长话短说。句子说得短一些，不仅说起来轻松，听起来省力，吸引力也强。

②说话一定要有条理，要吐字清晰，语速适当。在说话时要坚定而自信，力度要适中，注视着对方的眼睛，这样才能显示出自己是充满自信和颇有能力的。如果讲话时眼睛不敢正视对方，会使对方觉得你意志薄弱，容易支配。

③要学会用幽默的风格讲话。幽默的话，易于记忆又能给人以深刻印象，正是自我标榜的商标。尤其在工作场合，一般是不适合开玩笑的，但是如果我

们能够恰当地开几句玩笑，恰恰可以体现我们的特殊地位。

4.注意态度，不可目中无人

要在他人之中树立威信，你就应该在讲话中时刻注意其他人尚未发现的问题。言谈举止中要有个人魅力，处处起表率作用。而且还要根据不同对象和不同环境发挥自己的讲话技巧，切忌态度高傲，目中无人。

总之，我们与人交往时，要注意与人保持一定的距离，营造一种神秘感，否则越暴露自己，别人就会越看轻你！

别总想着琢磨别人

好人的证明是，不在别人背后说坏话、闲话，不肆意评价他人的价值，别把精力总放到他人身上，做到这点，你就是一个好人。——《曙光》

这段话中，尼采对“好人”进行了定义，这段话的含义是，一个独特的、正直的人，是不会总是琢磨别人的，即使在人际交往中，他们也能管好自己的嘴巴，有很好的自控力。

然而，在我们生活的周围，就是有这样一些人，他们一闲下来就喜欢在背后议论他人，但“祸从口出”，你一句无心的话可能就被别人“翻译”得面目全非，然后传到被说者的耳中，影响了彼此间的关系。可见，“静坐常思己过，闲谈莫论人非”这句古人处世格言仍然适用于现代。我们无法控制别人去传播“是非”，那么最好的办法就看好自己，停止“是非”的传播，让自己的耳朵不去听“是非”，这样就会远离“是非”小人了。

我们来看看下面这个故事：

小李是个刚从学校毕业进入社会的女孩。天真的她原本以为，能有现在的工作很不易，一定要用心和周围的人交往。谁知，她一直掏心掏肺地对待的王姐居然是个居心叵测的人。

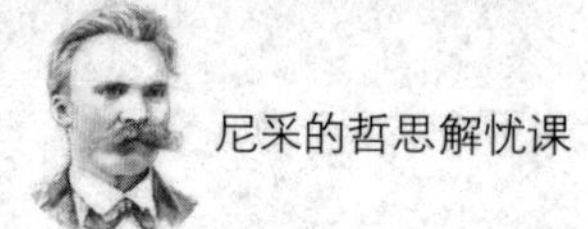

当时，她要去的那个部门办公室正好还没有做好人事安排，所以暂时把她安排在综合办公室里。那时，公司里的其他员工都不主动和她交往，甚至吃饭也不搭理她，她觉得很孤单，而且刚刚走出大学校门，不知道怎么样和同事相处。综合办公室里有位王姐倒是非常热情，对小李嘘寒问暖，这让小李倍感温暖。小李平时和人交往时就不设防，认为每个人都很好，没有坏心眼。所以，对于王姐的热心帮助，她也觉得很感激，就这样拉近了她们之间的距离。

没过几天，王姐就劝说小李去跑一个直销，这时候，小李才意识到王姐这么和她套近乎是想要让她做直销，小李对直销没有兴趣，多次委婉地拒绝了王姐。但是，王姐通过一些平时的言语和交谈，得知了小李很多私事和她的想法，而这位王姐恰恰和公司副经理走得很近，有意无意地就把小李的一些情况告诉了领导。因为小李平时说话不注意，什么话都和那位王姐说，造成了领导对她的印象特别不好。如今，小李已经工作一年多了，还是在当初的综合办公室，工作也毫无起色。

的确，职场是个容易惹是非的地方，作为职场新秀的女人们，你在说话、做事上更得处处小心，案例中小李的经历就充分地证明了这一点。

那么，我们该如何三缄其口、做一个不生是非的好人呢？

1.对任何人，不能掏心掏肺

与人相处，要把握好尺度，不要全部交心，即使是关系非常要好的朋友，相互发一些有关他人的牢骚，也是不明智的行为。

而实际上，可能现在你正掏心掏肺“倾诉”的人，与你口中所抱怨的对象关系亲密，你在他面前非议此人，岂不是自投罗网？这些专挖别人隐私、专收小道消息的人，很多时候也是不怀好意的。对付这种人的办法唯有装聋作哑，不让他抓住小辫子。总之，不论你是有意还是无意，在他人背后议论最容易惹是生非，还是不随便议论为好。

2.转移注意力，减少好奇心

可能你对他人讨论的一些是非传闻很好奇，但切记，要想减少得罪人的机会，就必须管好自己的嘴巴，谨言慎行，不要传播那些是非八卦，这是远离是非的最好办法。因为通常情况下，那些是非传闻与现实并不完全符合，甚至是

完全背离的。做到这一点，我们可以采用转移注意力的方法，当周围人在议论八卦新闻时，你可以把注意力转移到其他事情上，如看书、看报、学习等。久而久之，就会对那些是非传闻不那么好奇了。

诚然，人与人之间交往，交流必不可少，互诉衷肠，可以加深彼此情感、拉近心理距离。但我们一定要管好自己的嘴巴，千万不要试图通过倾诉自己或者他人的秘密来赢得他人的支持和帮助，最终你会“损了夫人又折兵。”

第08章

生活需要从容应对，笑看人生各种风景

有人说，生活就是一个体验的过程。身处于世，我们难免因为尘世中的琐碎事件而影响心情，我们的烦恼会不断增多，日积月累，我们心灵的垃圾就会堆积起来，我们的压力越来越大，这对于我们的身心健康是极为不利的。为此，我们每个人都需要寻找到一种适合自己的心灵解压方法，只有这样，我们才能调整自己的节奏，才能从容、积极地面对。

了解生命的意义，方知如何面对

只有知道生命意义的人才懂得如何面对。——尼采

这里，尼采强调“生命的意义”的重要性是要告诉我们，人生路上，我们总会有迷惘的时候，压力也会随之而来，我们常常会感到迷惑：“为什么活着”“为什么要工作”等，这些问题是吞噬我们内心热情的寄生虫，让我们不知如何面对人生，而其实，这是因为我们缺少一个可以让我们奋斗和为之拼搏的目标。

关于这一点，维克多·法兰克认为：只要我们能发掘出自己生命的意义，就足以让我们渡过绝大多数的苦难。所以，我们每个人都要知道自己到底需要什么，这样，我们付出的努力都不是单纯的劳动，而是迈向我们既定目标必要的步伐。

有人说，人生最悲哀的事莫过于穷其一生在为某件事努力，但到最后却发现那不是自己想要的东西。所以，任何一个真正成功的人都会知道自己的目标，也就是要什么。从心理学的角度来看，当一个人清楚地看到了自己的目标之后，他也就成功了一半，而另一半就是让他的潜意识完全相信并接受这一目标。

在韩国首尔大学，有这样一句校训：“只要开始，永远不晚。人生最关键的不是你目前所处的位置，而是迈出下一步的方向。”这句话的含义是，任何理想不经过实践和行动的证明，都将是空想。只要你心有方向，立即行动，任何理想都有实现的可能，相反，没有方向的路，走得再远也是徒劳。

曾经在非洲的森林里，有四个探险队员来探险，他们拖着一只沉重的箱子，在森林里踉跄地前进着。眼看他们即将完成任务，就在这时，队长突然病倒了，只能永远地待在森林里。在队员们离开他之前，队长把箱子交给了他们，并告诉他们说：请你们走出森林后，把箱子交给一位朋友，你们会得到比黄金更重要的东西。

三名队员答应了请求，扛着箱子上路了，前面的路很泥泞，很难走。他们有很多次想放弃，但为了得到比黄金更重要的东西，便拼命地走着。终于有一天，他们走出了无边的绿色，把这只沉重的箱子拿给了队长的朋友，可那位朋友却表示一无所知。结果他们打开箱子一看，里面全是木头，根本没有比黄金更重要的东西，也许那些木头一文也不值。

难道他们真的什么都没有得到吗？不，他们得到了一个比黄金更重要的东西——生命。如果没有队长的话鼓励他们，他们就没有了目标，他们就不会去为之奋斗。从这里，我们可以看到目标在我们追求理想的过程中的指引作用！

而实际上，生活中，很多人因为无法承担追求梦想带来的困难和痛苦，而追求安稳的生活，每天两点一线，上班、回家，回家、上班，逐渐对梦想失去激情，而当他们看到他人风光无限或是衣食富足时，又嫉妒得要命。天上不会掉馅饼，即使掉了也一定不会砸到你的头上，凡事有因才有果，你付出了才能有回报，甘于现状、不思进取却又企望富贵发达，这就是“白日做梦”。

很多时候，消除恐惧的方法只是作个痛快的决定，只要想做，并坚信自己能成功，那么你就能做成。为此，我们需要做到：

1.关注未来，不要满足于现状

独具慧眼的人，往往具备人们所说的野心，是不会为眼前的蝇头小利而放弃追求梦想的愿望，他们一般是用极有远见的目光关注未来。

2.重新审视自己，找出自己的闪光点

每个人都有与众不同的地方，可能这些不同的地方会因为日常那些烦琐的事情而被掩盖，那么，从现在起，不妨停下脚步想想，你是不是在某些方面比别人更有天赋呢？如果有，就开始重新审视自己吧，从自己最擅长的事情做起，你会省力、省心很多！

3.重新唤醒自己的梦想

其实，在我们心中，都有一个属于自己的梦想，但出于各种原因，可能这些梦想会逐渐被磨灭。但你有没有发现，正是因为失去了梦想，才会显得无力，没有热情，才会变得得过且过，任何人的潜能的激发只有具有一个伟大的动力，才会被最大限度地激发出来。因此，不要犹豫了，为理想奋斗吧，你的人生才会别样地精彩！

4.不要把梦停留在想上

梦想可以燃起一个人的所有激情和全部潜能，载他抵达辉煌的彼岸。但你若有梦想，不要把“梦”停留在“想”，一定要付诸行动，制定目标，这样才可以带给你真正需要的方向感。

5.树立脚踏实地的态度

你若想变得伟大、想成就一番事业，就必须要具备勤奋的工作态度。爱因斯坦说：“人的价值蕴藏在人的才能之中。在天才和勤奋之间，我毫不迟疑地选择勤奋，她是几乎世界上一切成就的催产婆。”真正的成功是一个过程，是将勤奋和努力融入每天的生活中，融入每天的工作中。成功没有捷径，它需要脚踏实地。

可见，我们每个人都应该明白一个道理，说一尺不如行一寸，也只有行动才能缩短自己与目标之间的距离，只有行动才能把理想变为现实。成功的人都把少说话、多做事奉为行动的准则，通过脚踏实地的行动，达成内心的愿望。但任何行动，如果没有一个明确的指引方向，都是无意义的。

人生路途上别忽略沿途的风景

一些登山者像野兽一样，征服了一座座高峰，坚持不懈，但他们却忽略了途中的美景。无论是登山还是工作，太过忘我、忘却其他的一切，都是愚蠢的行为。——《漂泊者及其影子》

尼采的这句话是要告诉我们，人生路上，眼里只有目标，人生便会迷失。在人生的旅途中目标固然重要，但我们不能忘记欣赏沿途的风景！现代社会中，每个人每天都要面临紧张的工作、生活压力，我们常常感到身心俱疲，而实际上，这些压力往往是我们自己强加给自己的，我们总是盯着前方的路，而忽视了当下的风景。

人们常说，人生就是一次旅行，在这一过程中，只有跋山涉水，不惧艰辛，走过忧郁的峡谷，穿过快乐的山峰，蹚过辛酸的河流，越过滔滔的海洋，才能走到生命的最高峰，领略美好的风景，诚然，我们不能否认这一点，但人的一生是短暂的，我们若把眼光总是放在前面的事物而错过了眼前的美景，那么只能空留遗憾。

因此，要释放自己的内心，我们就要学会享受生活，完善内心修养提高自身能力，争取更大的空间和更好的生活质量，要有一颗乐观向上的心。

有个成功的企业家，他的成功可谓是一路艰辛。他从十几岁就开始给别人帮工，每天都是早起晚睡，忙忙碌碌，好像从来没有休息过，也没有参加过任何的娱乐活动，那段日子，他的梦想是，将来自己有一间铺子就好了。

几年后，他终于开了一间铺子。生意不错，此时，他告诫自己，自己的生意，更不能放松，于是仍然起早贪黑，匆匆忙忙，休息的时间更少了。他想，等将来生意做大了就好了。

又过了几年，他的生意果然做大，拥有了数间很大的门市，每天货进货出几百万元的资金流动，他更不敢放手交给别人去做，还是自己苦拼，联系货源，接待客户，管理账目……没日没夜，忙得如有狼在后面追一般。看他真的

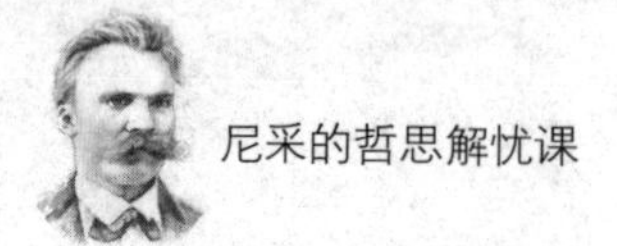

好辛苦，就有人劝他："你放一放可以吗？好好地休息一天，看看世界会不会大变！"

他回答："不行，我不做时，别人会做的，前面的那些大户们我会追不上的，后面一些中小户又逼上来，放一放，我会落在后面的。"

终于有一天，他累倒了，被迫躺在病床上不能动了，以前高速运转的日子一下停下来，他终于可以静静地想一下匆匆而过的人生了。有一次，他看到一个病人被抬进手术室再也没回来，那个病人很年轻，刚刚还与自己谈过出院后要去旅行。他看着对面空荡荡的病床，心不由一震，顿时大彻大悟了：人由生到死其实只是一步的事，这一步，自己却走得太过沉重！一直以来，自己的名利心太重，想要的太多，然而真正得到的却很少。如果不是这次病倒，他会一直拼到五十岁、六十岁，甚至更久，没有娱乐，没有休息，最后两手空空地离开这个世界，这是一件多么可悲的事啊！康复后，他像换了一个人似的，生意还在做，只是不那么拼命了，他不再去追前面的大户，也不怕后面的小户追上来，甚至错过一笔很有赚头的生意也不会在意，人们还经常可以在高尔夫球场上看到他，有时他也慷慨地与他的家人坐飞机到外地旅游。

他终于懂得了生活的意义，终于找到了所谓的放下——这颗人生中最宝贵的钻石。

生命如此地脆弱，假如你有一个"行千里路"的梦想，而被周遭的事物牵绊住的话，那么终有一天，生命会因不堪重负而轰然倒塌，而你的梦想从未实现。

现实生活中的很多人，他们一直信奉勇往直前的原则，向往着未来的、他人的生活，于是，他们总是在马不停蹄地追赶，但时过境迁，等他们青春年华不在时，才知道自己已经错过了生命里最美的时光。

因此，忙碌的人们，我们应懂得适可而止，再忙，也要偶尔停下脚步去欣赏一下周边的风景，我们要学会洒脱地面对生活，面对生命。只有潇洒一点儿，你的心才不会老去，心中永远有用不尽的激情，眼睛里时时刻刻都是新鲜的风景，这样的生活不禁会让我们萌生无限的遐想和向往。让我们在清晨的阳光下上路，追随着潇洒者的足迹，一起感悟那些在路上折射出来的不尽的哲思

之美。

新的一天来临了，放慢你的脚步吧，生活中有太多值得我们慢慢感悟的幸福！你不必再去羡慕他人光鲜亮丽的穿着，也不必再去羡慕周围拔地而起的高楼琼宇，反倒感觉这样的生活对自己而言，美好得近乎奢侈，因此也就喜欢得虔诚备至了！

知足才能常乐

“epicurean”是一种名为“满足”的奢侈。奢侈所需要的东西并不多，也许是：一座小小的花园，几棵无花果树，少许奶酪，三四位朋友。只需要这些，他就能过得很奢侈了。——《漂泊者及其影子》

其实这段话中，尼采引用的是古希腊哲学家伊壁鸠鲁所说的追求快乐的活法，与中国人常说的知足常乐有异曲同工之妙，其实，关于幸福和快乐，伊壁鸠鲁还说过这样一段话：“我们所谓的快乐，是指身体的无痛苦和灵魂的无纷扰。不断地饮酒取乐，享受童子和妇人的欢乐，或享用有鱼的盛筵，以及其他的珍馐美馔，都不能使生活愉快；使生活愉快的乃是清净的静观，它找出了一切取舍的理由，清除了那些在灵魂中造成最大的纷扰的空洞意见。”因此，我们可以说，快乐的根本是心灵的宁静。

也许每个人都曾问过这样的问题，幸福到底是什么？大多数人也许认为，拥有名利地位、拥有奢华的生活就是幸福。而实际上，幸福是简单的，有时候，夏日里的一丝凉风、冬日里的一件棉衣就是幸福。但无论如何，不懂得知足的人是无法感受到幸福的。

曾经有一个学者，他有一个梦想，那就是寻找到世界上最快乐的人。于是，他出发了，走了很远的路后，他发现，没有一个人说自己快乐。

这天，他终于见到了高高在上的皇帝，他看到皇帝的宝座金碧辉煌，他心想，

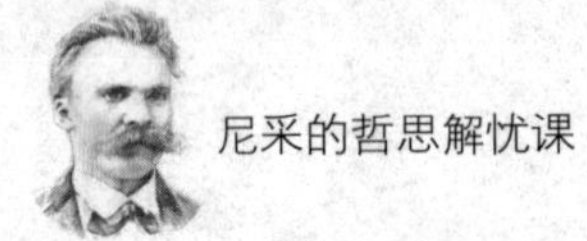

皇帝应该是最幸福的人了，他便问皇帝："你一定是世界上最快乐的人了！"

皇帝愁眉苦脸地对学者说："我要是真的快乐就好了，我每天日理万机，要处理很多国家大事，要担心外侮的侵犯，还要担心大臣造反……哎！我是世界上最不快乐的人！"

连皇帝都不快乐，那么，谁才是最快乐的人呢？学者很苦恼，于是，垂头丧气地从皇宫里走出来，慢慢走着，经过一片荒林时，看见有人坐在一堆火旁边，一边唱歌，一边烤着什么东西，他走过去一看是一个乞丐，他奇怪地问道："看样子你一定很快乐了！"乞丐答："我捡到了半根香肠，晚上不用挨饿了！我现在是世界上最快乐的人！"

看完这个故事，我们不禁感慨万千，大千世界，芸芸众生，每个人的生活方式、生活状况都不相同，自然对快乐的定义、理解以及追求都不一样：孩子们的快乐很简单，一袋小零食、一件衣服、一次好的考试成绩；恋人们的快乐在于浪漫的约会、甜蜜的语言、出则牵手同行，入则相拥相亲；中年人的快乐是儿成女家，事业有成；老年人的快乐则是宁静、安详、平和……但所有的快乐都是建立在对现有生活的满足上的，一个不懂得知足的人是永远不懂快乐的。

生活中，人们都有自己追求的目标，都希望能早日达成自己的目标，而一旦实现，人们常把放松的心情，解释为幸福。好像事情越难做，成功后的幸福感就越强。不可否认，这种解脱，让我们感到真正的快乐，但事实上，它并不是真的幸福，而是"幸福的假象"，而正是对幸福的错误理解，才导致了一些人在人生道路上不停地追逐，不知足，而最终，他们错过了很多沿途的风景。

然而，在现实生活中，我们发现，一些人，他们总是抱怨生活太苦，困难太多，命运太艰难等。其实，在短短的人生旅途中，人人都有所求，但没有人能够拥有世间的一切。人们所求各不相同，但万涓细流，终将汇聚成海，归根结底，他们所求的乃是快乐。世上没有比快乐更可贵、更难得、更为人们所普遍追求的东西了。

懂得珍惜，最为可贵，善于知足，最为幸福。当一个人珍惜了生命，生命便会长久，当他珍惜了家人、朋友之间的情感，便能在友善的交流中，获得快乐与更多的幸福。真正的幸福不是你每天得到了一些什么，而是每天你都能对

自己拥有的一切，抱着一颗满足、感恩、珍惜的心，如果我们能够保持这种态度来对待生活中的每一天、每件事，那么，即使人生中有摆脱不了的悲苦、辛酸，我们也能让它们转化成有价值、有意义的事。

德国哲学家叔本华曾说过："我们很少想到自己拥有什么，却总是想着自己还缺少什么！不要感慨你失去或是尚未得到的事物，你应该珍惜你已经拥有的一切。"

那么，我们该如何体会满足的幸福呢？

1.比较法

比如，当你认为你的物质生活得不满足、当你认为房子不够大、当你认为你的车子不够豪华、当你为买不起LV包包而焦躁时，你有没有想过，还有多少和你同样的人却正在为房子忧愁、为明天的家庭开支担忧、为了一个几十元的包包与店铺老板砍价？这样一比，你可能觉得自己其实是幸运的，也就不再为那些外在的物质生活而忧愁了。

2.注重精神世界的充盈

细心的你也可能发现，那些爱看书、听音乐、旅游的人，他们看起来笑得更舒心，因为他们的业余生活是丰富的、充足的，他们不会为那些虚无缥缈的物质生活烦恼，他们满足于现在的幸福生活。因此，丰盈精神世界是克制我们的欲望的良好方式，如你可以把周末逛街的时间拿来学习英语、练瑜伽、读名著等。

总之，快乐、幸福的感觉，依托于物质的满足、成就的获得等，而它的源泉，则在于懂得知足和时刻珍惜。懂得珍惜，最为可贵，善于知足，最为幸福。

坚持自己的梦想与理想

理想能使我们的灵魂升华。人人都志存高远，都有自己的理想。我们绝不能舍弃理想。一个人失去理想，心灵就会变得懈怠，就会变得污浊不堪，上进

心与克己心也会随之烟消云散。——《查拉图斯特拉如是说》

很明显，尼采是要告诫我们一定要坚持自己的理想与梦想。车尔尼雪夫斯基也曾说："人的活动如果没有理想的鼓舞，就会变得空虚而渺小。"这句话道出了人的理想对行为的重要指导作用，更告诫我们，无论如何都要坚持和忍耐，要有坚韧不拔之志。

生活中的任何人，都有自己的梦想，都希望成功，成功是人们追求的永恒目标，但无论你选择什么目标，都要有勇气，要勇往直前，在这条路上，你不但要拥有坚韧不拔的意志和耐心，还要做到放眼未来，坚定必胜的信念，这样即便再苦、再累，也会勇敢地与困难拼搏，那么，就一定能有所成就。成功的人之所以能够成功，就是因为他们有坚韧不拔的毅力，能看到困境中的希望，并把失败化作无形的动力，从而最终反败为胜。

也许你现在还站在穷人的行列，被周围的人嘲笑，也许你受了很多苦，但无论你遇到什么，如果你内心有目标，就绝不可轻言放弃。

很久以前，在一个偏僻的小山村里，有一对堂兄弟，他们年轻力壮，都雄心勃勃。他们渴望成功，希望有一天能够成为村里最富有的人。

一天，村里决定雇佣他们二人把附近河里的水运到村广场的水缸里去。这对他们来说真是一份美差，因为每提一桶水他们就能赚取一分钱，这在小镇里是最好的工作了。两个人都抓起两只水桶奔向河边。

"我们的梦想实现了！"表哥布鲁诺大声地叫着，"我们简直无法相信我们的好福气。"

但是表弟柏波罗不是非常确信。他的背又酸又痛，提那重重的大桶的手也起了泡。他害怕明天早上起来又要去工作。他发誓要想出更好的办法。

几经琢磨之后，表弟决定修一条管道将水从河里引到村里去。他把这个主意告诉了表哥，但是表哥觉得他们现在做着全镇最好的工作，不愿意花那么长的时间去修一条管道。

柏波罗并没有气馁，他每天用半天时间来提水，半天时间修管道，并且始终耐心地坚持着。

布鲁诺和其他村民开始嘲笑柏波罗。布鲁诺赚到比柏波罗多一倍的钱，炫耀他新买的东西。他买了一头驴，配上全新的皮鞍，拴在他新盖的二层楼旁。

他买了亮闪闪的新衣服，在乡村饭店里吃可口的食物。村民们称他为布鲁诺先生。当他坐在酒吧里，为人们买上几杯，而人们为他所讲的笑话开怀大笑。

当布鲁诺晚间和周末睡在吊床上悠然自得时，柏波罗还在继续挖他的管道。头几个月，柏波罗的努力并没有多大进展。他工作很辛苦，比布鲁诺的工作更辛苦，因为柏波罗晚上和周末都在工作。

一天天，一月月过去了。表弟柏波罗仍然没有放弃，完工的日期越来越近了。

在他休息的时候，柏波罗看到他的表哥布鲁诺在费力地运水。布鲁诺比以前更加驼背。由于长期劳累，步伐也变慢了。布鲁诺很生气，闷闷不乐，为他自己一辈子运水而愤恨。

布鲁诺花较少的时间在吊床上，却花很多的时间在酒吧里。当他进来时，酒吧的顾客都窃窃私语："提桶人布鲁诺来了。"当镇上的醉汉模仿布鲁诺驼背的姿势和拖着脚走路的样子时，他们咯咯大笑。布鲁诺不再买酒给别人喝了，也不再讲笑话了。他宁愿独自坐在漆黑的角落里，被一大堆空瓶所包围。

最后，柏波罗的大日子终于来到了——管道完工了！村民们簇拥着来看水从管道中流入水槽里！现在村子源源不断地有新鲜水供应了。附近其他村子都搬到这个村子来，村子顿时繁荣起来。

管道一完工，柏波罗不用再提水桶了。无论他是否工作，水源源不断的流入。他吃饭时，水在流入。他睡觉时，水在流入。当他周末去玩时，水在流入。流入村子的水越多，流入柏波罗口袋里的钱也越多。

管道人柏波罗的名气大了，人们称他为奇迹创造者。

人们常说，鱼和熊掌不可兼得，其实，做任何事情都是如此，想要日后达成目标，现在就要忍受痛苦。

在追梦的过程中，生活中的人们，你永远都不要放弃心中的希望，如果遇到困难，把困难当成人生的考验，不要在困难面前茫然退缩，更不要不知所

措迷失自己，满怀希望地为着自己的梦想而努力，相信终有一天，你会走出低谷，走向光明。现实是美好的，但又是残酷的，关键在于面对困难，你是否具有忍性，能否坚持到底。

心若急躁，就会各种麻烦不断

恋爱、战斗、互相致敬这些由双方形成的角逐中，总有一方需要承担各种麻烦事，这些人有个共同的特征，那便是急躁。——《曙光》

这里，尼采要告诉我们的是，一个人如果戒不掉急躁的毛病，就会麻烦不断。的确，可能在每个人的内心，似乎总有一种力量使我们茫然不安，让我们无法宁静，这种力量就是急躁，急躁的表现是急于求成，它是成功、幸福和快乐最大的敌人，急躁的人往往内心焦虑，自寻烦恼。

从某种意义上讲，急躁不仅是人生最大的敌人，还是各种心理疾病的根源，它的表现形式呈现多样性，已渗透到我们的日常生活和工作中。的确，越是对生活过于焦虑的人，生活越是不会积极地回馈他；太想成功者，只会与成功无缘；太想赢的人，最后往往很难赢。太想达到目标的人，往往不容易达到目标，过于焦虑就是自找烦恼，事情的成败与否往往不是以我们的意志为转移的，欲速则往往不达，凡事不可急于求成。相反，淡然处之，并持之以恒，那么，成功的概率会大大增加。

一位少年，一心想早日成名，于是拜一位剑术高人为师。他迫不及待地问师傅多久才能学成，师傅答曰：“十年。”少年又问如果他全力以赴，夜以继日要多久。师傅回答：“那就要三十年。”少年还不死心，问如果拼死修炼要多久，师傅回答：“七十年。”

这里，少年学成并非真的要七十年，师傅之所以如此回答，是因为他看到了少年的心态，少年可谓是不惜一切想尽快成功，但没有平和的心态，势必会

以失败告终。渴望成功、努力追求都没有错，但渴望一夜成名的心态反而会使人欲速则不达。

我们要记住，任何人，要想有一番成就，或者做成一件事，都需要有踏实务实的品质。如果我们能安下心来认真做一件事情，就没有做不好的。

其实，不光是这个少年，在现实生活中，这些急功近利者也不鲜见，他们凡事追求速度，以至于他们经常在做一件事时还没开始就结束了。急于求成，心态浮躁，往往不会注意做事的品质而常把最简单、最普通的事做砸，何况富有挑战性的大事呢?

从前，宋国有个农民，他做事总是追求速度。因此，对于田间的秧苗，他总觉得长得太慢，于是，他闲来无事时，就会到田间转悠，然后看看秧苗长高了没有，但似乎秧苗的长势总是令他失望。用什么办法可以让秧苗长得快一些呢？他思索半天，终于找到一个他自认为很好的办法——我把秧苗往高处拔拔，秧苗不就一下子长高了一大截吗？说干就干，他动手把秧苗一棵一棵拔高。从中午一直干到太阳落山，才拖着发麻的双腿往家走。一进家门，他一边捶腰，一边嚷嚷：“哎哟，今天可把我给累坏了！”

他儿子忙问：“爹，您今天干什么重活了，累成这样？”

农民扬扬自得地说：“我帮田里的每棵秧苗都长高了一大截！”他儿子觉得很奇怪，拔腿就往田里跑。到田边一看，糟了！早拔的秧苗已经干枯，后拔的也叶儿发蔫，耷拉下来了。

揠苗助长，愚蠢至极！每一棵植物的成长都是需要一个过程的，需要我们辛勤地浇灌、耕耘等，才能获得成果。每一个生命的成长都是如此，千万不要违背规律，急于求成，否则就是欲速则不达。

事实上，任何一种本领的获得、一个人生目标的达成都不是一蹴而就的，而是需要一个艰苦历练与奋斗的过程，正所谓“梅花香自苦寒来，宝剑锋从磨砺出”，我们做任何事都应该本着踏实的原则，一步一个脚印，才能走向成功，因此，任何急功近利的做法都是愚蠢的，急于求成的结果，只能适得其反，结果只能功亏一篑，落得一个拔苗助长的笑话。

当然，我们若要做到自制、改变急躁的特质，不是很容易的事，要循序渐

进。每天给自己制订一个强于昨天的目标，只要达到就是成功，这样会在不知不觉中提高。

强扭的瓜不甜，强求的事难成，以淡定的心态面对，却往往会水到渠成。因为人们的主观愿望与实际生活总是有差距的。我们千万不可把自己的主观意愿强加于客观的现实中，我们应该学会随时调整主观与客观之间的差距。凡事顺其自然，确实至为重要。有些事情就是奇怪，你越努力渴求的，它越迟迟不来，让你等得心急火燎、焦头烂额。终于，你等得不耐烦了，它却又如从天而降，给你个惊喜满怀。

当然，顺其自然，不是一种消极避世的生活态度，而是站在更高层次来俯视生活的一种感觉。

人生路上，无论何事，最忌急于求成，凡事只有经过深思熟虑再行动，才有更多成功的机会，不按照事物的发展规律办事，那么，只能是徒劳，而如果我们在生活中学会按客观规律办事，就会获得事半功倍的效果。

大自然是不带任何偏见的

偶尔去广阔的大自然中走走吧，你能获得放松，因为大自然不仅会让你神清气爽，而且不会对你有任何意见或抱怨。——《人性的，太人性的》

这里，尼采鼓励我们去大自然中减压。他认为，我们在自然环境中能获得放松。的确，现代社会中，任何一个人都承受着来自各方面的压力，高强度的工作、烦琐的生活、家人的健康以及人际交往中的问题都无时无刻不让人们产生不良情绪，于是，越来越多的人渴望能自我减压和放松。而大自然的奇山秀水常能震撼人的心灵。登上高山，会顿感心胸开阔。放眼大海，会有超脱之感。走进森林，就会觉得一切都那么清新。

曾经有个男青年，他与相恋两年的女朋友分手了。男青年十分钟情于女朋

友，分手之后的一段时间，他终日茶饭不思，夜不能寐，十分痛苦。身体也逐渐大不如从前。爱恨交织之下，他居然萌生了报复她的念头。

男青年的一帮朋友看在眼里，急在心上，生怕男青年出事。后来，他们想到一个方法——多带男青年出去走走。于是，周末带他走进大山大河，投入大自然的怀抱。他们寄情于山水之中，并用许多事实和道理开导他，让他学会忘却。山的博大胸襟，江的容纳气度，水的坚韧品质，朋友们清泉般穿透心田的良言，终于让他明白了许多。渐渐地，他从伤痛的沼泽地走了出来。

的确，当我们心理不平衡、有苦恼时，应到大自然中去。

从生理上来考虑，山区或海滨周围的空气中含有较多的阴离子。阴离子是人和动物生存必要的物质。空气中的阴离子越多，人体的器官和组织所得到的氧气就越充足，新陈代谢机能便盛，神经体液的调节功能增强，有利于促进机体的健康。越健康，心理就越容易平静。

的确，大自然是神奇的，充满着人类所未知的力量。古人讲究天人合一，也正是想从大自然中汲取万物之精华。现代社会，生活节奏越来越快，人际关系越来越复杂，处处充满了诱惑，使人心神不宁，那么，怎样才能静心呢？其实答案很简单，假如你能够全身心地投入自然，拥抱阳光，就能够汲取自然的力量，坚定不移地追求人生至真至善至美的至高境界。记住，自然，是最好的静心空间。

如今，越来越多的人涌入城市，飞速发展的城市更是标志着人类走向文明和成熟。但是，凡事都有两面性，在走进城市的同时，我们无疑失去了大自然。大多数人们身处闹市，整日面对着鳞次栉比的高楼，在闪烁的霓虹灯之下，我们已经遗忘了大自然的味道。猛然惊醒时，我们才发现自己更需要的是一轮满月的天空、一份清新纯净的空气、一汪清澈流淌的河水……绿是生命的颜色，代表着无限的希望。很多人都听说过绿色覆盖率这个名词，其实，一个城市的绿色覆盖率指的是一个城市的氧气指标值以及空气净化度的最快提升因素。有人去过高原，一定知道高原上氧气稀薄，这主要是因为恶劣的高原环境让植被无法存活下去，而植物的光合作用则是可以迅速生成人类所需的氧气。为此，有植物的地方才更适合人类的生存。其实，人们应该为自己生活在平原

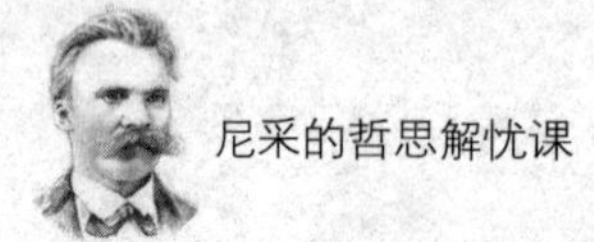

地区而感到幸运，假如生活在一个植被丰富的城市里，则更是一种莫大的幸福。如今，很多楼盘以“森林城市”命名，其实就是为了说明这座城市正在被森林所环抱。

大自然让人感到亲切。人类是在大自然当中生存发展的，人类本能对自然界有种亲切感，而大自然的节律有利于人类的发展。

我们需要掌握两个要点：

①一旦走入大自然，就要全身心地投入当中去。比如，到草地上躺躺，到大树下睡一觉，将脚放到流淌的清泉里，还可以钓鱼、赏花，或者只是呼吸品味大自然中的气息……

②出去时最好带上自己信任的人，如家人和好朋友。这样做的好处有两个：第一，如果你在大自然中放松自我，有信任之人的陪伴，会减少很多危险因素；第二，一边在美丽的风光中游览，一边和身边的人聊聊心事。这样会收到意想不到的减压效果，甚至感觉自己像换了一个人似的。

有条件的话，最好到真正的大自然当中，如郊区。如不具备条件，可考虑到城市公园等人造的自然风光中去，当然效果会打些折扣。在走入大自然之前，可能还得考虑时间、金钱等问题，多数情况下，这一切都是值得的。

现代人虽然远离大自然，但是本能和遗传的作用还是让人能感到大自然的亲切。这种亲切感会让人倍感放松。心理学的实践证明，当有心理问题的人跑到大自然中，会全身心融入自然，忘却烦恼，并可由此产生一种感悟，从而让压力烟消云散。

睡眠是最好的休息方式

当你产生自我厌烦情绪时，当你开始厌烦周围的一切时，当你做什么都感到疲惫不堪时，你该做什么来调整自己呢？好好吃个饱饭，然后再睡个饱觉，比平时多睡一会儿，这才是最好的方法。——《漂泊者及其影子》

这里，尼采向我们诠释了一种新的自我放松的方法——睡觉。尼采认为，当我们的身心感到疲惫时，最有效的方式就是睡觉，因此，在平日里，我们不妨多留一点儿时间来睡觉，以此来快速恢复、获得力量。

这是因为，在睡眠期间，人的身体的各种脏器会自动合成一种能量物质，以此供活动时用；而且，此时的人的血压、心率和体温都会有所下降而导致了人的内分泌减少，人的基础代谢率也会降低，从而使得人能获得体力上的恢复。

我们都知道，快乐的心情可以成为事业和生活的动力，而恶劣的情绪则会影响身心的健康。然而，现代社会，人们为了生活，四处奔波，工作和生活的压力常常使我们喘不过气来。人们急切地希望寻找到一种能帮助自己减压的方法。于是，市场上各种付费方法就应运而生了，如维生素药剂，各种放松疗法等，我们不能否定这些疗法的功效，但最好的养生方式是睡觉。

那么，人为什么要睡觉？几乎每个人经历了一整天的生活和工作后，都希望能好好地睡上一觉。当然也有活了一辈子不睡觉的人，不过这种情况是极为少见的。人要睡觉是一种生理反应，是大脑神经活动的一部分，是大脑皮质内神经细胞继续兴奋之后产生了抑制的结果。在人的大脑中，当抑制作用占据了主要部分时，人就要睡觉了。人们在生活中，有工作，有休息，在神经活动中，有兴奋，有抑制。抑制是为了保护神经细胞，以便让它重新兴奋，让人们继续工作。

高质量的睡眠是抵御疾病的第一道关卡。据德国《经济周刊》给出的一条研究报告：睡眠不足可能会导致的人的内分泌紊乱，而如果这种状况没有得到改善的话，人的抵抗力也会下降，还会加速衰老、增加体重。哪怕你只是小憩20分钟，也能让你迅速调整自我、获得力量。法国卫生经济管理研究中心的维尔日妮·戈代凯雷所作的一项调查表明，缺觉者平均每年在家休病假5.8天，而睡眠充足者仅有2.4天。前者给企业造成的损失约为后者的3倍。

可见，睡眠可以消除身体疲劳。在身体状态不佳时，美美地睡上一觉，体力和精力很快会得到恢复。

可能有些人会认为，我有太多的工作要做，或者是马上就要交工作任务了，没时间了等，于是，他们会选择夜以继日地学习。争分夺秒地抓紧时间工作固然好，但要保证工作效率。拼时间、搞疲劳战术不可取，这样会影响工作效率，为此，我们要注意劳逸结合。我们必须坚持每天八小时的睡眠，晚上不要熬夜，定时就寝。中午坚持午睡。充足的睡眠、饱满的精神是提高效率工作的基本要求。

以下是几点提高睡眠质量的建议：

1.平常而自然的心态

如果失眠了，不仅忧虑和紧张，因为越是强迫自己睡觉，可能越是适得其反。有些人对连续多天出现失眠更是紧张不安，认为这样下去大脑得不到休息，不是短寿，也会生病。这类担心所致的过分焦虑，对睡眠本身及其健康的危害更大。

2.寻求并消除失眠的原因

造成失眠的原因可能有很多种，只要我们在生活中稍加留意，就能找到失眠的原因，从原因开始治疗，失眠便会自愈，对因疾病引起的失眠症状，要及时求医。不能认为失眠不过是小问题，算不了病而延误治疗。

3.身心松弛，有益睡眠

睡前到户外散一会儿步，放松一下精神，或上床前洗个澡，或热水泡脚，然后就寝，对顺利入眠有百利而无一害。诱导人体进入睡眠状态，有许多具体方法。

4.运动法改善睡眠

适度的体育锻炼会让睡眠更深，同时它也能在清醒时提供给人更多的动力。关键是，量力而为，这样的话所需的睡眠时间还是会和平时一样的。当然，如果运动过度，就有可能需要较平时更多的睡眠周期来恢复体力了。

总之，睡眠可以消除身体疲劳。在身体状态不佳时，美美地睡上一觉，体力和精力很快会得到恢复。

第 09 章

相信自己，内心强大的人才能步履轻盈

心理学家认为：一个人如果自惭形秽，如果不相信自己的能力，那他就永远不会是事业上的成功者。然而，任何一个人，要想获得自信，就必须认识到一点，那就是真正的自信来自我们的内心世界，源自内心自我鼓励，这些将奠定我们自信的基础。要知道，只有内心强大的人才能步履轻盈、从容前行。

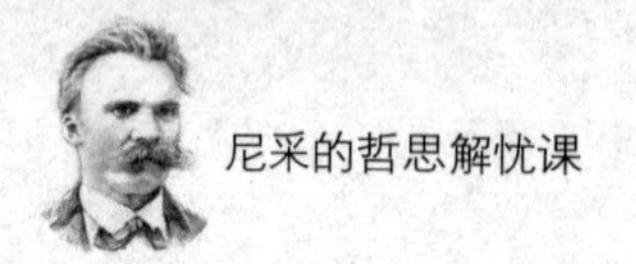

真正地考验自己吧

真正地考验自己吧，只为自己的自尊心。学会对自己诚实、不撒谎；在无人的地方举止端庄。当你能做到时，你会发现自己如此高尚，此刻，你会拥有真正的自尊心，也就拥有了强大的自信。——《善恶的彼岸》

在尼采看来，自己见证自己的考验，就是一种自我约束力和自我监督能力。一个人，在没有他人干预的情况下，如果能专注于一件事，那么，他就能取得成功，获得自信。

专注力可以运用到任何其他一件事中，这种能力的形成，其实就是自控能力的逐步养成，如果你能做到在他人无监督的情况下特别勤奋用功或者管住自己的言行，那么，你就是值得尊敬的，你就会拥有真正的自尊心。

有位父亲这样告诉他的孩子：“无论你以后做什么样的工作，都要做到一丝不苟、认认真真、全力以赴。要是你能做到这一点，你就不必担忧自己没有好前途。你看这世界上，到处都是散漫、粗心的人，做事善始善终的人是供不应求、深受欢迎的，只有认认真真做事的人才是未来竞争的成功者。”

这位父亲的话是有道理的，一个人的成功并不在于他在做什么，而在于他有没有做到最好、做到位。成功者之所以成功，就是因为他们具备一种品质，专注于一件事并追求极致。因此，我们在学习、生活和工作中应该以更高的标准要求自己，能做到更好，就必须做到更好，能完成百分之百，就绝不只做百分之九十九。

那么，具体来说，我们该如何做到见证自己的考验呢？

1.明确你的动机

明确你办事的动机会有助于加强你的专注力，并且能让你完成任务。你要知道你为什么要去专注于某事，而且要清楚如果你不专注于此事会有什么样的后果。

阿雷·谢富尔指出："在生活中，唯有精神的肉体的劳动才能结出丰硕的果实。奋斗，奋斗，再奋斗，这就是生活，唯有如此，才能实现自身的价值。我可以自豪地说，还没有什么东西曾使我丧失信心和勇气。一般来说，一个人如果具有强健的体魄和高尚的目标，那么他一定能实现自己的心愿。"的确，只有高尚的动机和目标，才能让我们产生源源不断的动力，从而产生积极的后果。

2.排除干扰

在你准备做一件时，请注意周围的环境，在排除外界的干扰后，你要做的就是静下心来，避免那些容易使你分心的事，你的学习和工作效率会提高很多。

3.深呼吸

如果你产生了放弃的念头，那么，你不妨问自己一个问题，"我在呼吸吗？"然后做几次深呼吸。问你自己"我现在感觉放松吗？"如果你的回答是"不太放松"，那么先什么也不要做，继续深呼吸。

总之，考验自己是需要耐性的，也是需要长时间训练的，但只要你坚持自己这一有价值的目标，你就有充沛的精力让人有能力克服艰难险阻，完成单调乏味的工作，忍受其中琐碎而又枯燥的细节，从而使他顺利通过人生的每一站。

破旧方能立新

用自己的眼睛，而不是前人的经验和已有的知识来判断眼前的美景吧。——《漂泊者及其影子》

尼采这句话是要告诉我们，凡事要相信自己的眼睛，而非书本知识。其实，除了书本知识外，前人的经验也是束缚我们发挥思维能力的桎梏，我们若想有所创新和发展，就必须摆脱这些阻碍因素。

可见，无论做什么事，总是在别人用过的套路里打转只会局限自己，因为当经验在大脑里越积越多，甚至形成一种思维定式的时候，就会形成思维僵化，就做不到创新。

杰克·韦尔奇提出的“无边界行为”，打破GE13大业务集团的界限，像“小公司”一样灵活，已经成为通用非常重要的管理价值观。通用所有部门的所有员工都已接受了这种工作方式，相互之间有非常好的沟通环境和团队合作的氛围。“无边界行为”不但不会和有序的组织管理发生冲突，反而为通用创造了一种自由、轻松、平等的沟通环境。

通用电气公司开始谈论“绿色创想”时，解决了这一问题。首席执行官杰夫·伊梅尔特说：“寻找可持续性更高的经营方式，这种社会发展趋势显而易见，如果能乘此东风，我们就会为将来的发展而占得先机。通用电气公司开展了一次绿色审核，找出他们已有的在业内一流的绿色产品，并开始对雇员突出强调这些现成的绿色产品的领域。LED3照明系统（可以发出很亮的光，但所耗电力仅为其他系统耗电量的10%）就是这样的领域。然后，通用电气公司说：“我们就是那种能在日益注重可持续性的新业务环境中获得成功的人。”

通用的变革成功了！这一成功得益于无边界行为的提出，杰夫·伊梅尔特说：“他要把他的思想、公司的战略告诉通用全球的员工，员工的想法也与他沟通，建立相互理解、为了共同目标携手努力的氛围。当企业面临变革或危机时，最重要的事情就是与员工进行沟通。”

生活中的人们，你也要记住，身处于现实社会，当一些事物已经改变时，切记不要再按照原来的规则做事，否则一定会因为忽视游戏规则的变化而使自己的财富白白流失，甚至丧失获得更多财富的机会，丧失机会成本。

的确，现代社会，我们都强调要创新，任何重大成果的发现，都离不开创新意识的发挥。任何一个人都应该摒弃生搬硬套和墨守成规这两点，学会突破，你才能有所收获。

具体来说，你需要做到：

1.敢于否定，打破传统思维

曾有人这样诠释创新："你只要离开常走的大道，潜入森林，就肯定会发现前所未有的东西。"创新的成功，总是孕育着创新者的强烈创新意识。要想摆脱传统观念和习惯思维的局限，就要鼓励自我打破思维禁锢，突破常规的路线，激活创新的意识。

2.善于变通，敢于尝试

变通思维是创造性思维的一种形式，是创造力在行为上的一种表现。思维具有变通性的人，遇事能够举一反三，闻一知十，做到触类旁通，因而能产生种种超常的构思，提出与众不同的新观念。科学领域中的任何建树，都需要以思维的变通为前提。一般来说，变通思维用好了，就会起到一种"柳暗花明"的奇妙作用。

3.大胆地说出自己的想法

你要敢于说出自己的想法，遇到问题要敢于打破常规，发挥自己的想象力，凡事没有标准答案，敢于提出不同的答案和见解，久而久之，你就能培养出不被经验束缚的判断习惯了。

4.不要让理论知识束缚手脚，否定自己的能力

比如，在面对一项工作时，一个人如果对有关知识了解不深，他会说："做做看。"然后着手埋头苦干，拼命地下功夫，结果往往能完成相当困难的工作。但是有知识的人，常会一开头就说："这是困难的，看起来无法做。"这实在是画地自限，且不能自拔。

5.多参加社会实践

参加社会实践，对于一个人来说，也绝对不是什么形式主义，更不是走过场。你会在活动过程中，得到许多的乐趣。真正的知识是对于一种事物发展规律的正确认识和经验。如果你什么社会生活的经验都没有，那他的所谓知识只能是书本上的"死"知识，而不是生活中真正的知识。这样的你也绝不能自立，更别说经受得住社会的洗礼了。

曾有人这样说："你只要离开常走的大道，潜入森林，就肯定会发现前所

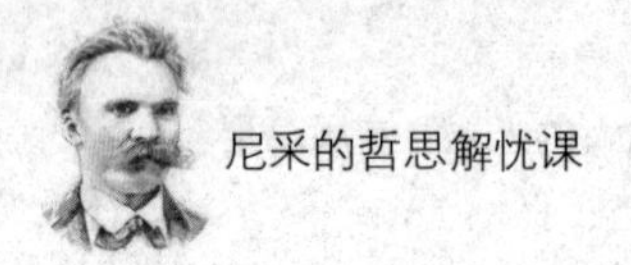

未有的东西。”要想摆脱传统观念和习惯思维的局限，就要鼓励自我打破思维禁锢，突破常规的路线，激活创新的意识。

亲密有间，距离产生美

有时候，我们看待事物，不妨站在远处，它会让我们看到更多美的东西。比如，与朋友朝夕相处，我们未必觉得朋友好，而当朋友离开你，你会想念他，想起他所有的优点等。距离产生美，就是这个道理。——《曙光》

尼采这段话，与中国人常说的“距离产生美”有异曲同工之妙，当我们近距离观察一件事物时，就会将其看得透彻，而站在远处观察，事物就会产生一种朦胧美。而其实，不仅是看待事物，与人相处，也需要一定的距离。

我们都知道，经常接触是维护人脉的一个重要举措，两个初相识的人，如果不联系，那么，他们的关系和陌生人也没有多大区别。然而，与人际之间的关系一定要注意度，即使再亲密的两个朋友，也需要有个人空间，如果你为了结交友谊而占有了对方的私人空间，恐怕就事与愿违了。

刘颖在一家外企人事部门工作，这是一项与人打交道的工作，她能说会道，办公室的同事和领导都非常喜欢她，尤其是她的顶头上司张女士，她们的爱好惊人地相似，她们喜欢买同一品牌的衣服，用同一品牌的化妆品，就连喜欢吃的食物也一样，于是，在刘颖来这家公司不久，她和张女士就成了无话不说的好姐妹，张女士平时也很照顾她。

有一天早上，刘颖和张女士在电梯里遇到，两个人发现她们居然穿着一模一样的外套，真是太默契了，张女士就开了句玩笑：“你是个小妖精。”

“我是小妖精，你就是老妖精。”刘颖回答她。于是，两个人笑着去上班了。

但她们俩走得太近了，办公室的其他同事也开始说闲话了，张女士已经意

识到这一点，她开始刻意避开刘颖，但刘颖却一点儿也不知趣。

这天，张女士正在办公室谈公事，刘颖没有敲门就进来了并半开着玩笑说："老妖精，下班后一起去扫货吧，今天可是光棍节，到处在打折呢。"张女士脸色立即变了，只是冷冷地回答："你难道不知道进来前应该先敲门吗？"刘颖这才发现，原来上级领导吴经理也在。

不久，刘颖便被调到市场部做统计，离开了这份自己十分喜欢的工作。

张女士与下属刘颖兴趣相投，于是在一起交流的时间就比较多，两人的距离自然而然地被拉近了。两个距离很近的人说话自然会非常随意，刘颖就是因为一句随意的话，让领导张女士在领导面前颜面尽失，也导致了自己的工作受到了影响。如果张女士平时就注意与刘颖保持适当的距离，那么刘颖就会有所收敛，在进门的那一刻不会如此随意，也就不会出现张女士在领导面前丢失威信的尴尬局面。

所谓的"保持距离"，说到底就是不要过于亲密，不要让对方觉得没有了私人空间，当然，这种距离，不仅仅是形体距离，还包括心理距离。最好的处理效果是要达到形体疏远而心灵更加贴近。因为"保持距离"能使双方产生一种"礼"，有了这种"礼"，就会相互尊重，避免碰撞而产生伤害。

的确，距离是一种美，也是一种保护。感情容易滋养人心，也会轻易伤害人心，不管是血浓于水的亲情，还是海誓山盟的爱情，都可能在不经意间刺痛对方。

因此，朋友间相处，彼此都需要一定的空间和距离，走得太近，很容易忽视说话、做事的分寸，甚至口无遮拦，导致彼此关系的紧张。

那么，我们该如何与他人保持距离呢？

1.亲密有间，疏而不远

与人交往，关系太疏远，会使人产生沟通障碍，出现彼此陌生的反应。关系太亲近了，又会使人感到厌倦、疲劳甚至反感；有些人有事没事就把朋友约出来，也不询问一下朋友是否真的有时间，这样，不但干扰了朋友的工作、休息和生活，还会让朋友觉得厌烦。合适的交往距离，应该是交往既不要过多也不宜过少，应该把握在双方都感觉恰如其分的范围内。

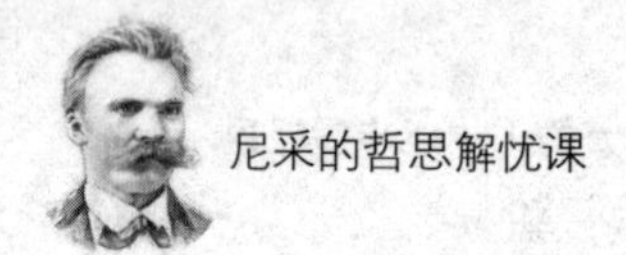

2.认知上也应该保持一定的差距

我们常常犯的一个错误，就是把自己的想法强加给他人，以为对方的想法与自己一致，实际情况并不如此。每个人都是单独的个体，所接受的教育和所处的生活环境都是不同的。因此，与朋友交往时一定不要自以为是，认为自己所想就是朋友所想，这样做只能适得其反。

当然，我们需要注意的是，与人交往，保持距离，也要把握好度，与朋友相处，如果距离过大，很容易使朋友间的友情变淡。尤其是在日益忙碌的现代社会，人们都为自己的事业和家庭奔波，紧张的工作之余，如果几个朋友一起聚聚能加深感情，但彼此都抽不出时间来，即使关系再好的朋友，友情也会逐渐变淡，甚至变成仅仅是熟人而已。所以，为了保存你们之间的友情，为了让你的人生不再孤寂，那就遵循这一原则——好朋友也要适度保持距离。

如何做一个有思想的人

有思想的人需要满足三个条件：与人交往；看书；心怀热情。少了一条，就无法进行思考。——《漂泊者及其影子》

这里，尼采向我们展示了一个有思想的人所必备的三个要素：与人交往；看书；心怀热情。也就是说，一个智者，是不会拒绝与人交流的，这就是“三人行，必有我师焉”的道理；而书籍是人类进步的阶梯，是智慧的源泉，读书是开阔眼界的根本方法。而内心火热，才愿意接受外界新鲜事物，才能不断进步。下面，我们先来看苏东坡的故事：

宋朝的苏东坡，年轻时就已是学识渊博，人见人夸的青年才俊，日子一久，不免自满起来。一天，苏东坡在书房门上贴了一副对联：

识遍天下字

读尽人间书

苏东坡的父亲苏洵看了，担心儿子过于自大，不知求进，又怕撕下对联会伤了儿子的自尊心，于是，提笔在对联上各加了两个字：

发愤识遍天下字

立志读尽人间书

苏东坡回来，看见父亲的字，心中十分惭愧，从此虚心学习，有了非凡的成就。

青少年朋友们，你也应该从苏洵的话中获得启示，学习是一项终身事业，一个人的工作也许有完成的一天，但一个人对知识的汲取却不能终止，你需要坚定“奋斗不息，学习不止”的信念，日复一日，沿着知识的阶梯步步登高，养成丰富自己、重视学习的习惯。世上没有绝对的成功，只有不断的努力，才能让你的成功之路走得更快更远。当然，永无止境地学习并不是一句空话，需要青少年朋友将它带到每天的学习过程中。

书中自是知识的海洋，其实，爱上阅读并不是什么难事，关键是你要学会读什么书，怎么读书，约翰逊医生说：“一个人的后半生取决于他读到的第一本书的记忆。”因此，你需要记住，如果一本书不值得去阅读，就不要过于强调阅读的数量，甚至可以不去阅读，那样只会让自己装了一肚子的书，却解决不了生活中的一个小问题。对此，你可以询问那些长者、智者，让他们引导你找出喜欢并优秀的文学作品，而不要浪费时间阅读垃圾文字。

另外，要学会带着感情阅读，这有利于培养自己的表达能力和想象力。另外，你还可以写一些读书笔记，写出自己的感受。再者，睡前阅读是最佳阅读时机，浅睡眠时期最容易进行无意识的记忆，因此，睡前的阅读一定要把握。

当然，要做个有思想的人，我们还需要做到以下两点：

1.开放自己的心态，多与人交流

我们发现，一些人好胜心强，在与人交往的过程中，他们渴望成为焦点，一旦不能为大家所共同关注时，他们便发脾气。同时，他们会认为他人的帮助理所当然而不知道感谢。如果你是这样的人，你一定要逐渐改正。与人交往，要虚心，多看看他人的优点和长处，要通过自己的努力不断超越别人、战胜自己。有一天，当你学会了事事处处接纳他人、理解他人、信任他人，不仅会发

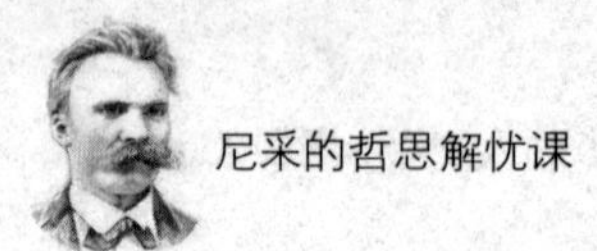

现他人的许多优点，而且也会容忍他人的某些不当之处，求大同存小异。这样，你的人际关系就会变得融洽和谐。

春秋时期，孔子被人们尊为“圣人”，他有弟子三千，大家都向他请教学问。他的《论语》是千百年来的传世之作。

孔子学识渊博，可是仍虚心向别人求教。有一次，他到太庙去祭祖。他一进太庙，就觉得新奇，向别人问这问那。有人笑道：“孔子学问出众，为什么还要问？”孔子听了，说：“每事必问，有什么不好？”他的弟子问他：“孔圉死后，为什么叫他孔文子？”孔子道：“聪明好学，不耻下问，才配叫‘文’。”弟子们想：“老师常向别人求教，也并不以为耻辱呀！”

2.心怀热情

与人交往，良好印象的形成中，热情是第一个被对方感知到的品质，这也是人际交往中的心理规则。因为人们总是有这样的感觉，那些热情的人肯定会有一些其他良好的品质，如有爱心，乐于助人，对生活保持乐观态度，容易接近等，而这些都是人们在交往中希望看到的。

总之，我们要努力做到以上两点，让自己成为一个有思想的人，腹中空空，我们又怎么能被他人尊敬，又怎么能获得自信呢？

放下身段，你才能看到更多

孩童眼中的世界更加美丽，因为他们不只是眺望花草和虫蝶，他们会近距离观察。因此，你不妨也弯下腰去感知这些美丽吧。——《漂泊者及其影子》

这里，尼采虽然说的是观看周围的自然世界，但要表达的是一定的做人做事的道理，那些成功者，从来都不是清高孤傲之人。一个人只有放下身段，才能看到更多，就像船锚一样，要想起作用，就必须要放低自己。

我们都知道，人是社会的动物，同处于一个社会中，不管你是否承认，凡

有人的地方就会讲等级、分层次。因此，在我们生活的周围，有一些人，他们总是自命清高，不愿意放下身段，他们给自己画地为牢、故步自封，白白损失了无数的大好机会。其实这种“身段”只会让人生道路越走越窄。并不是说有“身段”的人就不能有得意的人生，但在非常时刻，如果还放不下身段，那么就会使自己无路可走。相反，如果能放下身段，你的人生之路就会越走越宽。

有一位大学生，在校时成绩很好，大家对他的期望也很高，认为他将来必有一番了不起的成就。后来，他确实是有成就，但不是在政府机关或大公司里有成就，而是卖蚵仔面线卖出了成就。为什么会如此呢?

原来，他在毕业后不久，得知家乡附近的夜市有一个摊子要转让，他那时还没找到工作，就向家人借钱，把它顶了下来。因为他对烹饪很感兴趣，便自己当老板，卖起蚵仔面线来。他的大学生身份曾招来很多不以为然的眼光，却也为他招来不少生意。而他自己则从未对自己学非所用及高学低用怀疑过。

现在的他仍然在卖蚵仔面线，但也转投资，赚的钱比我们多了好几十倍。“做事要放下身段。”这是那位大学生的口头禅和座右铭：“放下身段，路会越走越宽。”

那位大学生如果不去卖蚵仔面线或许也会很有成就，但无论如何，他能放下大学生的身段，着实令人佩服。你不必学他去做类似的事情，但在必要的时候，应该有他做事的勇气。

然而，生活中，有很多年轻人，都太把自己当回事儿了。年轻气盛，总是自以为是、豪情万丈，而随着时光的流逝，当你学会世故和圆滑时，你突然发现，在这个社会，我们所最看中的那个自己，无论你是多么优秀，对于别人，可能是珠宝，也可能是一粒一文不值的尘埃。有人说得好：“把自己当作泥土吧！老是把自己当作珍珠，就时时有被埋没的痛苦”。

为此，要放下清高，我们需要做到：

1.多审视他人的长处和自己的短处

因为具有骄矜之气的人，大多自以为能力很强，很了不起，做事比别人强，看不起别人。由于骄傲，则往往听不进去别人的意见；由于自大，则做事

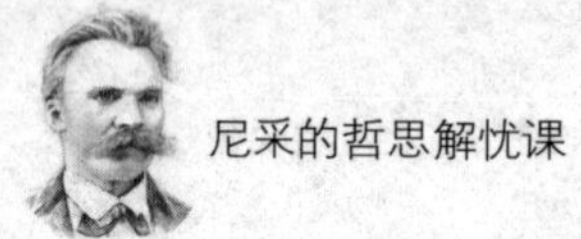

专横，轻视有才能的人，看不到别人的长处。因此，待人处事，要多审视自己的短处，看到别人的长处，才能逐渐变得谦卑。

2.受他人指教时多倾听

老师、长辈向我们传达经验时，我们尽量不要打断对方说话，大脑思维紧紧跟着他的诉说走，要用脑而不是用耳听。

3.主动向他人请教

你的人生才刚刚开始，需要你学习的东西实在太多，切不可恃才傲物。无论是学习上的问题还是生活琐事，你都应该虚心地向他人请教，请教的对象可以是老师、家长、同学，甚至可以是陌生的路人。

4.认真听取他人的意见

如果有人当面向你提意见，那么，你千万不要不耐烦，也不要随便打断对方的谈话。无论对方的观点是对是错，你都不要冒然地反对或者批评对方：“你这是废话”、“错了”等。即使你有这样的念头，也不要表达出来，以免刺激对方，使他们心灰意冷，甚至对你转变为敌对立场。

总之，一个人要想有所作为，首先要从厘清思想、改变观念开始。如果本是穷人、新人还要“穷摆谱”，那么机会是不会主动光顾他的。而能放下身段的人，他的思考富有高度的弹性，不会有刻板的观念，而能吸收各种信息，形成一个庞大而多样的信息库，这将是他的本钱。

具有天赋才能的人毕竟是少数

如果你没有一种天赋的才能，不必因此感到悲伤，因为你大可以去学习。——《曙光》

这里，尼采告诉我们每个人获得自信的一种方法——学习并获得一项才能。

列宁也说过：“自信是走向成功的第一步。”而现代社会，如何才能获得自信，获得成功，如何让别人看到自己的光芒？最起码的，你必须拥有一项才能或本领。也就是说，一个人，必须拥有一项才能或本领，只有这样，才能做到相信自己，才不会随波逐流，才不会趋之若鹜，才能不走寻常路，才能最终取得成功。而如果你没有这项天赋的才能，你不妨去学习一种。

凯斯特是一名普通的汽车修理工，生活虽然勉强过得去，但离自己的理想还差得很远，他希望能够换一份待遇更好的工作。

有一次，他得知底特律一家汽车维修公司在招工，便决定前去试一试。他星期日下午到达底特律，面试的时间是在星期一。晚饭后，他一个人躺在旅馆房间内，辗转反侧想了很多。突然间，他感到一种莫名的烦恼：自己并不是一个智商低下的人，为什么至今依然一无所成，毫无出息呢？

他取出纸笔，写下了这些年来自己好友的名字，这些人薪水比自己高、工作比自己好。其中两位曾是他的邻居，现在已经搬到高级住宅区去了，另外两位是他以前的老板。他问自己，难道自己不如他们吗？到底哪里不对？经过很长时间的反思，他终于悟出了问题的症结——自己性格情绪的缺陷。在这一方面，他不得不承认比他们差了一大截。

虽然已是深夜3点钟了，他还是睡不着，他发现自己有很多缺陷，如爱冲动、自卑、不能平等地与人交往，等等。

整个晚上，他都坐在那儿自我检讨。他发现自懂事以来，就是一个极不自信、妄自菲薄、不思进取、得过且过的人；他总是认为自己无法成功，也从不认为能够改变自己的性格缺陷。于是，他痛下决心，一定要改正。

第二天早晨，他满怀自信地前去面试，顺利地被录用了。在他看来，之所以能得到那份工作，与前一晚的感悟以及重新树立起的这份自信不无关系。

在走马上任的两年内，凯斯特逐渐建立起了好名声，人人都认为他是一个乐观、机智、主动、热情的人。在后来的经济不景气中，每个人的情绪因素都受到了考验。而此时，凯斯特已是同行业中少数可以做成生意的人之一了。

生活中的人，你也应该把自己历练成一个自信、勇敢的人。我们发现，那些成功者在成功前，都曾受到过冷落和轻视，但是有自信的人，却能够看淡这一切，继续走自己的路，没有人不是经过一番努力，才能获得成功；“天下没有免费的午餐”，更没有“不劳而获”的果实，重要的是，你要有自信，并且相信自己。

可见，“自信”是力量，是一种涵养，一种品质。只要你有自信，哪怕你身处险境，也能平静而坚强地面对一切，面对人生。然而，生活中的一些人，他们却因为自身存在的某些缺点而自卑，甚至把自己人生的主导权交给他人，不难想象，这样的人会有什么大作为。当然，要获得自信的方法无外乎掌握一项他人所没有的技能，这就需要我们努力学习。这个过程也许是痛苦的，但只要我们不放弃，就会获得成效。

华裔女主播宗毓华曾说过：“不要怀疑自己的才华”，她之所以能够以一名华裔女子跻身在人才济济的美国电视圈，受到大众的肯定和喜欢，就是凭借她的才华和自信。的确，只有自己相信自己，才能在挫折连连的时候努力走出自己的路，不因别人而放弃自己，没有任何人可以放弃你，除非你先放弃了自己。

从这里，我们发现，每一个人，都应该学会提升自己，这是保持思维活力的最佳良方，为此，你一定要树立终生学习、随时学习的理念，要善于发现身边值得学习的东西。因为提升自己不一定要脱离现在的工作，更没必要脱产走回学校。因为年龄、经济等条件不允许，我们不可能再走回纯粹的学生时代。随用随学，做有心人，留心身边的人和事，学会随时发现生活中的亮点，并注意总结别人的成功经验，拿来为自己所用，这可能是生活和工作中能让自己进步得最快的一招。

总之，我们要做一个上进的人，要不断扩大自己的视野和知识领域，并能有所收获。我们要把学习当成一生要做的功课，这样才有助于塑造一个心智丰富且具有良好的世界观的聪明人。

行事前先排除负面情绪

如果你想在某个领域有所成就和突破，你首先就要克服以下问题：性急、焦虑、包括复仇在内的报复欲、情欲等。只有将这些负面情感的问题排除出去，你才能静下心来做事。否则，你所有的计划都将化为泡影。——《漂泊者及其影子》

从尼采这段话中，我们可以得知，那些日常生活中看似无关紧要的小情绪实际上是影响我们做事成功与否的关键因素，因此，我们在行事前最好先排除这些负面情感。

的确，人不可能永远处在心想事成之中，生活中既然有挫折、有烦恼，就会有消极的心态和情绪。一个心理成熟的人，不是没有消极情绪的人，而是善于调节和控制自己情绪的人。而自我激励，是用理智控制不良情绪的又一良好方法。恰当运用自我激励，可以给人精神动力。当一个人在困难面前或身处逆境时，自我激励能使你从困难和逆境造成的不良情绪中振作起来。

然而，生活中，许多人一陷入困境，就变得消极、悲观，甚至一蹶不振，其实，并不是困难打败了我们，而是我们自己打败了自己。其实，我们要暗示自己，困境是另一种希望的开始，它往往预示着明天的好运气。因此，你只要放松自己，告诉自己希望是无所不在的，再大的困难也会变得渺小。这样，你也就能挣脱低落情绪了。

美国亿万富翁、工业家卡耐基说过：“一个对自己的内心有完全支配能力的人，对他自己有权获得的任何其他东西也会有支配能力。”当我们开始运用积极的心态并把自己看成成功者时，我们就开始成功了。

王明是一位留美的计算机博士，毕业之后，他打算在美国找工作。拿着自己的各个证书，以及一些在学校所获得的奖章，四处奔波找工作。可是，两三个月过去了，他还是没有找到合适的工作，因为几乎他所选择的公司都没有录用他，而那些愿意录用他的公司却又是自己瞧不上的。他没有想到，自己堂堂

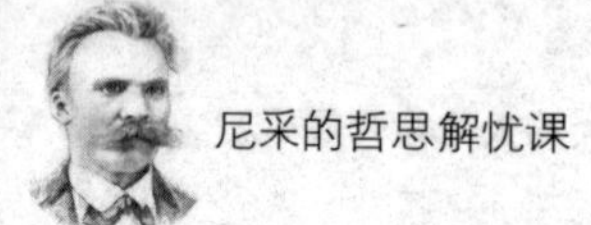

一个博士生，居然沦落到高不成低不就的尴尬处境。思前想后，他决定收起自己所有的证书与奖章，以一种最低的身份前去求职。

没过多久，他就被一家公司录用为程序输入员，这份工作相当简单，对一个博士生来说简直就是大材小用。但王明并没有抱怨什么，即使是最简单的工作，他依然干得一丝不苟。这样干了一个多月，上司发现他能迅速看出程序中的错误，这可是非一般的程序输入员能相比的，这时候，王明向上司亮出了学士证，上司知道了他的能力，马上给他换了一个与大学毕业生相对的专业。又过了一个月，上司发现他经常能够提出一些独到的有价值的见解，远远比一般大学生要高明。这个时候，王明又亮出了硕士证，上司又立即提升了他的职位。又过了一个月，上司觉得他还是跟别人不一样，就开始有意识地质询他，这时候，王明才拿出了自己的博士证，上司对他的能力有了全面的认识，毫不犹豫地重用了他。

当王明陷入了找工作的困境，他放弃了自己的所有证书，以一种最低的身份去应聘，并获得了一份工作。我们可以想象，一个有着博士学历的人，委身于一个普通的职员，那该是多么地隐忍。但王明忍耐了下来，他在等待机会，终于，老板开始发现他深藏不露的能力，渐渐地重用他，最终他获得了自己应有的位置和价值。

可能很多人会产生疑问，如何才能具备积极的心态呢？其实，自我暗示法能使你从困难和逆境造成的不良情绪中振作起来。当坏心情降临时，你可以用某些哲理或某些名言安慰自己，鼓励自己同痛苦、逆境作斗争。自娱自乐，会使你的情绪好转。

比如，当你遇到了困难，正想放弃时，你可以告诉自己：“我是最棒的，我一定能重新站起来。”“别发火，发火会伤身体”。

另外，语言也是激励自己最好的工具，语言是影响情绪的强有力工具。例如，你悲伤时，朗诵滑稽的语句，可以消除悲伤。

总之，无论我们遇到什么事，我们不要让消极心态有机可乘，要拒绝受控。一旦被消极心态袭击时，就要立刻自我保护，提醒自己它只不过是借软弱打倒理性的纯粹思维惯性而已，你便能歼灭那些消极心态。

第 10 章

幸福来临时，不必彷徨，用心珍惜

诚然，爱情是世间最美好的事物，千百年来，对于爱情的各种故事也被广为传诵，我们每个人都渴望有一个深爱自己的爱人，都渴望能与之携手走完一生。然而，相爱容易相处难，要经营好婚姻和爱情，更需要理智，无论遇到什么问题，你都要掌握好自己的情绪，理性分析，只有这样，你才能平息争端、掌握主动，才能让你与爱人的关系在磨合的过程中更亲密、融洽而快乐。

只有忍耐，才能产生爱

我们现在所爱之物，刚开始时都并不是熟悉的，相反，我们只有经过了忍耐陌生的过程，才会产生亲近之感。无论是工作、学习、朋友还是我们的爱人，都是如此。——《快乐的知识》

这段话中，尼采告诉了我们获得爱的关键因素之一——爱是在逐渐认知和了解的过程中产生的，这需要忍耐，所以，我可以说，只有忍耐，才会产生爱。

的确，爱情是人世间永恒的主题，我们每个人都希望找到真爱，都希望找到能陪伴自己一生的爱人，但这并不是一蹴而就的，人与人之间都要经历相遇、相识到相知，我们不可能一步到位地了解一个人，因此，对于陌生的爱人，我们一定要有耐心，给足对方时间和机会，绝不可太过草率。

的确，任何一个人，都希望自己爱情顺利、婚姻幸福，但我们总是会遇到一些不和谐的因素，此时，就需要男女双方共同努力、共同经营。

具体来说，需要我们做到：

首先，我们要有耐心去了解你的爱人，这其中包括性格、爱好、兴趣等方面。

可能你也曾经有这样的感触，当你和爱人吵完架后，你会对对方说："你又不是不知道我，我是刀子嘴豆腐心。"其实，这都是缺少了解的典型表现。了解对方，就能理解对方的一些行为、语言等。比如，如果你的妻子性格直爽，那么，她就是容易相处的，但也容易发脾气，如果你了解这一点，你自然

会在吵架的时候让着她一点儿，毕竟，在平时的生活中，她还是那么活泼可爱的。

其次，别过早地下结论。

比如，有一天，你和你的爱人说话，而对方却悄无声息。遇到这种情况时你可能会想："他这是什么意思？不尊重我吗？还是对我有意见？"其实，对方很可能在专心地想一件事，或因为眼睛近视而没有注意到你而已。

最后，包容你的爱人。

毕竟，人无完人，我们爱上的那个人也是如此，所以，我们需要包容。

的确，无论是爱情还是婚姻，说白了就是两个人如何相处，而最好境界的相处之道莫过于宽容，宽容一点儿，你会发现，呈现在你眼前的，都是美好。

既要包容爱人的优点，又要包容爱人的缺点。这样的爱应该很无私，也容易让人感动，但这样的爱却容易失去自己的个性。如果失去了自己的个性，也就意味着失去了原来吸引人的魅力。当一个人没有了自己的个性魅力，也就意味着没有了欣赏。没有了欣赏仅靠一份感动，这份爱情还能维持多久？

恋爱中的人是幸福的，但也是盲目的，可能在婚姻和爱情的磨合期中，很多人都想努力改造对方，让对方变得完美，一旦对方犯了什么错误，就把这段辛辛苦苦经营的爱情打进地狱，这是爱情痛苦的根源，但我们要知道，尘世中的哪一种生活都称不上完美，不求完美，不较真，我们的心中便会多一份坦然一份满足，换言之，也就是多了一份幸福。

的确，爱人之间难免有碰撞、有摩擦、有矛盾，或许对方根本就是无意，或许对方有难言之隐，退一步天地宽，不妨试着置之一笑，给别人也给自己一次机会，也许会有意想不到的收获。而对于那些在你看来不能原谅的错误，你要相信，爱人是可以改变的。若要改变别人，须先试着改变自己。不要总是认为江山易改，本性难移。有时候，只要有信心，人是可以改变的。或许是为了友情，或许是为了爱情，又或许是为了亲情。要用发展的眼光看待他人，尤其是对于相爱的人。也许你无法容忍对方的一些毛病，如果你爱着对方，就给他机会去改变。但是，严格要求对方的同时，也要严格要求自己，对于自己的一些为对方所不能容忍的毛病，一样要加以改正。永远不要严于待人，宽于待己。这样做会让对方伤心，失意。

其实，无论是爱情还是婚姻生活，都是需要我们经营的，相爱的双方能够走到一起肯定是因为对方有某些方面吸引了自己，或者有某些方面与自己有相同的一面。但牙齿与舌头同处一口，也有打架相咬的时候，男女双方也不是任何时候都保持高度一致的，有时甚至在人生观、价值观等大的方面都有可能左右相持。对此，我们都要忍耐，这是一个磨合的过程，经过这个过程，就会收获满满的幸福。

爱与希望是生命的种子

致年轻人：你向往自由的高处，这着实令人欣慰，但年轻的人，也必将面临很多危险，但我也殷切地希望，你永远都不会舍弃爱与希望。请你永远将希望的最高峰，视作最为神圣之物。——《查拉图斯特拉如是说》

尼采这段话是要告诉我们尤其是那些年轻人，在追求梦想的过程中，我们无论何时都不能放弃希望。生活中，人们常开玩笑说：“梦想很丰满，现实很骨感。”的确，我们每个人来到这个世界上，都想在这个世界上留下点什么，我们都历经了艰辛，困难，挫折，失败变得沮丧变得没有自信，从而放弃了原本的努力和追求，我们是如此地无奈。但是，成功的能有几个，大部分人都是碌碌无为地、平凡地度过这漫长的一生，只是我们每个人都有着属于自己的梦想，但是为了生活，为了生计，却与当初的梦想背道而驰。这应该是大部分人的成长轨迹。

在很多渴望成功的人眼里，石油大王洛克菲勒也是他们学习的榜样。他能从一无所有到拥有现在的商业帝国是一个传奇，但事实上，这却是他持之以恒、积极奋斗的回报，是命运之神对他艰苦付出的奖赏。他曾经对自己的儿子说过这样一句话：“我们的命运由我们的行动决定，而绝非完全由我们的出生

决定。”生活中的我们也需要记住，一个人的命运如何，是掌握在自己手里的，出身只能决定我们的起点，不能决定我们的终点，对此，洛克菲勒的人生轨迹可以加以证明：

幼年时的他就开始随着父母过着漂泊不定的生活，他们总是搬迁。到他11岁时，父亲因一桩诉讼案而出逃。此后，年仅11岁的洛克菲勒就担起了家里生活的重担。

后来，对知识的渴望，让他在商业专科学校学习了三个月，在学会了会计和银行学之后，就辍学了。

出了学校的洛克菲勒，刚开始在休伊特·塔特尔公司做会计助理。在工作中，他始终不忘学习。每次，当休伊特和塔特尔讨论有关出纳的问题时，洛克菲勒总是认真倾听，从中汲取知识。另外，洛克菲勒在这家公司从业期间，为公司带来不少效益，赢得了老板的赏识。

洛克菲勒很细心，每次在公司交水电费时，洛克菲勒都要逐项核查后才付款。而老板只看总金额，这很快便让洛克菲勒取得了老板的信任。

又有一次，公司高价购买的大理石有瑕疵，洛克菲勒巧妙地为公司索回赔偿。休伊特很欣赏他，就给他加了薪。

后来，洛克菲勒从一则新闻报道中得知由于气候原因英国农作物大面积减产。于是他建议老板大量收购粮食和火腿，老板听从了他的建议。公司因此而获得了巨额的利润。

成绩斐然的洛克菲勒要求加薪，但遭到了休伊特的拒绝。于是，洛克菲勒决定离开公司自己创业。洛克菲勒只有800美元，而创办一家谷物牧草经纪公司至少也得4000美元。于是他和克拉克合伙创业，每人各出2000美元。洛克菲勒想办法又筹集了1200美元，才凑够了2000美元。这一年，美国中西部遭受了霜灾，农民要求以来年的谷物作抵押，请求洛克菲勒的公司为他们支付定金。公司没有那么多资金，洛克菲勒从银行贷款，满足了农民的需要。经过一年的苦心经营，获利4000美元。

而如今，洛克菲勒中心的53层摩天大楼坐落在美国纽约第五大道上。这里也是标准石油公司的所在地。标准石油公司创立之初（1870年）仅有5个人，而今天该公司拥有股东30万，油轮500多艘，年收入已达五六百亿美元，可以说，这里的一举一动牵动着国际石油市场的每一根神经。

洛克菲勒的人生就是从一个周薪只有5美元的簿记员开始的，但经过不懈的奋斗建立了一个令人艳羡的石油王国。洛克菲勒的成功并不是一个神话，他只是更懂得用行动和智慧来经营人生，他有一双发现机会的慧眼。他从为别人打工开始，就显示出了与众不同的智慧。

这个真实的故事再次使我们坚信：一个人的内心中如果在年轻时就树立一个目标，并坚持不懈地为之努力，那么，他一定会是一位成功的人。

事实上，成功和失败之间的区别在于心态的差异：成功者着意亮化积极的一面，失败者总是沉迷消极的一面。心态是个人的选择，有成功心态者处处都能发觉成功的力量。一个人有了积极的心态，成功就变得容易了。

上帝赋予我们聪明的头脑和坚实的肌肉，不是让我们成为失败者，而是让我们成为伟大的赢家。伟大的人生就是征服卓越的过程，我们必须向这个目标前进，不怕痛苦，态度坚决，准备在漫长的道路上跌跤。总之，在追求梦想的过程中，无论我们遇到什么，都一定要振作起来！学会用积极的眼光看待问题，你就能看到阳光，看到希望。

爱情里需要谦卑的心态

无论是男是女，都会站在自己的角度考虑问题，都认为自己应该得到更多的爱，也因为此，他们常常会争吵。他们总认为自己更优秀，都沉浸在一种自恋之中。——《人性的，太人性的》

曾经有人说：“爱情里需要谦卑的心态”，其实，这正是尼采要告诉我们的道理，我们总认为自己可以得到更多，总认为现在的爱人有太多的缺点，总是高高在上、颐指气使，而正是因为这样的心态导致了接连不断的争吵，甚至

让我们的感情产生危机。

有句俗话说："婚姻如饮水，冷暖自知。"每个人都会步入婚姻的殿堂，和另一个人开始过一种新的生活。但正如钱钟书先生的《围城》中所描述的：围在城里的人想逃出来，城外的人想冲进去。的确，相爱容易，相处难。

生活本就是烦琐的，每天油、盐、酱、醋、茶，自然少了婚前的激情与浪漫。彼此之间更是认为婚后就应该好好过日子，一回到家，便认为可以好好放松了，哪里还在意自己的形象。于是，什么缺点都暴露无遗，悠然地享受着对方的奉献与付出，似乎是理所当然，顺理成章的事。生活的平淡，心里慢慢的感觉失去了很多，付出了很多，而往往得不到对方的理解与珍惜。日积月累，开始有怨恨之心，面对生活的种种不如意，失落在心中一点点地聚积。

于是，责备与争吵便开始了，矛盾便产生了。夫妻双方总是认为自己付出的多，得到的少，于是，就会感觉到失望。而失望后，又会不停地抱怨，慢慢的失去了耐心，慢慢的灰心。为了孩子、为了家庭、为了自己的名声、凑合着过完下半辈子。

有这样一个事例，两对夫妻组合打羽毛球，理所当然地应该是两位先生各自搭配自己的太太。奇怪的是，夫妻同一组打球，经常会以吵架收场，男的指责女的，女的指责男的，两个人互相埋怨，气得无法再打下去。这时候，裁判员建议他们换搭档，即各自的太太换到对方那一边去，去当"敌人"继续打球。效果如何？通常这么调换之后，两边无不"杀"得兴高采烈，满场沸腾。

其实，人们总是习惯于对自己身边的亲人过分苛刻，把宽容和客套留给了外人。婚姻中也是如此。丈夫或妻子可以对外人客客气气的，可以宽容别人对自己的伤害与过错，却不肯容忍自己的爱人犯一点点的错误，哪怕是这点点的错误根本不值得一提。其实，宽容别人，就等于给了自己一个新的机会。想一想，生活在这竞争激烈的社会中，人们真的很不容易，现实的压力，生活的压力……源源不断地涌过来。对哪个人好都不如对自己的爱人好。当你遇到挫折时，是你的爱人安慰你、容忍你，任凭你发泄。当你深夜不归时，是你的爱人在担心你、惦记你。当你生病起不来时，是你的爱人嘘寒问暖、床前床后地照顾你。只有你的爱人，无论你曾经用多么重的话伤过他（她），曾经让他

（她）感到多么心寒，他（她）却一如既往地关心你。所以，还是珍惜身边的人，好好经营婚姻，学会宽容。

如果退一步，多想对方的好，少想对方的坏，多一点儿宽容，少一点儿责备。那么，情况是不是会好很多呢？比如，如果你发现对方一脸不高兴，那么，他（她）可能是在工作上遇到了什么不顺心的事，可能是被上司训斥了，也可能是身体不舒服，而并不是因为你。那么，你不妨为他（她）端上一杯咖啡，对他（她）笑一笑，那么，得到了你的安慰，他（她）的心情一定会好很多。

两个人因为爱走到一起，就要懂得为爱付出。对待爱人宽容一点儿，你会发现，生活会有所不同。允许自己所爱的人有自己的独立空间，爱他（她）就是连他（她）的缺点一起包容。没有了心中的不忿，没有了怨恨的眼神，你会发现家里充满了温馨，和谐的气氛是那样地美好，你会发现生活有了很大的改变。

当然，有这样一句妙语："婚姻是唯一没有领导者的联盟，但双方都认为他们自己是领导。"之所以这样说，就是因为婚姻需要夫妻双方共同的经营。两个性格、成长环境不同的人走到一起，就必须要做到互相包容。很多夫妻之间，正是因为个性冲突而亮起了红灯，爱情如水，婚姻似杯，当爱情沉淀的时候，当婚姻出现了波折，我们该轻轻地摇摇杯子，用理解和包容来沉淀。

有人说，婚姻是最好的课堂，的确，婚姻能让我们学会很多东西，其中最重要的莫过于爱和包容。因此，任何一个身处婚姻中的人，都要懂得用美的眼光审视婚姻，审视与他们同甘共苦的爱人，更要学会在淡了的茶水中品一种淡然的清香，学会在平淡的过程中品味婚姻的馨香。

渴望被爱之前请努力提升自己

现在的你，是不是在等待爱情的降临？是不是相信那个合适的人你终究会

出现？你是不是等了很多年？你是不是希望那个人深爱着你？再没有比这更自以为是的了。在这之前，请问一问自己，我已经是一个好人了吗，我是不是值得让更多的人喜欢自己？——《人性的，太人性的》

这里，我们能提炼出尼采关于爱情的一个重要观点——在渴望被爱之前，我们首先要做的就是努力提升自己，让自己变得更美好，更优秀，才会有更多的人喜欢你，那些被众人所厌恶的人，又怎么能指望他人爱你呢？爱情应该是一种很美妙的东西，因此才会有那么多的人不断地追求与向往。爱情也应该是人世间最美好的一种情感，所以才会让人品味到一种难以言明的幸福。爱情应该有超强的磁力，所以人们不惜耗尽一生的精力去追求这种至纯至美的爱情。然而，要得到他人的爱，我们是不是应该先做一个受人欢迎的人呢？

从古至今，爱情就被那些文人墨客浅唱低吟得经久不衰。行走之间，见惯了那些痛彻心扉，刻入骨髓的情爱。不知是哪一位哲人发出了一声慨叹：面对爱情，很多人都成了智障患者，我们似乎都无法玩转爱情，但我们一定要明白，关有爱还不够，还需要我们悉心的呵护与付出，不懂得付出爱的人，同样收获不到爱。其中重要的一点付出就是提升自己。在我们自身获得提升的同时，才能以最佳的状态迎接我们的爱人和爱情。

不难发现，生活中的一些人，他们总是做着各种美丽的爱情梦，女人们希望自己遇到白马王子；男人们也一直在等待着自己的梦中女神，但事实上，最终，他们遇到了吗？如果你不变成更美好的自己，又怎么可能遇到美好的他（她）呢？

可能我们很多人都忽视了一点，想要感情长久只靠单方面的付出和努力是远远不够的，感情是相互的，不是你付出多少就会得到多少。爱一个人不是看他（她）能给你多少，而是看他（她）是不是有多少就给多少！因为爱情本来就是不相等、不公平、甜蜜、痛苦的。

1.爱情永远是不相等的

对于两个相爱的人来说，总会有一方比另一方爱得要更多一些，不必过于计较他（她）为你付出了多少。

2.爱情永远是不公平的

对于单恋的人来说，即便是对方不爱你，你依然会甘心为他（她）付出一切你所拥有的，越是得不到就越爱，只不过你爱的人不爱你。

3.爱情永远是甜蜜的

对于两个相爱的人来说，在一起总是那么的开心、那么的甜蜜，即便是偶尔吵架，伤心地流着眼泪也会不停地想念他（她），和好之后就更加珍惜。

4.爱情永远是痛苦的

对于两个相爱而不能在一起的人来说，在一起是那么的幸福，然而幸福和开心只是短暂的，最终还是会分开，只因为遇到的时间不对。

我们都知道，新闻集团总裁鲁伯特·默多克的第三任妻子，MySpace的中国负责人——邓文迪。她曾经说："我是一个进取上进的人，无论做什么都会尽心尽力。人生充满了跌宕起伏，不管是顺境还是逆境，我都会找到美好的东西，使生活尽可能地完美。"我们来看看她的人生历程。

可以说，邓文迪是成功的，同龄女人想要的，她都得到了：豪宅、名车等，更重要的是，她得到了自己的幸福，遇见了自己的爱人，尽管她和默多克最终离婚的这一结局令很多人叹惋，但至少她的经历告诉我们，努力充实自己，做最好的自己，才能受人欢迎，也才会遇到自己的爱人。

当然，"没有最好，只有更好"，我们不可能十全十美，我们的爱人也不可能十全十美，但我们应该有一个追求完美的心态。"取法其上，得其中也；取法其中，得其下也；取法其下，不足道也"。只有与时俱进，以高标准的要求来要求自己，才会逐渐完善自己。

别用约定来控制爱情

爱无法用约定来控制。因为行为能够约定，但爱的感觉不行。不过，正是因为爱来自这种感觉，才让爱成为美的化身。人们爱的，也就是这种行为本

身。——《人性的，太人性的》

这段话，尼采告诉了我们关于爱情的正确态度：相信感觉、顺其自然、不可强求。因为爱是一种缘分，佛说前生千百次的回眸换来今生的擦肩而过。人生匆匆，聚散离合，我们会遇到各种难以言喻的情况，我们常常将之归为缘分。那么，对于爱情中的离合聚散，我们也应该做到随缘，“有缘即住无缘去，一任清风送白云。”人生有所求，求而得之，我之所喜；求而不得，我亦无忧。若如此，人生哪里还会有什么烦恼可言？苦乐随缘，得失随缘，以“人世”的态度去耕耘，以“出世”的态度去收获，这就是随缘人生的最高境界。

生活中，很多人经常充当情感的导师，当周围的朋友遇到阻碍，即将放弃的时候，他们常常会对他说坚持到底，坚持就是胜利等，但实际上，并不是所有的坚持都会等到最终的胜利，无谓的坚持就是执念。

任何人，只有结束不适合自己的恋情，才是一种解脱，才能给自己机会，重新寻找新的幸福。

他是一名大学教师，已经三十好几的他，还没有找到对象，家里急了，他自己也急了，于是，在朋友的介绍下，他认识了在某事业单位的她，见面之初，他们都对彼此的谈吐很中意。很快，在所有的亲朋好友的祝福下，他们结婚了。

但真当他们成为夫妻后，才发现彼此在很多问题上存在很大的分歧，于是，他们经常吵架，没有一天是安静的。最终，刚结婚半年的他们，就决定离婚。但令周围朋友奇怪的是，离婚后的他们反倒关系好了，彼此间遇到什么麻烦事，对方总是出手相助。他开玩笑地和朋友说：“可能是婚姻束缚了我们吧。”

的确，正和故事中的男女主人公一样，当爱情不存在的时候，如果我们还死死抓住，不肯放手，那么，只能伤人伤己，而适时放手，则是一种解脱。因此，分手，失恋，都不必太在意，因为昨天即使再美好，也必将成为过去，今后还有很长的路要走，更重要的是过好今天。

生活中，常有人会有这样的感慨和迷惑：“为什么他（她）不喜欢我了？”“为什么要离开我？”“为什么会是这样？”若从随缘的角度看，不喜欢不需要任何理由，喜欢也不需要任何理由；理解不需要任何理由，不理解也不需要任何理由。缘分就是缘分，不需要任何理由。随缘不变，则是不违背真理。庄子妻死，他知道生死如春夏秋冬四季的变化运行，既不能改变，也不可抗拒，所以他能“顺天安命，鼓盆而歌”。因此，新时代的人们，不妨学学庄子的洒脱，坦然面对爱情带来的悲欢离合，经历成长，继续在美好的人生路上轻舞飞扬。

你对佛说：“为什么属于我的爱我得不到，为什么让我那么悲伤。为什么执着的我那么受伤害。”佛说：“有一些东西本不该属于你的，有一些东西只要你曾经拥有过，就应该叫作幸福。因为有一种爱叫作放手。”

其实，在我们的生活中，有一些东西是不属于我们的，就如道路两边的行道树，只能远远地相望着，永远不能牵手。其实远远地相望也是美丽的，美丽的欣赏，美丽的相望，美丽的祝福，这就是爱。这种爱就叫作放手。

生命本身就不是一场完美的戏剧，它始终有缺憾，它给你带来些什么，也会带走些什么，但无论怎样，你都应该潇洒一点儿，那场无可挽留的爱，你就当是空中划过的一道美丽的彩虹，你要学会在自己的情绪里寻求解脱，只要你愿意，你可以勇敢地对已经逝去的彩虹说声“再见”，也可以把一切恩怨化作岁月的云烟，于前行里轻松地追逐梦想和信念，只要能坦然面对人生的得失，又何必在乎缘分的深浅和长短？

真正的潇洒就是看得开一切，因为计较得太多就成了一种羁绊，迷失得太久便成了一种负担。不必太在意，拥有时珍惜，失去后不说遗憾；过多地在乎将人生的乐趣减半，看淡了一切也就多了生命的释然。

漫漫的寒夜终会过去，怀揣一份轻松和坦然，生活便会少一些烦恼和忧愁，该珍惜的就珍惜，该放手时就放手，如果将一切都看淡了，那么人世间也就没有什么可以让你耿耿于怀的事了。

当你对于结婚踟蹰不定时要知道的问题

即将面临是否要结婚的抉择时，如果你踟蹰不定，那么，请问自己一个问题，再过几十年，等到八九十岁时，你们是否还会相谈甚欢？——《人性的，太人性的》

这里，尼采为生活中那些为在结婚前有疑虑的人指明了一条出路——是否有共同语言与沟通欲望应该成为我们决定的重要因素。

古今中外，关于幸福，人们有很多的理解：对一门心思敛财的葛朗台，拥有如山的金币大概就是他最大的幸福吧。但当他年老力衰、甚至生命垂危之时，他仍念念不忘他的金子时，这样的幸福是多么可悲。当中国的封建学子们以“洞房花烛夜，金榜题名时”为人生的最大幸福，并且为之奋斗终身时，我们亲眼看到了无数个吴敬梓笔下的范进中举之后喜极而疯的场面，幸福就是如此吗？其实，真正的幸福是与自己相爱、合适的人厮守终生。在爱情中，幸福很简单，只要我们懂得发现，懂得珍惜，幸福就很简单。

然而，所谓珍惜并不是要去珍惜最好的。珍惜的真谛恰恰在于敝帚自珍，正因为不够完美，所以才需要我们去珍惜。唯有珍惜，才能使寻常的日子，寻常的人，寻常的感情历久弥新，变得珍贵起来。

莉莉是个都市白领，有着迷人的相貌、令人羡慕的工作，但已经到了适婚年龄的她也开始着急了，家里长辈们也开始催促她了。她最近也很苦恼，这天，她来到闺密这儿诉苦，她说有个不错的男人喜欢她，是大学同学介绍的，对她很不错，每天下班后都在楼下等她。但就是有个不足的地方，这个男人家境很不好，而且，才毕业不久，看他现在的情况，近期也不可能发财。听到莉莉这么说，朋友倒说，这有什么可烦的？有人爱就是一种幸福。要是怕看走了眼，就先处着看看，不行再分也不迟。

后来，莉莉又支支吾吾地说，其实，还有个男人也在追自己，只不过年纪稍大，但经济基础好。朋友对莉莉说，这有什么好纠结的，又没人把刀架在你

脖子上，接下来，莉莉说，这个年纪大的男人已经暗示自己，想赶紧成家。

看到莉莉迟疑的样子，朋友问她，那么你到底更爱谁多一点儿呢？

她答，其实，女人自然是想嫁一个自己爱的男人，但爱能当饭吃吗？然后，她说，她更喜欢第一个人，但一旦和这个人恋爱，恐怕要遭受到周围很多异样的眼光，因为无论是周围的朋友还是亲人们，都认为，以自己的条件，是完全可以找到更好的。

于是这位朋友弄明白了她的苦恼——原来她更在乎周围人的眼光而忽视了自己的内心。

几个星期后，这位朋友就收到了莉莉的结婚请柬，而新郎则是这个年龄稍大的有钱人。

这个故事中，我们不能嘲笑莉莉势利，女人嘛，谁不想嫁得好一点儿？但幸福是自己的，我们不必太过在意周围人的眼光。这就如同人们常说的："如人饮水，冷暖自知。"我们不能把自己的意识形态强加于别人，当然也不会轻易接受别人的思维。人是群居动物，不是特立独行的，那些"标新立异"的，最后成功的只可能是极少数，且这样的成功都是用很大的代价换取的。而与其这样，我们还不如享受自己的那些简单的幸福。

那么，什么样的配偶才是合适的人呢？

我们可能都有这样的体会：你的一个朋友买了一件很漂亮的衣服，他穿起来很好看，于是，你也想买一件，但在你试穿后，你却发现，这件衣服再好看，却不适合自己的气质，你只能放弃……这只是生活中的一个简单的道理，但从这件小事中，我们不难得出一点：适合自己的才是最好的。其实，在择偶这一问题上，我们也应获得启示，绝不可因为周围的人已经进入婚姻，而草草结婚，只有寻找到与自己有共同语言、相谈甚欢的人，我们才有可能经营出幸福的婚姻和人生。

新时代的人们，我们都应该有一颗独立自主的心，都能更明智地选择自己的配偶乃至人生，更加理智地去看待身边的人或事情，从而让我们的生活更加和谐，更加美好！

第 11 章

职场如战场，从容应对职场的暗潮汹涌

现代社会，任何一个人，一离开学校，就要进入社会，踏进职场，就要与周围的人打交道，而我们看待工作的态度，抱着怎样的心态与他人打交道，都决定了我们是否能在职场顺风顺水。不少人常感到工作疲惫，常常抱怨工作和同事、缺乏热情，这些都是因为我们没有调整好自己的状态，为此，我们不妨将哲学大师尼采的哲学观点带入工作中，以此来提升工作热情，获得他人的接纳和支持，从而顺利推展工作大计！

人生短暂，要积极生活

人生在世，死亡是终结点，因此，积极生活最重要。时间有限，我们能做的，应该是努力向前，要珍惜眼前的机遇。还是把叹息与呻吟留给歌剧演员吧。——《权力意志》

这里，关于生命，尼采的认识是，既然我们无法改变终有一死的结果，我们不如全力向前，珍惜短暂的时间。的确，生命是短暂的，我们与其空嗟叹，不如抓紧时间、珍惜当下、充实好现在，那么，你收获的就不只是实力，还有一份淡然的快乐。

生命是一个过程，不是一个结果，如果你不会享受过程，结果是什么大家都知道。生命是一个括号，左边括号是出生，右边括号是死亡，我们要做的事情就是填括号，要争取用精彩的生活、良好的心情把括号填满。

怎么享受生命这个过程呢？把注意力放在积极的事情上。生命如同旅游，记忆如同摄像，注意决定选择，选择决定内容。詹姆斯巴里说："快乐的秘密，不在于做你所爱的事，而在于爱你所做的事。"工作在我们的人生中占据了大部分最美好的时光。比尔·盖茨有句名言："每天早上醒来，一想到所从事的工作和所开发的技术将会给人类生活带来巨大的影响和变化，我就会无比兴奋和激动。"

全世界最早的现代成功学大师和励志书籍作家、曾经影响美国两任总统及千百万读者的成功学大师的拿破仑·希尔深知成功就是一连串的奋斗。对此他特意讲了一个故事：

“我最要好的朋友是个非常有名的管理顾问。一走进他的办公室，马上就会觉得自己‘高高在上’。办公室内各种豪华的摆设、考究的地毯、忙进忙出的人潮以及知名的顾客名单都在告诉你，他的公司的确成就非凡。但是，就在这家鼎鼎有名的公司背后，藏着无数的辛酸血泪。他创业之初的头六个月就把十年的积蓄用得一干二净，一连几个月都以办公室为家，因为他付不起房租。他也婉拒过无数的好工作，因为他坚持实现自己的理想。他也被顾客拒绝过上百次，拒绝他的和欢迎他的客户几乎一样多。就在整整七年的艰苦挣扎中，我没有听他说过一句怨言，他反而说：‘我还在学习啊。这是一种无形的，捉摸不定的生意，竞争很激烈，实在不好做。但不管怎样我还是要继续学下去。’他真的做到了，而且做得轰轰烈烈。有一次我问他：‘把你折磨得疲惫不堪了吧？’他却说：‘没有啊！我并不觉得那很辛苦，反而觉得是受用无穷的经验。’看看‘美国名人榜’的生平就知道，这些功业彪炳千秋的伟人都受过一连串的无情打击。只是因为他们都坚持到底，才终于获得辉煌成果。”

拿破仑·希尔正是希望通过这个故事，告诉生活中的人们，人生短暂，一定要努力向前。成功需要一连串的奋斗，不管遇到什么难题，不忘时刻积累经验、总结教训，做到不断学习，那么，即使失败，你也可更上一层楼，你就一定可以实现你的理想。

生活中，一些人内心焦虑，他们担心明天的生活，明天的工作，但实际上，这只不过是杞人忧天，我们谁也无法预料到明天，我们所能掌控的只有当下。而我们若想获得一个成功的人生，不仅要积累基础知识，更要修炼你的心性，心态改变命运，活好当下，全身心投入你现在的生活和工作才是基础。未来靠的是现在，现在做什么，怎样做，要达到什么目标，才能决定未来是怎样的。

为此，你需要记住：

1.养成勤奋的好习惯

如果勤奋已经成为一种习惯，那么，它也就能变成一种理所当然的事。就像习惯睡懒觉的人认为早起是痛苦的，但习惯于早起的人却把早起当作一件再平常不过的事，因为早起对于他们来说已经是一种习惯。

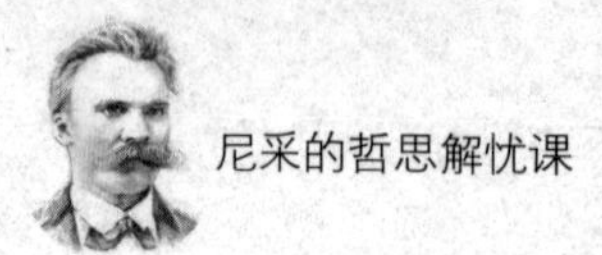

2.要有坚定的决心和持之以恒的毅力

这是老生常谈的话题，但依然重要。那么，如何做到中途不放弃？你要有良好的心态，乐观的精神和自信心。很多人选择目标后又中途放弃，就是因为觉得坚持这么久，没有成果，觉得自己学的没有用。其实，条条大路通罗马，既然选择了自己的路，就要毫不犹豫地走下去，一直在原地徘徊，犹豫不决，不知是否该前进，只能让时间白白流走而已。

3.要找到适合自己的勤奋之道，也就是方法

你可以根据自己的性格特征找到一条自己的路。比如，在看书上，每个人每天都有自己的兴奋点比较高的一段时间，你在这段时间可以看一些自己并不是很感兴趣的书籍，而在心情比较低落的时候看一些自己喜欢的书，调节一下。

4.工作学要专注

攀登峭壁的人从不左顾右盼，更不会向脚下——万丈深渊看上一眼，他们只会聚精会神地观察着眼前向上延伸的石壁，寻找下一个最牢固的支撑点，摸索通向巅峰的最佳路线。同一办法对你也能有所帮助。每逢做事情时，不要把注意力放在你面前的整个任务上，最好先拟定第一个步骤——它必须是你确信自己能完成的，尔后再拟定第二个，第三个，如此个个击破，最终达到自己的目标。

职业是我们生活中的脊柱

职业是我们生活中的脊柱。工作为我们提供生活保障，没有工作，人就无法生存。除此之外，工作还能充实我们的精神世界，让我们远离无聊和罪恶。——《人性的，太人性的》

这段话里，尼采是要告诉我们工作的重要性，工作是我们生存的手段，也

能让我们感受到快乐。

对此，我们不妨先来看下面一个故事：

很久以前，在西方，有一个人在死后来到一个美妙的地方，这里能享受到一切他曾经没有享受过的东西，包括妙龄少女和美味佳肴，还有数不尽的佣人伺候他，他觉得这里就是天堂，可是在过了几天这样的生活后，他厌倦了，于是，对旁边的侍者说："我对这一切感到很厌烦，我需要做一些事情。你可以给我找一份工作做吗？

他没想到，他所得到的回答却是摇头："很抱歉，我的先生，这是我们这里唯一不能为您做的。这里没有工作可以给您。"

这个人非常沮丧，愤怒地挥动着手说："这真是太糟糕了！那我干脆就留在地狱好了！"

"您认为，您在什么地方呢？"那位侍者温和地说。

这则寓言故事是要告诉我们：失去工作就等于失去快乐。但是令人遗憾的是，有些人却要在失业之后，才能体会到这一点，这真不幸！

对待工作，我们必须要树立正确的态度，热爱你的工作，你才会有所成就。可能很多人都会觉得自己的工作是烦琐的、枯燥的，而其实，这是因为你内心对工作的态度没有调整过来，对于工作，我们可以做好，也可以做坏。可以高高兴兴和骄傲地做，也可以愁眉苦脸和厌恶地做。如何去做，这完全在于我们。所以只要你在工作，何不让自己充满活力与热情呢？无论你现在从事什么样的工作，你都应该学会热爱它，即使这份工作你不太喜欢，也要尽一切能力去转变，并凭借这种热爱去发掘内心蕴藏着的活力、热情和巨大的创造力。事实上，你对自己的工作越热爱，决心越大，工作效率就越高。

因此，我们都要明白，工作本身并没有高低贵贱之别。在职业上也没有尊卑。当你意识到自己工作的意义、拼命劳动的时候，得到的快乐，是任何东西都不能代替的。而有人认为自己所做的工作没有意思或者讨厌它，因而挑剔工作，这样的人，一辈子都不能从事那种把灵魂都付出的工作，不能享受人生的真正喜悦。

当你抱有这样的热情时，上班就不再是一件苦差事，工作就变成了一种乐

趣，就会有许多人愿意聘请你来做你更热爱的事。如果你对工作充满了热爱，你就会从中获得巨大的快乐。设想你每天工作的八小时，就等于在快乐地游泳，这是一件十分惬意的事情！

事实上，工作不仅为我们提供了生存的机会，还让我们找到了在社会中的价值。但事实上，生活中，并不是所有人都能认识到这一点，他们经常看到，他们或因为报酬不理想而放弃现在的工作，或为了前方一个薪资更好的工作而放弃快乐；或在现有工作上“做一天和尚撞一天钟”“得过且过”，因为他们工作就是为了每月按时发放的薪水，而你想过没，你工作得快乐吗？

接下来有四个实际的步骤供你省察一番，让你反省是否知道自己在做什么。试用一点点时间来思考一下，也许你会为你所发现的真相感到惊讶：

1.保持良好的精神状态迎接每一天的工作

你要始终确立和保持不甘落后、积极向上、奋发有为的精神状态，清醒地认识自己肩负的责任，切实增强时不我待、只争朝夕的紧迫感，食不甘味、寝不安席的责任感，树立强烈的事业心和进取意识。如果把所从事的工作当成一个混饭的营生，那么，你就很难有工作积极性，也就很难做好工作。

2.不要只把注意力放在金钱上

钱是赚不够的，因此，我们不要把眼光只放在薪金的多少上，而是应该多关注自己创造的价值上，工作带给你的成就感和满足感应该超越金钱上的报酬。

3.找出你在工作上的重要价值

请记住一点：当初你为何会接下这份工作？如果这只是一份临时的工作，你是否认真考虑将来你真正想做的是什么事？然后再问你自己：因为我的投入，这份工作是否不一样？正确的价值观在个人成就感及福祉中扮演着重要角色。

检讨自己为何做现有的工作并不代表你不满意它，只是做一些自省功夫。这样的省察会使自我意识带出良性的工作成就感、加深自我实现的意志以及知道自己真正在做什么。

总之，当我们能做到为自己工作，为明天积累时，那么，你将拥有更大的

发展空间，更多的实践和锻炼的机会，找到工作中的乐趣，能够让你在工作岗位上更主动、更积极地处理各项事务，为自己不断开创新的工作机会和发展空间！

专注于手头工作让你免除其他烦恼

人们的精力是有限的，但我们专心于自己的工作时，能让我们不再担忧其他的烦恼。从这个角度来看，拥有工作也是好事一桩。——《人性的，太人性的》

在尼采看来，投入到工作中，用忙碌充实自己，是最好的摆脱痛苦的方法。

我们常说，“热情大于本领”。热情就像火种，它能点燃人身上的潜能，让人所有的智能充分地发出光来。相反，一旦失去激情，人便失去了斗志，那就不可能再取得任何的进步。工作中同样如此，然而，实际上，我们看到的是，面对平凡的岗位和琐碎的工作，我们的态度往往报以抱怨。哈佛大学商学院丹尼斯·辛莱克教授对500家公司作过一个调查，结果显示：有80%的员工视工作为苦役，而且迫不及待地想要摆脱工作的桎梏。在办公室、商店、工厂里，随处可见一些男孩散漫拖沓，似乎连走路都要费很大的劲，让人觉得，对他们来说生活是一个沉重的负担。他们厌恶自己的工作，希望一切都快些结束，他们根本就不清楚，为什么别人能充满热情，干劲十足，自己却总是觉得不管什么事情乏味无聊。

对此，我们有必要调整自己的状态，认真、专注于手头工作，才是让你免除忧虑、抱怨等负面情绪的不二法则。

小李对自己的工作充满了不满，他开始抱怨：“修理这活儿太脏了，瞧瞧我身上弄的”，“真累呀，我简直要讨厌死这份工作了”，“要不是考试中出了点儿失误，我现在都是名牌大学的学生了。做修理这活儿太丢人了”！

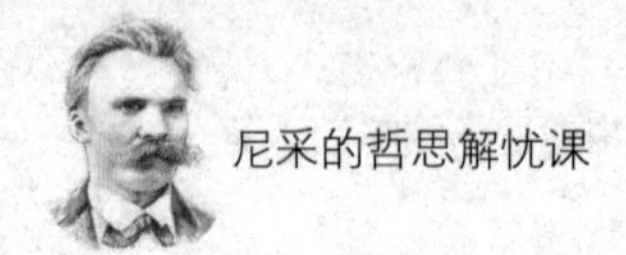

每天，小李都在煎熬和痛苦中过日子，但他又害怕失去手上的这份工作，于是，只要师父不在，他就要滑偷懒，应付手中的工作。

几年过去了，与小李一同进厂的三个工友，各自凭着自己的手艺，或另谋高就，或被公司送进大学进修，唯独小李，仍旧在抱怨声中，做他蔑视的修理工。

生活中的人们，无论你正在从事什么样的工作，要想获得成功，都要对自己的工作充满热爱。如果你也像小李那样鄙视、厌恶自己的工作，对它投注“冷淡”的目光，那么，即使你正从事最不平凡的工作，你也不会有所成就。

实际上，可以说，我们大部分人都有自己的目标，也都知道努力在目标实现过程中的重要性，但很多时候，却事与愿违，他们越是努力，越是找不到解决问题的出路，于是，他们开始怀疑自己的目标是否正确，自己是否一直在错误的道路上行进，而其实，只要我们专注于手头的事，并且做到极限的努力，你就能找到出路、看到前方的明灯。

因此，生活中的人们，当你遇到困难、为此苦恼的时候，你都要告诫自己，何必纠缠于难题呢？把精力放到工作中去吧。努力工作，你的厚度会积累起来，你会获得进步，而再当你回过头看那些难题时，它们已经不再那么难应付甚至能被轻松化解。

俗话说，“守得云开见月明”，如果仅仅因为一时的云朵遮蔽而放弃等待美好月光的机会，岂不可惜？古今中外那些成功者，也无不是绝处逢生，在关键时刻找到出路。因此，当你处于人生的低谷、陷入迷茫时，也不妨做一下最后的努力，全力以赴或许会为你带来灵感！

我们每个人，在每天结束后，都应该问自己，你做到专心于工作了吗？到底是什么让你烦恼？在今天这一天中，最低限度是必须向前跨进一步，今天比昨天，哪怕只是一厘米，也要向前推进。同时，不单单是前进一步，而且要反省今天的工作，以便明天要做一点儿改良、要找一点儿窍门。在前进一步时，同时是在改善、改进。

就这样，奔着每一天的目标去，让每一天都有所创新，就会天天前进，天天获得积累。为了达到目标，不管外面刮风也好、下雨也好，不管碰到多大的

困难，都全神贯注，全力以赴。先是坚持一个月，再坚持一年，然后是五年、十年，锲而不舍。这样做下去，你就能踏入当初根本无法想象的境地。

越是认真、拼命工作的人，就越会思索劳动的意义，思考工作的目的。的确，可能你也有这样的感慨——越是认真工作，这样的迷惑或许就越深。在面临看似无法解决的难题时，你可能会告诉自己："为什么要这么做？究竟为什么要干这项差使？"因为找不到这些问题的答案，你会陷入迷途之中，那么，此时，你不妨记住，不要痴迷于捕捉编辑的远景的幻想中，全力以赴地为今天工作，并做到锲而不舍，你便会发现很多问题会在无形中被解决。

可以说，全力以赴是一种工作态度、一种困境之中仍然能坚持不懈的精神，并且，这种精神和态度与现代社会要求创新和变通这一大方向是不矛盾的，新方法和灵感并不是一味地要求我们做到改变，很多时候，它们也是孕育在原有思路中，只是需要我们达到极限的努力。

你该如何表现自己

自我表现的含义是表现自己的力量，大致来说，我们可以将其分为三种：赠予、嘲笑、破坏，爱与尊敬是一种，而诋毁、欺凌和伤害也是一种，那么，你更愿意选择哪一种？——《曙光》

正如尼采所说的，我们都希望表现自己，以此来获得他人的肯定和认可，然而，对于如何表现自己的问题，人们所呈现出来的两种方法是完全相反的，一种是与人为善，尊敬他人，另外一种是与人为恶，诋毁、伤害他人，那么，哪一种方式更有效呢？很明显是前者。

事实上，人际之间的关系是双向的，我们如何表现自己、如何待人，对方同样也会这样对待我们，如果我们能将爱、友善、关心、热情传达给他人，我们获得的也将是他人的尊重，而贬低、诋毁他人，我们只会在无形中树立一个

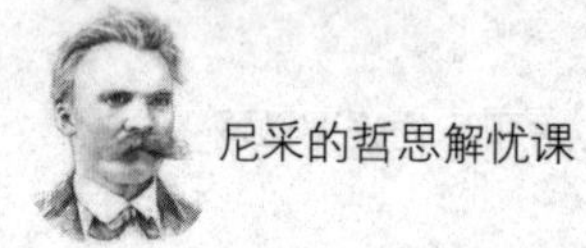

敌人，四处为敌的人，是不会走得很远的，因此，我们可以说，真正有力量的人是会用人格魅力征服别人的，而不是以强凌弱。

格兰特将军就是这样一个谦逊、心胸宽广的人。

开往费城的火车上，中途有一个女人上了车，她径自走进一节车厢，并选了一个座位坐下。这时，她对面的一个男人点燃了一支香烟，深深地吸了几口。女人闻到烟味就难受，她故意扭了扭头，轻咳了几声，想提醒对方不要吸烟。可是那男人完全没有注意到她的举动，还是若无其事地吸着。

女人忍无可忍，生气地对那男人说："先生，你可能是外地人吧，这列火车专门有一间吸烟室，这里是不允许吸烟的。"听女人这样说，男人完全明白了，他微笑着，歉意地将手里的香烟掐灭，丢到了车窗外。

一会儿，几个穿着制服的男人走了进来，他们来到女人身边，对女人说："这位女士，很对不起，你走错车厢了，这是格兰特将军的私人车厢，请你马上离开。"

女人惊悚不已，原来坐在她对面的就是大名鼎鼎的格兰特将军，她感到非常害怕。但格兰特将军没有丝毫责怪她的意思，他的脸上依然挂着淡淡的微笑，和蔼可亲地对下属说："没事，就让这位女士坐在这儿吧。"

格兰特将军的宽容赢得了女人的敬重。

生活中，我们发现，那些越是地位崇高，越是成功的人，越是心胸宽广，越是虚怀若谷。因为虚心的力量是巨大的。它既让我们的头脑保持清醒，品行不入蛮俗，又会为我们创造左右逢源的生存和成长、立业的环境。

在《新约全书·马太福音》中，有这样一句忠告："你们每个人，若不从心里宽容你们兄弟儿子犯下的过错，那天父也要这样对待你们的。"对待任何人都是如此，只有真心待人，才能赢得友谊。

"己所不欲，勿施于人"，即你怎样对待自己，也就怎样对待他人。为此，如果你想获得他人的肯定和认可。从现在起，你要努力做到以下几点：

1.主动交往，关心对方

寻求呵护是人参与交际活动的重要驱动力。在人际交往中，你若是主动关心对方，帮对方解决一些实际问题，让对方的心理需要得到满足，对方一定会

感到你对他有莫大的呵护感，因而更加信赖你，未来交际的可信度与有效度也会明显提高，对方与你交往的渴望程度也会大大增加。

2.尊重他人

其实，尊重别人很容易，尊重了别人，别人也会尊重你，即使那个人是你不喜欢的，那么请你尊重他的语言，把他的话当成“话”来对待，得到帮助说声“谢谢”，做了错事说声“对不起”，尊重他人，其实也是尊重自己。

当然，尊重与信任是分不开的。美国哲学家和诗人爱默生说过：你信任人，人才对你重视。以伟大的风度待人，人才表现出伟大的风度。在人际交往中，信任就是要相信他人的真诚，从积极的角度去理解他人的动机和言行，而不是胡乱猜疑，相互设防。信任他人必须真心实意，而不是口是心非。

3.展现你的热情

与人交往，良好印象的形成中，热情是第一个被对方感知到的品质，这也是人际交往中的心理规则。因为人们总是有这样的感觉，那些热情的人肯定会有一些其他良好的品质，如有爱心，乐于助人，对生活保持乐观态度，容易接近等，而这些都是人们在交往中希望看到的。

4.避免先入为主

在与人交往的时候，你没必要处处设防。但是有些女人似乎天生敏感、多疑：害人之心不可有，防人之心不可无。无意中，她们放大了后半句，因此产生了不信任的心理。这种不信任是人际交往的大敌，它既影响着你对好坏的判断，也会让你拒人于千里之外。

5.乐于助人

滴水之恩当涌泉相报，往往你给别人的一点友好，会换来别人的鼎力支持。作家霍桑说过：“人与人之间的互助是绝对重要的，可以关系到一个人是凡人还是巨人。”所以，聪明的人们，你要学会感情投资，在朋友落难之时，不仅要给予其物质上的帮助，更要对其表现出重视，你重视别人，才会换来别人对你的重视。

总之，我们一定要学会以德服人、以理服人、以爱关心人，形成你自己的人格魅力，自然也就能得到他人的认可和支持。

远离那些只为金钱工作的人

玩世不恭、工作不尽全力的人，他们只会为了薪金而工作，这样的人，他们的心是狭隘的，对于竞争对手，他们也会毫无根据地怨恨，对他人怀有憎恶之情。——《曙光》

尼采的这句话就是要告诉我们，我们要选择与那些努力工作的人为伍，而远离那些怠惰的人。犹太经典《塔木德》中有这样一句话："和狼生活在一起，你只能学会嚎叫；和那些优秀的人接触，你就会受到良好的影响。"在工作中，多与积极者交往，我们也会变得积极和优秀；相反，如果我们与那些只为钱工作的人在一起，我们也会失去工作热情。

然而，我们生活的周围，却到处充斥着这样一些人，他们每天带着一脸的茫然和无奈去工作，茫然地完成上级的任务，茫然地领回工资。因为他们认为，自己所做的，不过是为别人打工而已。很明显，这种消极的工作状态无论对于员工个人还是对整个组织而言，都是极为不利的。被动地应付工作，我们自然不可能投入全部的热情和智慧，也就不可能在自己的岗位上有所成就。而同时，我们深知，效率是任何管理工作的根本目的，没有工作热情的工作状态又有何效率可言呢？

相对而言，我们有必要有意识地尽量远离这些人，就算他们有别的长处，但毫无疑问，他们还是会成为你人生经历中的毒药。事实上，对世界充满抱怨的人，几乎无法在社会上立足，就连有没有其他"长处"也值得怀疑。

孟母三迁的故事就说明了环境对人的影响，我们在交友的时候，一定要学会取长补短，分清糟粕，尽量和比自己优秀的人交往，"见不贤内自省"才能进步。

孟子，名轲。战国时期鲁国人。3岁时父亲去世，由母亲一手带大。孟子小时候很贪玩，模仿性很强。他家原来住在坟地附近，他常常玩筑坟墓或学别人哭拜的游戏。母亲认为这样不好，就把家搬到集市附近，孟子又模仿别人做生

意和杀猪的游戏。孟母认为这个环境也不好，就把家搬到学堂旁边。孟子就跟着学生们学习礼节和知识。孟母认为这才是孩子应该学习的，心里很高兴，就不再搬家了。这就是历史上著名的“孟母三迁”的故事。

对于孟子的教育，孟母更是重视。除了送他上学外，还督促他学习。有一天，孟子从老师子思那里逃学回家，孟母正在织布，看见孟子逃学，非常生气，拿起一把剪刀，就把织布机上的布匹剪断了。孟子看了很惶恐，跪在地上询问原因。孟母责备他说：“你读书就像我织布一样。织布要一线一线地连成一寸，再连成一尺，再连成一丈、一匹，织完后才是有用的东西。学问也必须靠日积月累，不分昼夜勤求而来的。你如果偷懒，不好好读书，半途而废，就像这段被剪断的布匹一样变成了没有用的东西。”

孟子听了母亲的教诲，深感惭愧。从此以后专心读书，发愤用功，身体力行、实践圣人的教诲，终于成为一代大儒，被后人称为“亚圣”。

孟子的母亲因为怕孟子受到坏环境的影响，连搬了三次家，这就说明了这种榜样的作用。那么，究竟怎样学习和自省呢?

“积极的人像太阳，照到哪里哪里亮；消极的人像月亮，初一十五不一样。”和什么样的人在一起，就会有什么样的人生。和勤奋的人在一起，你不会懒惰；和积极的人在一起，你不会消沉。科学家研究认为：“人是唯一能接受暗示的动物。”积极的暗示，会对人的情绪和生理状态产生良好的影响。激发人的内在潜能，发挥人的超常水平，使人进取，催人奋进。

因此，人际交往中，如果你想提升自己的价值，有一番作为，就远离消极的人，而与积极上进的人为伍吧！否则，消极者会在不知不觉中偷走你的梦想，使你渐渐颓废，变得平庸。生活中最不幸的是：由于你身边缺乏积极进取的人，缺少远见卓识的人，使你的人生变得平平庸庸，黯然失色。

不是有这样的观念吗？“大多数人带着未演奏的乐曲走进了坟墓。”如果你想像雄鹰一样翱翔天空，那你就要和群鹰一起飞翔，而不要与燕雀为伍；如果你想像野狼一样驰骋大地，那你就要和狼群一起奔跑，而不能与鹿羊同行。与积极上进的人为伍，你就会离成功越来越近，与人接触是人成长中的重要一课，与积极向上的人为伍，所思所想、所见所闻均积极乐观，可以受到积极心

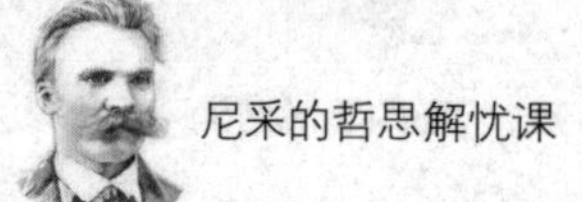

态感染，使思想开朗豁达，从而像他们一样积极地看问题，思考问题，形成正确的思维方式，养成良好的习惯！

总之，我们每个人都要明白的是，工作岗位为我们提供了广阔的发展空间，工作为我们提供了施展才华的平台。工作中，我们只有远离那些消极、玩世不恭的人，亲近那些积极奋进、怀有感恩心态的人，我们才会获得持久的工作动力。

用行动来证明你值得信赖

现代生活中，那些到处宣扬自己是值得信任的人，反而无法取得他人的信赖。因为这样的人，要么是自高自大的自恋狂，要么是因为太爱自己而认不清自我的人。因此，证明自己值得信赖的最好的办法是以行动示人。——《漂泊者及其影子》

这里，尼采向我们表明了行动在诚信建立过程中的重要性。的确，一个人只有真诚守信，才能受信于人，也才能获得荣誉。要知道，人们在社会交往中，往往以诚信来判断、决定是否与之相处和交往，巧言令色、轻诺寡信，是难以取得他人信任的。诚信是人与人之间沟通和相知的桥梁，诚信能够过滤自私和贪争，消除内心的忧痛，开阔狭窄的心胸，使亲情保持长久，友情增进纯真，爱情经受考验。然而，证明自己值得信任的唯一方法就是行动。莎士比亚有句名言：“质朴比巧妙的言辞更能打动我的心。”其实，只要我们将行动放在第一位，少说漂亮话，是很容易打动对方的。

古时候，一个偏远山区的村落里，住着一位小有名气的雕刻师傅。因为这师傅的雕刻技巧不错，所以附近一个村庄的寺庙，就邀请他去雕刻一尊菩萨的像。

可是，要到达那村庄，必须越过山头与森林。偏偏这座山传说闹鬼，有

些想越过山的人，若夜晚仍滞留在山区，就会被一个极为恐怖的女鬼杀死。因此，许多亲人、朋友就力劝雕刻师傅，等隔日天亮时再启程，免得遇到不测。

不过，师傅深怕太晚动身会误了和别人约定的时辰，即感谢大家的好意而只身赴约。走啊走，天色逐渐暗淡，月亮、星星也都出来了，这师傅突然隐约发现——前面怎么有一女子坐在路旁，草鞋也磨破了，似乎十分疲倦、狼狈。师傅于是探询这女子，是否需要帮忙，当师傅得知该女子也是要翻越山头到邻村去，就自告奋勇地背她一程。

月夜中，师傅背着她，走得汗流浃背后，停下休息。此时，女子问师傅："难道你不怕传说中的女鬼吗？为什么不自己快点儿赶路，还要为了我而耽搁时辰？"

"我是想赶路呀！"师傅回答："可是如果我把你一个人留在山区，万一你碰到危险怎么办？我背你走，虽然累，但至少有个照应、可以互相帮忙啊！"

在明亮的月色中，这师傅看到身旁有块大木头，就拿出随身携带的凿刀工具，看着这女子，一斧一刀地雕刻出一尊人像来。

"师傅啊，你在雕什么啊？"

"我在雕刻菩萨的像啊！"师傅心情愉悦地说："我觉得你的容貌很慈祥，所以就按照你的容貌来雕刻一尊菩萨！"

坐在一旁的女子听到这话，立即哭得泪如雨下，因为她就是传说中的"恐怖女鬼"。

多年前，她只身带着女儿翻越山头时，遇上一群强盗，但她无力抵抗，除了被奸污外，女儿也被杀害；悲痛的她，纵身跳下山谷，化为"厉鬼"，专在夜间取人性命。

可是，这"满心仇恨"的女子，万万没想到，竟会有人说她"容貌很慈祥很像菩萨"。刹那间，这女子突然化为一道光芒，消失在月夜山谷里。

隔天，师傅到达邻村后，大家都很惊讶他竟能在半夜中，活着越过山头。而从那天后，再也没有夜行旅人，遇见传说中的"女鬼"了。

这位师傅就是用真诚感化了这位曾经害人性命的"女鬼"，可见，真诚是

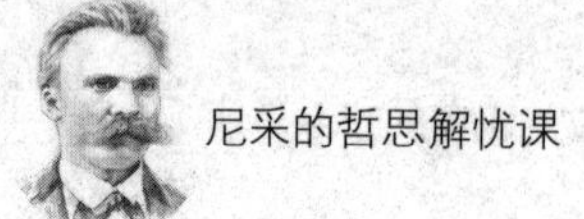

化解人际矛盾中的力量。生活中的人们，真正的大智慧不是手段，而是真诚。在商场上、职场上，我们都需要聪明，但绝不能缺少真诚。没有聪明，常常就难以想到好的办法；没有真诚，往往就会失去人们的信任，更不会得到荣誉。只有真诚加上聪明，我们的奋斗才可能是道德的，人生也才会是成功的。

“因为做人最要紧的是诚实，一个人不诚实，人家就不相信你，失信于人，就不会有威信，也就什么事情也干不成了。”这是我国伟大的历史学家司马光的父亲司马池从小对孩子的谆谆教导。守不守信用，讲不讲信义，是一个人具不具备良好人品的表现，而它的形成不是随随便便的，而是在生活实践中慢慢形成的。百尺之台，始于垒土。为此，一定要注意从小事做起，从一点一滴做起。

20世纪初，有个叫弗兰卡的意大利移民。移民后，他利用全部的积蓄开办了一间银行，但不幸的是，他却遇到了劫匪，他辛辛苦苦开始的银行事业，居然顷刻间化为乌有。

很快，弗兰卡破了产，这倒无所谓，关键是，储户失去了存款。当他带着妻子和四个儿女从头开始的时候，他决定偿还那笔天文数字般的存款。

这一举动，让周围的人很诧异，甚至有很多好心人劝他：“你为什么要这样做呢？这件事你是没有责任的。”但他回答：“是的，在法律上也许我没有责任，但在道义上，我有责任，我应该还钱。”

当然，这不是一笔小债务，偿还的代价也是巨大的，那就是三十年。三十年后，当他寄出最后一笔“债务”时，他轻叹：“现在我终于无债一身轻了。”他用一生的辛酸和汗水完成了他的责任，而给世界留下了一笔真正的财富。

弗兰卡的这种负责任的行为，曾为人类精神历史写下灿烂光辉的一笔。

三十年与自己“无关”的责任，估计很少有人能做到！而弗兰卡做到了，这就是诚信的力量。

总之，一个重视自己诚信行为、“言必行，行必果”的人，才能逐渐形成迷人的人格魅力，才能成为值得信赖的人，也才能最终得到帮助，这也会是我们一生的知识和财富。

第12章

磨难是财富，直面成败才能勇往直前

生活中，我们每个人都希望人生如意，生活一帆风顺，然而，我们也无法避免困境和磨难的出现，身处困境中，我们每个人都会心存不快，甚至抱怨命运的不公，其实，人生苦短，与其憎恶命运的不公，生活的烦恼，还不如把困难当成一种对灵魂的考验，孜孜不倦、不屈不挠地工作，你就会发现，今天已经比昨天进步了很多，而人生的价值也逐步体现了。

受苦的人，没有悲观的权利

受苦的人，没有悲观的权利。一个受苦的人，如果悲观了，就没有了面对现实的勇气，也没有了与苦难抗争的力量，结果是他将受到更大的苦。——尼采

尼采这段话是要告诉我们，深处苦难之中，我们不能一味地沉浸在悲观中，而应该振作起来，要勇于与苦难抗争。

每个人生在这个世界上，发生不如意的事情十有八九，面对不如意的事，我们时常鼓励自己或朋友“咬咬牙，坚持一定成功”。人的意志力真有如此神奇的效果吗?

曾经，美国斯坦福大学的心理学家给出了答案，经过研究，他们发现，面对难度较大的任务时，那些意志力坚强的人往往更有耐力和坚忍的心，完成任务的质量更高。

因此，我们要相信自己，如果不相信自己的意志力，在遭遇困难时，我们会很容易感到疲劳，并产生厌倦情绪。相反，意志力顽强的人则更有自信，认为自己的能量不会耗竭，这种信念会使他们的精力更旺盛，从而带来成功。

当然，要想拥有坚强的意志力，首先就要有开朗的心境，的确，乐观就像心灵的一片沃土，为人类所有的美德提供丰富的养分，使它们健康地成长。它使你的心灵更加纯净，意志更加富有弹性。它就像最好的朋友一样陪伴着你的仁慈，像尽职尽责的护士一样呵护着你的耐心，像母亲一样哺育着你的睿智。它是道德和精神最好的滋补剂。马歇尔·霍尔医生曾对自己的病人说过：“乐

观的态度，是你最好的药。”所罗门也曾说：“乐观的心态，就是最强劲的兴奋剂。”

因此，新时代的人们，你们应该学会接受人生的磨难和挑战，当我们困于这种“不如意”之中，终日惴惴不安，那生活就会索然无味。与之相反，如果你能拥有一颗感恩的心，善于发现事物的美好，感受平凡中的美丽，那就会以坦荡的心境，豁达的胸怀来应对生活中的每一份酸甜苦辣，让原本平淡乏味的生活焕发出迷人的色彩，那么，你会发现，磨难与逆境也不过是飘来的“浮云”。

古人说：“哀莫大于心死”。一个人最可怕的莫过于心存放弃。这种灵魂的死亡比起躯体的死亡更为可怕。而唯有激励自我，方可以焕发青春，扬起生命的希望之帆。

古希腊神话中有一个西齐弗的故事很能说明这个问题。西齐弗因触犯了天庭之法，被惩罚到人间受苦。他每天必须推一块石头上山。当他将石头推上山顶回家休息时，石头又自动地滚下来，于是西齐弗第二天又得去推。这是天神想让他在“永无止境的失败”中遭受惩罚，以此来折磨他的心灵。

可是，西齐弗偏偏不吃这一套。他不认为这就是受苦受难的命运安排。他一心想，推石头上山是我的责任；至于石头是否滚下来，不是我的失败。因此，心中始终平静异常，从不丧失信心，从而始终不放弃自己的职责，每天都满怀希望。天神见折磨西齐弗心灵的企图无法奏效，只好放他回了天庭。

用这个故事对照现实生活，我们可以得到有益的启示：磨难之中，我们的态度决定了我们的命运。只要始终自我激励，相信自己是能行的，永不放弃追求，那么我们就是命运的主人。因此，当我们受挫时，一定要告诉自己：“摔倒了还要漂亮地爬起来。”

“天将降大任于斯人也，必先苦其心志，劳其筋骨，饿其体肤……”磨难，是人生乐曲中一段不可缺少的插曲。一个人要想有所作为就必须经历一番磨难，而且是比正常人更多的磨难。磨难，能启迪人的智慧，锻造出成功。没有了磨难的人生是枯燥的，是不完整的。然而，并不是所有人都能正视磨难的作用，因此也就不能真正从磨难中有所收获。有的更坚强，更富有战斗力，而有的则会因此消沉，甚至堕落，变得麻木不仁。正如一位哲人说过的：磨难对强者是垫脚石，对弱者却是万丈深渊。那么，你的态度呢？

首先，你要选择你的态度。

当逆境到来之时，你可以选择两种截然不同的态度，消极被动地害怕和逃避，或者积极主动地面对和接受。

如果你心存消极态度，那么，你将被局面控制，而积极主动，则能反过来控制局面。如果你希望能够通过自己的努力使自己的能量一点点变得强大，同时让自己变得更完美，就必须选择积极主动的态度，那么，逆境这朵“浮云”自然会被你驱赶出心灵的天空。

其次，反省自己。

事实已经如此，你无法控制，但你可以控制自己的内心，让自己内心强大起来的方法就是反省自己。你需要问自己的是，为什么这件事不发生在别人身上，而发生在自己身上？我有哪些做得不足的地方？我应该怎样从自己出发，找到一个适当的、合理的方法去改进，从而去影响它？

怀着反省和觉悟的，以及积极的心态看自己，你就能带着耐心和勇气，一点点地拆开这包裹严实的包装纸，发现里面珍藏的真正的生命礼物。

说到底，决定人心态的是人的理想、人生观、世界观。一个大气的人就会具有远大的目标，正确的人生观，就是要胸怀宽广，执着进取，挑战自我，不屈命运，坚信自己，积极思考。那么，我们一定能保持良好的心态，即使生活给予我们挫折，我们也要怀着理解的心态给它一个微笑！

强烈的希望是人生中比任何欢乐更大的兴奋剂

强烈的希望是人生中比任何欢乐更大的兴奋剂。——尼采

尼采的这句话是要告诉我们，无论处于何种境地，都不要放弃希望，只要

我们面朝积极的方向，事情就会有转机。

的确，我们都知道，在人生道路上，困难和挫折是难免的，无论是个人，还是家庭，都可能会起起伏伏，我们无法预料，但是有一点我们一定要牢牢记住：永不绝望。当你遇到逆境时，千万不要忧郁沮丧，无论发生什么事情，无论你有多么痛苦，都不要整天沉溺于其中无法自拔，不要让痛苦占据你的心灵。困难来临时，我们要有勇气直面困难并且做到一直向好的方向行进，这才是一种努力达到和谐的状态，那么，你最终将战胜困难。

尼采告诉我们，只要信念还在，希望就在。许多人一陷入困境，就悲观失望，并给自己施加很重的压力，其实，应告诉自己，困境是另一种希望的开始，它往往预示着明天的好运气。因此，你只要放松自己，告诉自己希望是无所不在的，再大的困难也会变得渺小。可以说，这也是一种“和谐”的心态，如果你认为前方路途是好的，那么，你就能朝着这一好的方向行进，并最终看到曙光。

魏尔仑说：“希望犹如日光，两者皆以光明取胜。前者是荒芜之心的神圣美梦，后者是泥水浮现耀眼的金光。”希望给人以坚定的信念，心中没有希望就不会耐心地等待，最美好的希望往往产生于最无望的逆境中。

人一生不可能常处顺境，有时候你会被淘汰出局，只要你继续参加比赛，就有希望存在，总会获得让你满意的成绩。天才未必就能富有，最聪明的人也不一定幸福，想要摆脱人生的困境，你要记住让希望的阳光照进心田，要努力拯救自己摆脱困境。

当然，信念只是起到支持行动的作用，要走出困境，关键还在于我们自己。古语云：“自助者，天助之。”把别人的帮助当作希望，往往只是一种被动的奢求，外界的帮助使人更加脆弱，自助却使人得到恒久的鼓励。

有一个穷人为农场主做事。有一次，穷人在擦桌子时不小心碰碎了农场主一只十分珍贵的花瓶。

农场主向穷人索赔，穷人哪里能赔得起。最后被逼无奈，只好去教堂向神父讨主意。神父说：“听说有一种能将破碎的花瓶粘起来的技术，你不如去学这种技术，只要将农场主的花瓶粘得完好如初，不就可以了。”

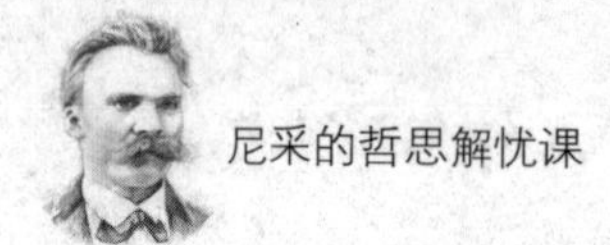

穷人听了直摇头，说：“哪里会有这样神奇的技术？将一个破花瓶粘得完好如初，这是不可能的。”神父说：“这样吧，教堂后面有个石壁，上帝就待在那里，只要你对着石壁大声说话，上帝就会答应你的。”

于是，穷人来到石壁前，对石壁说：“上帝请您帮助我，只要您帮助我，我相信我能将花瓶粘好。”话音刚落，上帝就回答了他：“能将花瓶粘好，能将花瓶粘好……”

穷人听后希望倍增、信心百倍，于是辞别神父，去学粘花瓶的技术了。

一年以后，这个穷人通过认真的学习和不懈的努力，终于掌握了将破花瓶粘得天衣无缝的本领。他真的将那只破花瓶粘得像没破碎时一般，还给了农场主。所以他要感谢上帝。神父将他领到了那座石壁前，笑着说：“你不用感谢上帝，你要感谢就感谢你自己。其实这里根本就没有上帝，这块石壁只不过是块回音壁，你所听到的上帝的声音，其实就是你自己的声音。你就是你自己的上帝。”

在身处困境时，我们要记住，没有人能解救你，除了自己拯救自己。其实每个人都有拯救自己的能力，许多人走不出人生或大或小的各种阴影，是因为他们没有耐心找准一个方向坚持走下去，直到眼前出现新的洞天。

身处困境中，我们每个人都会心存不快，甚至抱怨命运的不公，但年轻的你，不正是因为这些折磨和困难才成长得更为历练吗？因为人们驾驭生活的能力，是从困境生活中磨砺出来的。和世间任何事件一样，苦难也具有两重性：一方面它是障碍，要排除它必须花费更多的力量和时间；另一方面它又是一种肥料，在解决它的过程中能够使人更好地锻炼提高。

当然，遇到困境，我们不仅要明白，自助很重要，还必须积极行动，无论什么事都要有必胜的迫切心情，再加上单纯朴实地对待万物的谦虚态度——就能找到平日可能忽视的解决问题的线索。

总之，我们每个人都要记住：逆境总是吞噬意志薄弱的失败者，而常常造就毅力超群的事业成功者。逆境是魔鬼，它夺走了你的光明。逆境也是天使，它是一座深不可测的宝藏。要在逆境中赶走魔鬼、拥抱天使，最终达到和谐的人生状态，那么，最重要的美德就是满怀希望，并坚韧不拔地行进下去！

过早地成功背后暗藏的危机

是少年有成，众星捧月，他们会变得骄傲自满，会忘却年长者的教诲，会忘却脚踏实地态度的重要性。随着时间的推移，这边的人已经变得成熟，而他们还是停留在曾经的成绩中，炫耀自己的过去，变得难以自拔。——《漂泊者及其影子》

这里，尼采要告诉我们的是，我们都渴望成功，但少年有成、过早地成功，容易让年轻人变得浮躁，失去正确的价值观，也会失去发展的机会，而一个人只有经历痛苦、失败，才能明白成熟的真正含义，也才能成为一个具备成功者资质的人。我们先来看看《伤仲永》的故事：

从前，有个叫仲永的孩子，他很小的时候，就表现出了与众不同的才智。

5岁那年的一天，他突然哭闹着要纸和笔，可他们家里实在是太穷了，哪里有闲钱买这个呢？于是，他的父亲只好从邻居那里借来这些东西，看到纸笔后，他马上不哭了，还写了一手好字。

很快，方圆几十里的人都知道一个没读书的孩子居然会写字，他的父亲一看自己的孩子像个神童，便带着他到处去给人写字，有的人为了感谢他就给了他一些银子，他父亲认为仲永能帮他挣钱了，就不让他去读书，而以此为牟利的机会。

过了很多年后，有个外出很多年的人回来了，他向村民打听仲永的情况，问：“仲永现在如何了？”有一个人回答：“跟普通人没什么两样了。”

仲永本身是个资质不错的人，可最终却“泯然众人”。这也证实了尼采的观点——过早地成功也是一种危险。因为过早地尝试成功的滋味，能让一个人变得懈怠，对于那些年轻人来说，这无异于一种毒药，能让他们停滞不前。

其实，我们不难发现，自古至今，大凡成功者，无不是经历了一番“寒彻骨”，在磨难和痛苦中，他们练就了一身的本领和打不倒的意志。当然，这并不是要告诉我们放弃对成功的追求，而是要让我们学会锻炼自己的忍性，无论

现下的情况如何，都不可过分张扬，也不可就此松懈。

宋代著名大文学家苏东坡在评论楚汉之争时就曾说："汉高祖刘邦所以能胜，楚霸王项羽所以失败，关键在于是否能忍。项羽不能忍，白白浪费了自己百战百胜的勇猛；刘邦能忍，养精蓄锐、等待时机，直攻项羽弊端，最后夺取胜利。刘邦可以成大业是他懂得忍下人之言，忍个人享乐，忍一时失败，忍个人意气；而项羽气大，什么都难以容忍，不懂得'小不忍则乱大谋'的道理。大业未成身先死，可悲可叹！"女词人李清照也叹："至今思项羽，不可过江东。"

可见，强者是因为他敢于接受任何挑战，自强不息，正是这种自我肯定给他带来了源源不断的动力，让他最终实现自己的价值。即使身处逆境，只要你敢于挑战生活，勇于突出界限，那么逆境就会变成推动你前进的动力。

从这启示中，我们应该能正视人生中的种种境况了，对于困境和挫折，你们需要抱着这样的心态度过：

1.困难是磨砺人的意志、使你的心愈发坚强的一笔宝贵的财富

经历苦难是一种痛苦，因为苦难常常会使人走投无路，寸步难行，苦难常常会使人失去生活的乐趣甚至生存的希望。但有过苦难体验的人，都不会忘记在生活泥潭里奋力挣扎的情景。当你战胜苦难之后，这由苦难带来的痛苦往往也会变为千金难买的人生财富。

2.胜利只属于坚持到最后的人

拥有坚忍和耐心，坚定必胜的信念，勇敢地与困难拼搏，就一定能有所成就。胜利只属于坚持到最后的人。成功的人之所以能够成功，是由于他们坚韧不拔的毅力，更重要的是能够把失败化作无形的动力，从而最终反败为胜。

总之，苦难使我们的人生不再空白。因为它是一笔人生财富，它把我们的人生意志砥砺得更加顽强。有了一次次困难，你才会一次次发现自己的不足，你便会增加一份份战胜凄风苦雨、冷霜冰雪的力量，去创造你的价值，辉煌你的人生。

与优秀者为伍

有不少傲慢的年轻人，他们一事无成，却自认为自己无比杰出，因为他们与同等水平的家伙为伍。——《人性的，太人性的》

西方有句名言：“与优秀者为伍。”日本有位教授手岛佑郎，研究犹太人的财商，他得出的结论是：“穷，也要站在富人堆里。”他后来还以此作书名，写成了一本著名的畅销书。当然，结识有能力者，并不是让你趋炎附势，而是一种学习他们的能力的方法，更能被他们积极上进的精神鼓舞。

或许你会认为，带着目的交际、结交那些优秀者是一件有心机的事，你是不是也常和一些对自己完全没有帮助的朋友见面，每次连自己都感到是在浪费时间和金钱，却把它当作是讲义气呢？朋友应该具备值得自己学习的地方。这样才能彼此进步，建立良好的长久关系。人们固然愿意结交与自己类似的人，同时，在和这样的人交往时，也会慢慢成为像那样的人。因此，结交什么样的朋友，就足以说明自己也是什么样的人，同时，结交不一样的人，也会有改变的机会。我们先来看看保罗·艾伦和比尔·盖茨之间的友谊：

保罗·艾伦是微软的创始人，他多次在《福布斯》富豪榜上名居前列，2005年再次排行第7位。

现今52 岁的保罗·艾伦，似乎一直以来都掩盖在比尔·盖茨的光环之下，人们只知道他和比尔·盖茨共同创立了微软，却忘记了正是他把比尔·盖茨引入软件这个行业，而就是这样一个软件业精英，一个富有幻想的开拓者、一个为玩耍一掷千金的豪客、一个总是投资失败却成功积聚巨额财富的商界巨子，却在创造着一个传奇——他有取之不尽的财源、独树一帜的投资理念，也有与众不同的成功标准。

1968年，与盖茨在湖滨中学相遇时，比盖茨年长两岁的艾伦以其丰富的知识折服了盖茨，而盖茨的计算机天分，又使艾伦倾慕不已，就这样，两人成了好朋友，随后一同迈进了计算机王国。艾伦是一个喜欢技术的人，所以，他专

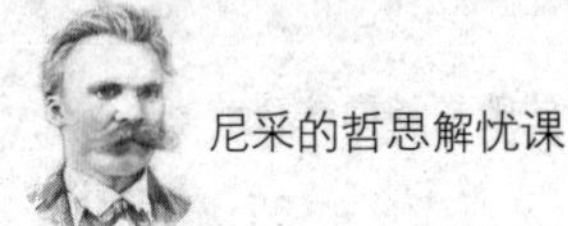

注于微软新技术和新理念，盖茨则以商业为主，销售员、技术负责人、律师、商务谈判员及总裁一人全揽，微软两位创始人就这样默契地配合，掀起了一场至今未息的软件革命。

有人说，没有保罗·艾伦，微软也许不会出现，但如果不是托盖茨的福，艾伦也许连为自己的“失误”埋单的钱都不可能有，而这并不是偶然，比尔·盖茨曾这样说过“有时决定你一生命运的就在于结交了什么样的朋友，换句话说，从某种角度而言，你与之交往的人或许就是你的未来，保罗·艾伦与比尔·盖茨就是这样互相决定了未来。”

保罗·艾伦与比尔·盖茨的故事告诉我们一个道理：与最优秀的人在一起，优秀将成为一种习惯。机会不是天外来物，而是人创造的，能力突出者的人显然会带给你更好的机会，更重要的是，与他们相处，可以提高自己的能力，不仅可以从他们的成功中学到经验，而且可以从他们的教训中得到启发，我们甚至可以根据他们的生活状况改进自己的生活状况，成为他们智慧的同伴，这自然也会使你变得更优秀。

我们要结识那些优秀的人，就要做到：

1.不局限于你经常所接触的圈

除非你本身已经是个很高端的人物。譬如学生就可以争取以志愿者的身份参与各种重要活动、成功人士讲座、校外会展等；毕业生争取进入一流大公司，通过职业交际结识更多的杰出人士。

2.我们要学会察人

人际交往中的察人，指的是从细小处掌握交际对方的动静态。其实，生活中，很多时候，我们人生道路上的贵人并不是位高权重者，但他具有一些内在的潜质，我们要善于发现。我们可以从他的神态、表情中探查其内心世界，从言谈举止中细品其生活品位的高低雅俗。这是一门巧识人心的绝艺，当然，这需要我们有慧眼识人心的洞察术，一眼洞穿别人。

3.我们要完善自身

固然，通过交际结识生命中的“贵人”是我们成功的重要手段，可是自身素质的高低始终是决定我们成功与否的主要因素。

做到以上这些，我们不仅能在交际中如鱼得水，还能找到自己的社会位置，让我们有用武之地，发挥自己的能力！我们的人生不再暗淡！

总之，与人接触是人成长中的重要一课，与积极向上的人为伍，所思所想、所见所闻均积极乐观，可以受到积极心态感染，使思想开朗豁达，从而像他们一样积极地看问题，思考问题，形成正确的思维方式，养成良好的习惯！

赢得彻底才能让对方心服口服

在竞争中，勉强获胜并不光彩。要赢，就要赢得彻彻底底，而不是以细小的差距取胜。——《人性的，太人性的》

这里，尼采向我们展示了真正的赢家的礼仪，所谓赢得彻底，指的是我们在竞争中一定要光明正大地赢，要赢，就要赢得漂亮，让对方心服口服。

我们都知道，人都有自私的一面，这似乎是毋庸置疑的，再怎么大公无私的人也不例外。而当我们表现得比别人优秀、赢了他人时，对方肯定会心生不满、嫉妒的情绪，尤其是当我们与对方差距不大或者当我们赢得胜利的手段并不光彩时，对方的这种负面情绪会更明显。可能你会认为，我坐得端行得正，别人嫉妒是他的事，与我何干？的确，这是他人的心理活动，是他人心里不平衡，即使受煎熬，也是他人的事，但如果对方的嫉妒心理不断扩张，那么，终有一日，他可能会把这种嫉妒心理发展为报复行为。比如，一旦你的行为有什么偏差，他们便会落井下石，甚至会置你于死地。因此，从这个角度看，我们必须要赢得彻底，只有这样，才能让他人信服。那么，到底怎样赢得彻底呢？其实，宽容是一种爱，豁达是一种智慧，会让你的生活无限美丽。征服人心不靠武力，而是靠爱和宽容。成大事者，无不具有宽容的品质，谁若想在困厄时得到援助，就应在平时宽以待人，让他人心存感激，爱心永存，宽以待人，就能在人生旅途中顺利地前进。

我们先来看下面一个故事：

在“二战”期间，一支部队在森林中与纳粹军队相遇发生激战，其中两名战士最终与自己的队伍失去了联系，没有人知道他们在哪里，都以为他们牺牲了。

他们来自同一个淳朴的小镇，镇上的人彼此都认识，所以大家都像一家人。他们原来就是很要好的朋友。此次在生死未卜的战斗中，互相照顾、彼此不分离。

与队伍失散后，两人在森林中艰难跋涉，互相鼓励、安慰。十多天过去了，他们没有看到一个人影，回到部队的希望越来越渺茫，更严重的是，因为战争的缘故，动物四散奔逃或被杀光，生存都发生了危机。

就在他们奄奄一息之际，他们幸运地打死了一头鹿，看来天无绝人之路，依靠鹿肉又可以艰难度过几日了。这让他们着实兴奋了好长一段时间。但在这以后，他们再也没看到任何动物。仅剩下的一些鹿肉，背在年轻战士的身上。生存又成了问题。

有一天，他们在森林中寻找食物时不幸遇到了敌人，经过再一次激战，两人又一次巧妙地逃脱，就在他们自以为已安全时，只听到一声枪响，背着鹿肉走在前面的年轻战士中了一枪，这一枪打在肩膀上。后面的战友惶恐地跑了过来，他害怕到语无伦次，抱起倒在地上的战友泪流不止，并赶忙把自己的衬衣撕成条来包扎战友的伤口。

夜深了，受伤的战士肩膀上包扎的布条一片血红，他对自己的生命并不抱任何希望。而那位未受伤的战士两眼直勾勾的，嘴里一直叨念着母亲。用来救命的鹿肉谁也没有动，他们都以为自己的生命即将结束。那一夜令两个人都终生难忘。

天知道他们是怎么过的那一夜。第二天，他们被自己的部队发现，当太阳升起的时候，他们获救了。

故事发展到这里，似乎告一段落，是个喜剧结局。

但事隔30年，那位受伤的战士安德森说：“我知道谁开的那一枪，他就是我的老乡、战友”。这实在是太惊人了。

安德森平静地说：“他去年去世了，否则我永远都不会说，如果我死在他前面，我会让这个故事烂在肚子里带走。那年在森林里，当他抱住我时，他的枪筒还在发热，我顿时明白了，他想独吞我身上带的鹿肉活下来，但当晚我就宽恕了他。因为我知道他活下来是为了照顾他的母亲。此后30年，我装作根本不知道此事，也从不提及。战争太残酷了，没有纳粹的存在，就不会有这样的悲剧。令人难过的是，他的母亲还是没有等到他回来就撒手去了。我和他一起祭奠了老人家。他跪下来，流着泪请求我原谅他。我拥抱着他，不让他说下去。于是，我宽恕了他，我的心没有仇恨，异常的平静。我没有失去什么，我们又做了二十几年推心置腹的朋友。”

故事中主人公安德森是豁达的，面对朋友对自己的伤害，他选择了忘却。忘却就是一种宽容，人人都有痛苦，都有伤疤，动辄去揭，便添新伤，旧痕新伤难愈合。忘记昨日的是非，忘记别人先前对自己的指责和谩骂，时间是良好的止痛剂。学会把伤害留给自己，把宽容留给他人，生活才有阳光，才有欢乐。

因此，在与周围人打交道过程中，一定要注意以德服人，这样才能赢得彻底，让他人心服口服。

放松警惕就会滋生危险

当你刚躲过第一辆车后，你应该更加谨慎，事实上，人们在此时更容易忽视这一点。同样，生活也好，工作也好，我们都不可放松警惕，否则，危险就要发生了。——《人性的，太人性的》

尼采这句话是要提醒我们，无论是在生活还是工作中，我们都不可太过大意，尤其是在小有成就时，更要提高警惕。因为在你为胜利欢欣鼓舞时，也许你的敌人正在挥舞着杀戮的屠刀，你只有枕戈待旦，随时准备作战，才能应

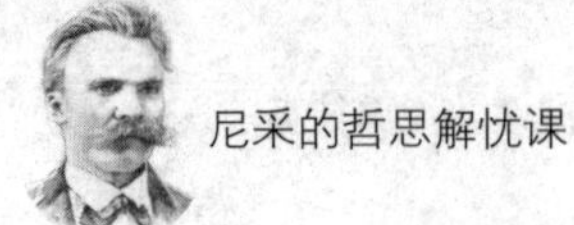

付敌人的突袭。国内外这样的例子数不胜数，从曾经霸及一时的拿破仑兵败滑铁卢，到楚霸王项羽自刎于乌江，无一不是在用血的例子来验证这句话的正确性。正所谓“成由勤俭败由奢，骄傲自满必翻车。”即使你曾经有过辉煌的成功史，也不要轻易的骄傲，忍耐一些直到你取得下一次的成功。因此，那些自负的人们，如果你曾经失败了，那么这很正常。

吴王一向很专横，要想说服他是件很难的事情。

有一次，吴王准备进攻楚国。他召集群臣，宣布要攻打楚国。大臣们一听这个消息，就低声议论起来，因为大家都知道吴国目前的实力还不够雄厚，应该养精蓄锐，先使国富民强，这才是当务之急。

吴王听到大臣们在底下窃窃私语，似有异议，便厉声制止道:

“各位不必议论，我决心已定，谁也别想动摇我的决心，倘若有谁执意要阻止我，绝不轻饶！”

众大臣面面相觑，谁也不敢乱说一句说，于是，匆匆退朝。

大臣中有一位正直的年轻人，他下朝后心中仍无法安宁，思前想后，他觉得不能因为自己而不顾国家的安危。这位大臣在自家的花园内踱来踱去，目光无意中落到树上的一只蝉的身上，他立刻有了主意。

第二天一大早，这位大臣便来到王宫的后花园内，他知道每天早朝前吴王都要到这里散步，所以，他有意等在这里。

过了大约两个时辰，吴王果然在宫女的陪同下，来到后花园。那位大臣装作没有看见吴王，眼睛紧盯着一棵树。

吴王看到这位大臣的衣服已经被露水打湿了，却仿佛没有察觉一般，眼睛死死地盯着树枝在看什么，手里还擒着一只弹弓，便很纳闷地拍拍他的肩，问道:

“喂，你一大早在这里做什么？何以如此入神，连衣服湿了都不知道？”

那位大臣故意装作仿佛刚刚看到吴王，急忙施礼赔罪道:“刚才只顾看那树上的蝉和螳螂，竟不知大王的到来，请大王恕罪。”

吴王挥挥手，却好奇地问:“你究竟在看什么？”

那位大臣说道:“我刚才看到一只蝉在喝露水，毫无觉察一只螳螂正弓着腰

准备捕食它，而螳螂也想不到一只黄雀正在把嘴瞄准了自己，黄雀更想不到我手中的弹弓会要它的命……”

吴王笑了，说:“我明白了，不要再说了。”

终于，吴王打消了攻打楚国的念头。

“螳螂捕蝉，黄雀在后”就是这个道理，这只螳螂是悲哀的，它因为捕到了蝉万分高兴，便忽略了对周围环境的觉察，以致自己已经成为了别人猎杀的目标都不知道，最后只能被黄雀吃掉。

的确，现实生活中，很多时候，我们在参与竞争的过程中，也会遇到类似于故事中的这样的事，聪明的你一定要学会提高警惕、仔细斟酌，不要被一时的成功蒙蔽了双眼。那么，我们该如何做到提高警惕、防止危险呢?

1.不可四处张扬

即使你小有成就，也不可四处张扬，因为总会有那么几个人，他们嫉妒你的成就，“小人之心不可防”，防止他们攻击你的方法就是不与之树敌，低调为人。

2.不可轻信他人之言

有句古话说：“逢人只说三分话，未可全抛一片心。”这句话也是警惕我们要对他人有防备之心，有的人就是“包藏祸心”、在与你天南海北畅谈时其实正在酝酿算计你的计谋，多留一份心、多作一手准备，方能使自己免除灾难。

3.多方面考虑，预先排除危险因素

防患于未然，危险来临，我们未免有足够的准备抵挡，但如果我们能事先做好足够的思想准备，将各种危险因素考虑在内，那么，我们便能“幸免于难。”

总之，无论做什么事，我们都不可大意，尤其是在取得成绩之时，更不可沾沾自喜、得意忘形，从而给他人留下伤害我们的机会，凡事多留一个心眼，仔细斟酌他人的言行，做好防范措施，才能让危险远离我们。

第13章

欲望是毒，放下才能解除忧虑

在短短的人生旅途中，人人都有所求，但没有人能够拥有世间的一切。如果我们不能放下欲望，那么，对于他们来说，生命是一团欲望，而欲望不能满足便痛苦，满足便无聊，人生就在痛苦和无聊之间摇摆。这样的人生无疑是可悲的。其实，当生活越简单时，生命反而越丰富，尤其是少了物质欲望的牵绊，我们越是能够从世俗名利的深渊中脱身，感受到自己内心深处的宽广和明净。因此，每一个人都应懂得修剪自己的欲望。

节制了欲望，人生才更精彩

人最终喜爱的是自己的欲望，不是自己想要的东西！能够控制欲望而不被欲望征服的人，无疑是个智者。——尼采

尼采这句话是要告诉生活中的人们，一定要控制自己的欲望，如果被欲望控制，我们就会迷失自我，失去快乐。的确，在物质财富极大丰富、文化多元的现代社会，人们的需求和欲望不断膨胀，人们很容易在追求物质的感官享受中逐渐迷失自我，像一艘失去航向和动力的大船，或远离航道，或停滞不前。事过之后才清醒，却只有追悔莫及，抱憾终生。有人说，欲望是一把双刃剑，它可以成为我们的信念，支撑我们渡过难关，但是欲望也像鸦片，容易上瘾。皮埃尔·布尔古说过："人们常常听到这样一句话：'是欲望毁了他。'然而，这往往是错误的。并不是欲望毁了人，而是无能、懒惰，或糊涂。"

曼谷的西郊有一座寺院，因为地处偏远，香火一直非常冷清。

原来的住持圆寂后，索提那克法师来到寺院做新住持。初来乍到，他绕着寺院四周巡视，发现寺院周围的山坡上到处长着灌木。那些灌木呈原生态生长，树形恣肆而张扬，看上去随心所欲，杂乱无章。索提那克找来一把园林修剪用的剪子，不时去修剪一棵灌木。半年过去了，那棵灌木被修剪成一个半球形状。

僧侣们不知住持意欲何为，便问索提那克，索提那克却笑而不答。

这天，寺院来了一个不速之客。来人衣衫光鲜，气宇不凡。法师接待了他。寒暄，让座，奉茶。对方说自己路过此地，汽车抛锚了，司机在修车，他进寺院来看看。

法师陪来客四处转悠。行走间，客人向法师请教了一个问题："人怎样才能清除掉自己的欲望？"

索提那克法师微微一笑，折身进内室拿来那把剪子，对客人说："施主，请随我来！"

他把来客带到寺院外的山坡。客人看到了满山的灌木，也看到了法师修剪成型的那棵。

法师把剪子交给客人，说道："您只要能经常像我这样反复修剪一棵树，您的欲望就会消除。"

客人疑惑地接过剪子，走向一丛灌木，咔嚓咔嚓地剪了起来。

一壶茶的工夫过去了，法师问他感觉如何？客人笑笑："感觉身体倒是舒展轻松了许多，可是日常堵塞心头的那些欲望好像并没有放下。"

法师颔首说道："刚开始是这样的。经常修剪，就好了。"

来客走的时候，跟法师约定他十天后再来。

法师不知道，来客是受谷最享有盛名的娱乐大亨，近来他遇到了以前从未经历过的生意上的难题。

十天后，大亨来了；十六天后，大亨又来了……三个月过去了，大亨已经将那棵灌木修剪成了一只初具规模的鸟。法师问他，现在是否懂得如何消除欲望。大亨面带愧色地回答说，可能是我太愚钝，眼下每次修剪的时候，能够气定神闲，心无挂碍。可是，从您这里离开，回到我的生活圈子之后，我的所有欲望依然像往常那样冒出来。

法师笑而不言。

当大亨的鸟完全成型后，索提那克法师又向他问了同样的问题，他的回答依旧。

这次，法师对大亨说："施主，你知道为什么当初我建议你来修剪树木吗？我只是希望你每次修剪前，都能发现，原来剪去的部分，又会重新长出来。这就像我们的欲望，你别指望完全消除。我们能做的，就是尽力把它修剪得更美观。放任欲望，它就会像这满坡疯长的灌木，丑恶不堪。但是，经常修剪，就能成为一道悦目的风景。对于名利，只要取之有道，用之有道，利己惠

人，它就不应该被看作心灵的枷锁。”

大亨恍然。

此后，随着越来越多的香客的到来，寺院周围的灌木也一棵棵被修剪成各种形状。这里香火渐盛，日益闻名。

的确，我们心中的欲望，有时就像树木长出的枝蔓，稍不留神就一个劲地疯长，遮盖我们的视野，甚至连心灵的光明也被淹没了，只有不断修剪，才能让我们的眼界豁然开朗！

我们都是平凡的人，我们并不能做到真正的摒弃功利，甚至连哲学家们自己似乎也极不愿意摒弃人性的这一弱点，但功名欲是人类一种不合情理的欲望。既然我们不能摆脱它，就要懂得用正确的方式来满足自己的欲望。虽然平凡，我们也依然可以追求不平凡的生活，只要经常修剪自己的欲望，任何环境中的人，都可以走向成功。君子爱财，取之有道，对于名利，对于追求，只要是利己惠人的，就可以坦坦荡荡地去做！

当生活越简单时，生命反而越丰富，尤其是少了物质欲望的牵绊，我们越是能够从世俗名利的深渊中脱身，感受到自己内心深处的宽广和明净。因此，每一个人都应懂得修剪自己的欲望。

很多人都明白，贪欲会把人带向罪恶的深渊，让人失去理智。它可以使人相互摧残，甚至使最好的朋友反目成仇。贪字头上一把刀，一旦人的内心被贪欲所吞噬，那他必将被其毒害……

人生如同一条河流，有其源头，有其流程，当然也有其终点，而不管流程有多长，有多短，终究都会到达终点，流入海洋。那么在我们活着的时候，有什么欲望是一定非要满足不可的呢？

不要在金钱上贪得无厌

被欲望控制的人，在失去理智的同时，往往会葬送自己。——尼采

尼采这句话是要告诉我们，一个人，一旦没有欲望控制，就会失去自己。这句话同样适用于我们的金钱观。的确，生活中，我们常听到：“天下熙熙，皆为利来，天下攘攘，皆为利往。”的确，对于人们来说，金钱的威力是巨大的，金钱可以买到可口的饭食，可以买到华丽的服饰，可以享受舒适的服务，可以买到很多想得到的东西。可以说，没有钱是万万不能的。在市场经济条件下，一个人如果身无分文，将不得不面对寸步难行、无法生存的尴尬局面。所以，从某种程度上说，拥有金钱的多少就体现了个人的人生价值。金钱，确实是人享受幸福生活的条件，但不是幸福生活的全部，“家有金山银山，不过一日三餐”；房子再大，晚上睡觉不过一张床；衣服再豪华，其作用也不过是遮丑避寒。其实，我们的需要极其有限。现实生活中，往往有些人在实现最终目标的过程中实现阶段性目标时做了与实现最终目标背道而驰的事，让手段掩盖了自己的目的。

马克思说资本家对利润的追求是贪得无厌，其实，不仅仅是资本家，每个人都有追求利润最大化的本能和动机，因为金钱是人存在于世上最基本的条件之一。有人过了头，把对金钱的追求当成了最终并唯一的目的。生活中的年轻人，一定要谨记，君子爱财，取之有道，只有自己辛苦赚的钱才是真正的利益。

但是，只是把土地从左手转到右手就能赚取巨大的利益，岂会有如此好事！如果有，那也不过是不义之财或浮利。轻而易举获取的钱财将轻而易举地溜掉。因此，稻盛和夫拒绝了所有关于投资的建议。因为他明白，从经济原则上看是不正常的，随着泡沫经济的崩溃，资产突然变成负资产，很多企业因此背负不良债务。

所以，年轻人，你一定要谨记稻盛和夫的忠告，即使听说可以获取巨额投资利润也要告诫自己“不可贪得无厌”，明知吃亏也要遵守的哲学，明知有苦也要承受的觉悟，这才是是否能够度过真正充实完满的人生，是否能够收获成功果实的分水岭。

《白鹿原》中有一句话“房是招牌地是累，攒下金钱是催命鬼”，确实是这样的。金钱并不能带来幸福，金钱也不能买来健康和寿命。所以，过分地追

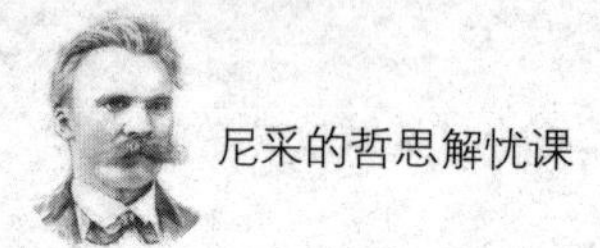

求金钱是划不来的，尤其是违反党纪国法谋钱的方式更不可取。我们的自由和亲情是无法用金钱来衡量的。从文强在被执行死刑前的对常人生活方式的羡慕中，可以得到启迪。他向往常人子孙满堂的幸福，羡慕常人活到自然死亡的生活。幡然悔悟，为时已晚，所以“君子爱财”，还要“取之有道”。

的确，生活中，任何人都要生存，于是，他们因地因时制宜，千方百计去挣钱。有的出卖自己的劳动力，有的出卖自己的知识，有的出卖自己的智慧，有的出卖自己掌握的信息。“人穷志短”“一分钱难倒英雄汉”。然而，金钱，只有在消费它的时候，才能体现它的价值。放在家中，只是一堆废纸，比废纸更让我们劳心费力；存在银行，只是一个数字，并不比一个普通数字更能带来乐趣。当我们把金钱作为挣钱的手段时，金钱就失去了其最本来的“物质交换的媒介”的功用和价值，变成了和农民的农具无异的工具。

我们来看下面一个故事：

一天傍晚，两个非常要好的朋友在林中散步。这时，有位僧人从林中惊慌失措地跑了出来，两人见状，便拉住那个僧人问道：“你为什么如此惊慌，到底发生了什么事情？”

僧人忐忑不安地说：“我正在移植一棵小树，却忽然发现了一坛子黄金。”

两个人感到好笑，说：“这僧人真蠢，挖出了黄金还被吓得魂不附体，真是太好笑了。”然后，他们问道：“你是在哪里发现的，告诉我们吧，我们不害怕。”

僧人说：“还是不要去了，这东西会吃人的。”

两个人异口同声地说：“我们不怕，你就告诉我们黄金在哪里吧。”

僧人告诉了他们具体的地点，两个人跑进树林，果然在那个地方找到了黄金。好大一坛子黄金！

其中一个人说：“我们要是现在把黄金运回去，不太安全，还是等天黑再往回运吧。这样吧，现在我留在这里看着，你先回去拿点饭菜来，我们在这里吃完饭，等半夜时再把黄金运回去。”

于是，另一个人就回去取饭菜了。

留下的人心想：“要是这些黄金都归我，那该多好呀！等他回来，我就一

棒子把他打死，那么，这些黄金不就都归我了？”

回去的那个人也在想：“我回去先吃饭，然后在他的饭里下些毒药。他一死，黄金不就都归我了吗？”

回去的人提着饭菜刚到树林里，就被另一个人从背后用木棒狠狠地打了一下，当场毙命。然后，那个人拿起饭菜，狼吞虎咽地吃了起来。没过多久，他的肚子里就像火烧一样地疼，这才知道自己中毒了。临死前，他想起了僧人的话：“僧人的话真是应验了，我当初怎么就没有明白呢？”

子曰：“富与贵，是人之所欲也，不以其道得之，不处也；贫与贱，是人之所恶也，不以其道得之，不去也。君子去仁，恶乎成名？君子无终食之间违仁，造次必于是，颠沛必于是。”

这句话的含义是：“钱有地位，这是人人都向往的，但如果不是用仁道的方式得来，君子是不接受的；贫穷低贱，这是人人都厌恶的，但如果不是用仁道的方式摆脱，君子是不摆脱的。君子一旦离开了仁道，还怎么成就好名声呢？所以，君子任何时候，哪怕是在吃完一顿饭的短暂时间里也不离开仁道，仓促匆忙的时候是这样，颠沛流离的时候也是这样。”

我们说：“君子爱财，取之有道。”什么“道”？合法之道。说到底，也就是仁义之道——仁道。仁道是安身立命的基础，生活的原则。所以，无论是富贵还是贫贱，无论是仓促之时还是颠沛流离之时，都绝不能违背这个基础和原则。用孟子的话来说，即“富贵不能淫，贫贱不能移。”

想要过度拥有就会成为欲望的奴隶

人需要食物、住房、健康乃至金钱，这是我们生存的基础。然而，这些东西若是过度拥有，就会让我们逐渐变成占有欲的奴隶。——《各种意见与箴言》

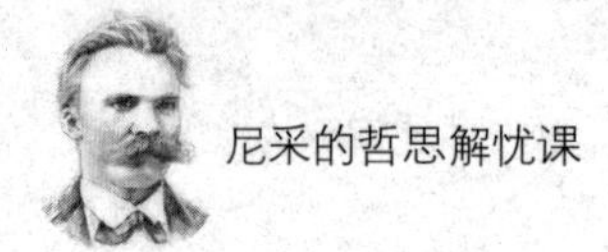

这段话中，尼采并没有否定对物质和金钱的重要性，只是他要告诉我们的一个道理是：对物质和金钱的追求一定要有度，要在合理范围内，不然我们就会沦为自己的奴隶。

物质财富极大丰富、文化多元的现代社会，人们的需求和欲望不断膨胀，人们很容易在追求物质的感官享受中逐渐迷失自我，像一艘失去航向和动力的大船，或远离航道，或停滞不前。事过之后才清醒，却只有追悔莫及，抱憾终生。可见，我们只有远离了诱惑，才远离了危险，离成功的脚步也就近了一点。

石油大王洛克菲勒曾经写了一封信给他的儿子，信中有这样的内容：“我的儿子，这个世界上，除了圣人，绝大多数人，都受到利益的驱使，这是一种特殊的力量，能将人们暴露在人性的外衣下。也就是说，利益是光照人性的影子，在它面前，一切与道德、伦理有关的本质都将现形，且一览无余。也许你认为我的话有些绝对，但这么多年的经历告诉我事实就是这样的。在我少年时代，我已经认识到了金钱的重要性，但我同时也看到了更高层面的含义，它不仅能帮助我的家人过上衣食无忧的生活，还能更巧妙地投资，将这些钱花出去，能换带来道德上的尊严，相比来说，我觉得后者更能让我激动不已。

我的儿子，没有比为了赚钱而赚钱的人更可怜、更可鄙的，我懂得赚钱之道：要让金钱当我的奴隶，而不能让我当金钱的奴隶。我就是这样做的。”

的确，生活中，任何人都要生存，于是，他们因地因时制宜，千方百计去挣钱。有的出卖自己的劳动力，有的出卖自己的知识，有的出卖自己的智慧，有的出卖自己掌握的信息。“人穷志短”“一分钱难倒英雄汉”。然而，金钱，只有在消费它的时候，才能体现它的价值，放在家中，只是一堆废纸，比废纸更让我们劳心费力；存在银行，只是一个数字，并不比一个普通数字更能带来乐趣。当我们过分看重金钱时，金钱就失去了它原本的使用价值。

中国人常说：“欲望无止境。”孔子也曾说过一句很有名的话：“富与贵，是人之所欲也，不以其道得之，不处也。贫与贱，是人之所恶也，不以其

道去之，不去也。”意思是：富贵是每个人都想要的，但如果不是用光明的手段得到的，就不要它。贫贱是每个人所厌恶的，但如果不是以正大光明的手段摆脱的，就不摆脱它。也就是说，我们每个人都有追求成功和幸福的欲望，但不能被欲望控制。

我们来看下面这样一则寓言故事：

一只正在偷食的老鼠被猫逮住。老鼠哀求：“请放过我吧，我会送给你一条大肥鱼。”猫说：“不行。”老鼠继续说：“我会送给你五条大肥鱼。”猫还是不答应。老鼠仍不死心：“你放了我，以后我每天送给你一条大肥鱼。逢年过节，我还会拜访你。”

猫眯起眼睛，不语。

老鼠认为有门儿了，又不失时机地说：“你平常很少吃到鱼，只要肯放我一马，以后就可以天天吃鱼。这件事情只有天知地知，你知我知，其他人都不知道，何乐而不为呢？”

猫依然不语，心里却在犹豫：老鼠的主意的确不错，放了它，我能天天吃到鱼。但放了它，它肯定还会偷主人的东西，胆子越来越大。我再次抓住它，怎么办？放还是不放？如果放，它就会继续为非作歹，主人会迁怒于我，把我撵出家门。那时，别说吃到鱼，就连一日三餐都没了着落。如果不放，老鼠或其同伙就会向主人告发这次交易，主人照样会将我扫地出门。如果睁一只眼闭一只眼，主人会认为我不尽职守，同样会将我驱逐出去。一天一条鱼固然不错，但弄不好会丢掉一日三餐，这样的交易不划算。

想到这些，猫突然睁大眼睛，伸出利爪，猛扑上去，将老鼠吃掉了。

猫是聪明的，它的选择也是正确的。面对老鼠的许诺，它最终还是选择了一日三餐。一日三餐便是它的底线。猫当然希望一日一鱼，但连起码的一日三餐都保不住的话，一日一鱼便成了水中月、镜中花。

可悲的是，现实生活中的一些人，总是不安于现状，他们并不是被那些“一日一鱼”所诱惑到，而是总有无止境的追求，于是，便在这所谓的追逐中失去了原本快乐的自我。

总之，人类最大的悲哀莫过于拿自己有限的生命去追逐无限的欲望，这个

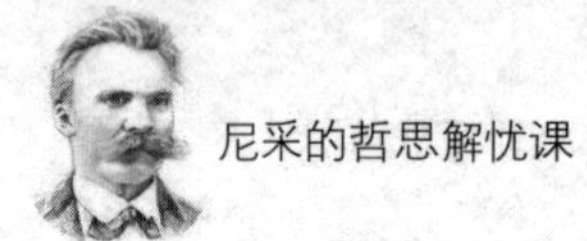

世界上有太多美好的事物，我们每个人都不可能得到所有，所以一定要学会知足。只有知足，才能常乐。一个人若是被欲望所左右，就会变得可怕，或许他们的物质条件会越来越好，但是却在永无止境的追求当中失去了许多宝贵的东西，从来没有享受过真正的快乐，绚丽的外表下藏着一颗空虚的心灵，而且他的一生注定要被痛苦纠缠。

人类灵魂喜好奢侈之水

人们喜好奢侈，并不是因为骄傲自大。他们认为自己需要那些实际上并不急需甚至是过剩的物品，只是因为他们的灵魂已经在奢侈之水中幽游了。——《曙光》

这里，尼采向我们表明了一些人为什么喜好奢侈之物的根本性原因。当然，他并不是鼓励人们喜好奢侈，相反，他是要告诉人们，一个人，要锤炼强大的心智，就要摒弃对奢华物质的盲目追求。古话说："艰难困苦，玉汝于成。"我们一定要学会在日常生活中培养自己吃苦耐劳的品质，在必要的"穷"和"苦"中得到锤炼，懂得以艰苦奋斗为荣，以骄奢淫逸为耻，方才体会到靠自己的努力争取得来的快乐，也才懂得珍惜。

我们发现，在物质生活水平急速发展的社会，一些人形成了一种"唯钱是亲"的不健全人格。这很大一部分原因是：生活的环境过于优越，在金钱上铺张浪费。要知道，物质生活的奢华容易使人产生一种贪得无厌之心，而对物质的追求往往又难以获得自我满足，这就是为何贪婪者大多并不快乐的根本原因。另外，一个过于注重物质生活，再富裕也会千金散尽，最终导致人财两空。

我们知道，李嘉诚是我国香港地区的巨富，但他非常注重培养孩子独立生活的能力，他希望孩子依靠自己的努力来学习今后立足于社会的本领，而不能

依靠父母和金钱来生活。

李嘉诚在他的两个儿子李泽钜和李泽楷只有八九岁时，就让他们参加董事会，一方面让孩子们列席旁听，另一方面让他们就某些问题来发表自己的见解。通过参加董事会，两个孩子不但学会了父亲以诚信取胜的生意经，他们分析问题和解决问题的能力也得到了提高。更重要的是，这段生活为他们今后在事业上的成功奠定了坚实的基础。

后来，两个孩子都以优异的成绩上了美国斯坦福大学。毕业后，他们向父亲表示想要在他的公司里任职，干一番事业。李嘉诚断然拒绝了他们的请求。他对兄弟俩说："我的公司不需要你们！还是你们自己去打江山，让实践证明你们是否合格到我公司来任职。"于是，这两个孩子去了加拿大，一个搞地产开发，一个去了投资银行。他们凭着从小养成的坚韧不拔的毅力克服了难以想象的困难，把公司和银行办得有声有色，成了加拿大商界出类拔萃的人物。

李嘉诚教育孩子的方法无疑是正确的，任何人，都不能事事依赖钱，否则，就只能成为金钱的奴隶。

事实上，人的灵魂不能浅薄，庸俗，无聊，它永远在追求最高尚的东西。一个人，如果只把精力放在追逐奢华的物质和享受上，那么，他的精神世界将会被逐步掏空，自然毫无快乐可言。

"贪者，恶之大也""祸莫大于不知足""非智之不足，非技之不胜，利令智昏，贪婪之心，才是天下祸机之所伏"，贪婪是人性的一大弱点。要摒弃对奢侈之物的盲目追求，我们需要做到：

1.避免物质生活过于奢华

物质生活的奢华容易使人产生一种贪得无厌之心，而对物质的追求往往又难以获得自我满足，这就是为何贪婪者大多并不快乐的根本原因。

人贪念的形成。多半是从物质上开始的，有了点儿钱就更想有钱，住了房子想住别墅，总是想吃高档食物，总是要买名牌衣服。要杜绝这一恶性循环，我们就应该做到避免物质生活过于奢华，而假若你从小就注重生活的节俭，怎么会有这样的性格缺点呢？

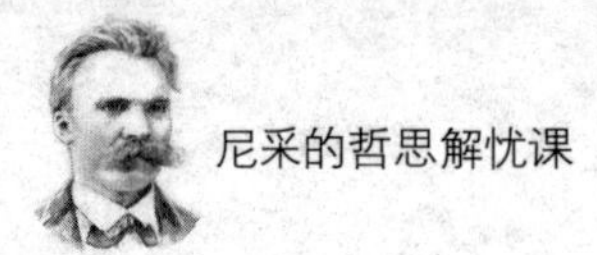

2.学会知足，享受简单的快乐

如果你能体会到和朋友一起聊天、和父母一起享受天伦之乐的快乐，你还会把眼光放在物质生活的追求上吗？

因此，在忙碌的工作之余，不妨让自己投身到人际关系中吧，从中获得乐趣，你就能变成一个心态阳光的人。

洒脱于世，权势不是羁绊

权势已经对人们的生活产生了作用，正因如此，幻影才会挥之不去。但即便如此，有权有势之人也不是特殊的人，一些人已经逐渐注意到了这一点，也有一些知性的人，早已得知有权之人无足轻重。然而，大多数人依旧沉迷于幻影之中。——《各种意见与箴言》

尼采这段话的含义是，那些被人看重的权势，其实只是幻影而已，那些拥有权势的人，也并非真正拥有某种力量。也就是说，他要告诫我们，我们不必对权势太过看重，要学会做一个洒脱的人。

我们不可否认，古今中外，权势就像一个明星一般，让人们锲而不舍。人们有了金钱后，就会把目光转向权势，他们渴望一呼百应的日子，他们享受众星捧月的感觉，而事实上，正如尼采所言，这都是幻影而已，一个真正有力量的人，不一定是所谓的有权有势之人。对权势的渴望，让这些人逐渐忘记了人最初的追求是快乐。有人说，人生如同一条河流，有其源头，有其流程，当然也有其终点，而不管流程有多长，有多短，终究都会到达终点，流入海洋。那么在我们活着的时候，为什么非要抓着生不带来死不带去的权势不放呢？

公元405年秋天，陶渊明为了养家糊口，来到离家乡不远的彭泽当县令。这年冬天，他的上司派来一名官员来视察，这位官员是一个粗俗而又傲慢的人，

他一到彭泽县的地界，就派人叫县令来拜见他。陶渊明得到消息，虽然心里对这种假借上司名义发号施令的人很瞧不起，但也只得马上动身。不料他的秘书拦住陶渊明说："参见这位官员要十分注意小节，衣服要穿得整齐，态度要谦恭，不然的话，他会在上司面前说你的坏话。"一向正直清高的陶渊明再也忍不住了，他长叹一声说："我宁肯饿死，也不能因为五斗米的官饷，向这样差劲的人折腰。"他马上写了一封辞职信，离开了只当了八十多天的县令职位，从此再也没有做过官。

这就是不为五斗米折腰的故事，这就是一种气度，一种追求真实自我的洒脱！的确，生命只有一次，而且时间是有限的，人生在世只有短短的几十年而已。所以，每个人都应该珍惜自己的生命，在有限的时间里不要让自己太疲惫，要让自己过得快乐一点儿。人活一世为了什么？就是为了快乐，快乐是人生最大的财富。再奢侈的物质，也不能弥补精神世界的空虚所带来的遗憾。

然而，没有一定的身心修养和良好的心里素质，就无法做到淡泊名利，笑看人生权势的哲理的众多的学问家都是这一方面的佼佼者。他们对个人的名利常常采取漠然冷淡和不屑一顾的态度，而把主要精力放在对理想、事业的追求上，居里夫人便是如此。

居里夫人获得第一次诺贝尔奖之后，毅然将原来的100多个荣誉称号统统辞掉，专心研究，终于又荣获了第二次诺贝尔奖。有一天，一位朋友来她家做客，看见其小女儿正在玩英国皇家学会刚刚颁发给她的一枚金质奖章，大惊道："居里夫人，现在能得到一枚英国皇家学会的奖章是极高的荣誉，你怎么能给孩子玩儿呢？"居里夫人笑了笑说："我是想让孩子从小就知道，荣誉就像玩具，只能玩玩而已，绝不能永远守着它，否则将一事无成。"居里夫人对待荣誉的这种态度，成为后人学习的楷模。

而相反，把目光盯在名利上，其害无穷。名利不至，烦恼倍生。名利如同大山压于心头，再无继续前进的勇气；名利已取，烦恼不减，还有更大的诱惑刺激，永远不会有满足的时候。恼恨如海之大潮，一浪高过一浪，激人肝火，动人心性，以致不知路该怎样走，人该怎样做。为谋名利，甚至会背弃做人的

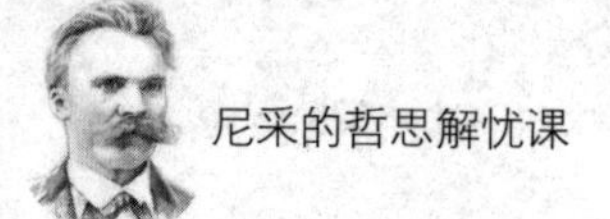

准则。正如古人所说："利旁有倚刀，贪人还自贼（自害）。"

诚然，人因为有追求才会有进步，否则就是行尸走肉！但凡事有度，如果太过专注那些虚无缥缈的追求而忽视了眼前的东西，那就本末倒置了。毕竟，不是每个人都能成为比尔·盖茨，也不是每个人都能成为商界精英、政界豪客。所以，要想活得轻松，活得快乐，就要学会舍得，舍弃那些束缚自己的事与物，舍弃永不知足的欲望，那么，你收获的就是一颗平常心，一份淡然的快乐！

注重精神世界的充盈

对财富的喜爱，以及对于知识的喜爱，是推动地球的两种力量，其中一种力量增加了，另一种力量势必减弱。——尼采

尼采这段话是想要告诉我们一点，只有注重精神世界的充盈，才能减轻我们对物质的欲望。当今社会，也许很多人都有一个追求的目标，那就是物质名利，有的人为出大名获大利，追求了一生一世。可以说，当今世人没有谁能回避得了名利二字！因此，人们常认为，一个人只要拥有名利地位，就是快乐的，其实未必如此。我们不妨看看历史，那些皇亲贵胄，每天山珍海味、出入八抬大轿、左拥右护，但却胆战心惊，因为"伴君如伴虎"。恐怕他们从没真正快乐过。

可见，我们的灵魂只有追求高尚的东西，才能变得充实。而我们一旦把精力放到物质上，我们的精神世界便会虚无。

可能从你走出学校后，就一直在努力奋斗，而现在的你也已经有了自己的事业，甚至日进斗金，腰缠万贯。但你发现没，你是否很难快乐起来，如果是，那么你要反省一下，你的生活中可能缺少了点儿什么，那就是一份平和的心态。要知道，金钱的拥有和生活的快乐无因果关系。一个人只要心地平和，

就可以活得快乐；一个人积极向上，虽苦犹甜。偷奸耍滑，身子清闲未必真快乐。

幸福不是金钱带来的。只有放下对物质的追求，注重精神世界的充盈，人们才能真正活出自我，才会得到真正的幸福！然而，这种好虚荣、要面子的心理焦虑具有一定的普遍性，要调整这种心理状态，应该客观地认识自己、认识面子问题，不要对自己提出超出自己实际的期望值。

当然，现代社会中的人们，是不可能真正做到摒弃物质而单纯追求精神丰富的精神世界的，但我们可以做到平衡二者，读书便是重要的渠道之一。书是人类进步的阶梯；书是智慧的殿堂，珍藏着人生思想的精英，是金玉良言的宝库。“和书籍生活在一起，永远不会叹息。”罗曼·罗兰忠告所有人，要想做一个有主见、有内涵、不为物质世界的诱惑所迷惑的人，读书绝对是必由之路。

另外，读书还能净化我们的心灵，当我们内心浮躁不安的时候，不妨让自己徜徉在书的海洋中，你会发现，文字是世界上最美妙的东西。

我国著名的马克思主义经济学家、《资本论》最早的中文翻译者王亚南，从小就酷爱读书。他在读中学时，为了争取更多的时间读书，特意把自己睡的木板床的一条腿锯短半尺，成为三脚床。每天读到深夜，疲劳时上床去睡一觉后迷糊中一翻身，床向短脚方向倾斜过去，他一下子被惊醒过来，便立刻下床，伏案夜读。天天如此，从未间断。结果他年年都取得优异的成绩，被誉为班内的“三杰”之一。

1933年，王亚南乘船去欧洲。半途中，突然刮起了大风，顿时巨浪滔天。当时，王亚南正在甲板上看书，他的眼镜已经被风吹走了，这时，他赶紧求助于旁边的服务员说：“请你把我绑在这根柱子上吧！”

听到王亚南的话，服务员不禁笑了起来，因为他以为王亚南是害怕自己被巨浪卷到海里去。谁知道，当他真的将王亚南绑在柱子上时，王亚南居然翻开书，聚精会神地看起书来。船上的外国人看见了，无不向他投来惊异的目光，连声赞叹说：“啊！中国人，真了不起！”

我们每个人都应该学习王亚南的读书精神，并要逐渐在生活中培养读书的习惯，长此以往，你必定会爱上阅读。

总之，这个世界上有太多美好的事物，我们每个人都不可能得到所有，所以我们不但要学会知足，更要学会充实自己的内在，因为丰盈的精神世界，才是一个人的价值所在。

第14章

勘破世俗的谬见，训练独思的心智

有人说，人生是一场面对种种困难的“无休止挑战”，也是多事多难的“漫长战役”，这场战役必须由我们每个人自己去打，其他人是无法代替的。若总是缺乏主动性和信心，那么，你的这场人生之战最终会是失败的。的确，我们每个人都要记住，每个人的命运，只能靠自己设计，靠自己转弯。因此，人生路上，当你遇到何种谬见并不重要，别人的非议也不重要，重要的是你要掌握自己的命运；时刻坚信自己，才能战胜灵魂深处的弱点，才能始终处于不败之地。

没把握的事情就不要轻易许诺

说好的约会时间，让别人等待，连招呼都不打一声，这种行为是极其恶劣的。因为在他等待的时候，他会产生各种负面的情绪，如担忧、猜想，继而产生不快，甚至会因此而愤慨。也就是说，让别人等待无异于不道德，会立即降低你在他人心中的形象。——《人性的，太人性的》

这里，尼采虽然阐述的是关于不守时的行为，但却也折射出所有不诚行为的危害。的确，当今社会，诚信的重要性已经日益凸显，守信也是与人打交道和合作的第一原则。我们若想在人际交往中站住脚，就必须养成自己说到做到、“言必行，行必果”的好习惯，一个守信的人，才能真正地取信于人。

的确，人际交往成功的一大妙处就是为自己赢得人心，赢得了人心，能让我们左右逢源，好人缘能为我们所用。因此，聪明的人都善于通过帮助他人来为自己赢得人心，然而，帮助他人也需要注意一点，那就是不能说大话、能做多少做多少，对于自己没有把握的事就不要轻易许诺。

小张毕业后就职于一家银行。

一天，他昔日的老师来找他，说他想开自己的公司，但缺少资金，问他能不能帮忙贷款。他心想，怎么着也要帮老师这个忙，不然太没面子了，于是，他立即答应。但事实上，他才毕业，在银行根本没有多少说话的资历。再者，他的老师要求的贷款程序根本不符合规章。所以后来，当他的老师已经筹备好所有开公司的工作时，他却拿不出钱来，这让他的老师很生气，责备他说：“你这不是捉弄我吗？你即使不想帮我，也不该害我！”他能说什么呢？错本

就在他。

可以说，小张完全是在帮倒忙，给自己带来了不恰当的后果——自讨苦吃，对方不感激你，还会怨恨你。

从这个案例中，生活中的人们在与人交往中，在帮助他人时，你一定要谨记：不能说大话，要做到量力而行，否则，当诺言无法兑现时，就会给人一种不守信的印象。古人云，轻诺必寡信。这不仅是一个主观上愿不愿意守信的问题，也是一个有无能力兑现的问题。一个人经常答应自己无力完成的事，当然会使别人一次又一次失望。为人办事、帮忙，一定要有把握，当你获得了一个守信用的形象时，会获得越来越多人的信任，因而带来越来越多的机会。这就好比拥有了一座金矿。反之，缺此一条，别的方面再优秀，也难成大器。要获得守信的形象并不容易。最要紧的一条是：别答应你无法兑现的事。

可见，能不能通过帮助他人获得友谊，还得看你到底是不是真的帮助对方解决问题了。我们一般崇尚"一言九鼎""落地砸坑""张嘴就能见到肠子"的直爽性格，而不喜欢转弯抹角的弯弯绕，更讨厌貌似有口无心、直言快语，实则机关算尽、言而无信的滑头。我们对别人的每一个帮助都是对一个人品质的检阅，每一项承诺都是对其人格的担保。因此，一定要谨慎你对别人做的每一件事。

具体说来，你需要做到的是：

1.增强自己的责任感

你一定要明白的是，做人做事一定要"言必信，行必果"因为只有这样，人才能有进步。因此要做到讲信义，就必须加强做人的责任感。如果你无法做到，那么，最好不要事先答应别人。

2.能帮助朋友就不要怕麻烦

朋友就是我们人生路上的伙伴。对于很多人来说，他们一生的朋友都是少年时结交到的，当他们陷入人生困境时，有了朋友的帮助，他们才能重新站起来。

生活中的人们，如果你想获得良好的人际关系，也要懂得付出，当你的朋友有困难，而你能出手援助时就不要袖手旁观，今天你的举手之劳就可能为你

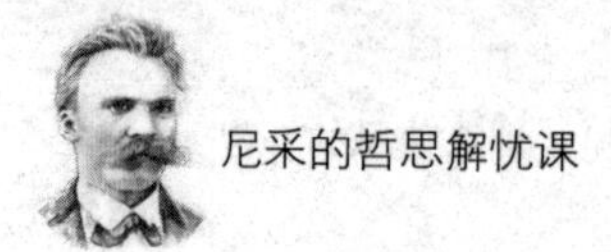

争取到一个一生的挚友。

3.开口前先考虑自己的实力

如果你不想帮倒忙，你就要谨慎开口。比如，如果你的同学生病住院了，需要一万元“江湖救急”，而你只有一百元，那么，你最好还是别夸下海口：“费用我全包了。”

4.不要为了怕丢面子而拒绝朋友

生活中，不少人是讲义气和爱面子的，但如果你没有能力帮上忙，哪怕对方开口，你也要学会拒绝，否则，一旦你做不到而失信于人，那么，不但会让对方的希望破灭，还会影响你们之间的关系。

总之，我们要想让友谊长久，你就需要懂得怎样与朋友相处：对待朋友，只有真诚坦率，以诚相待，严以律己，宽以待人，才会赢得信任。另外，你还要懂得一些为人处世的道理，和朋友说话，要考虑朋友的感受，不说伤害人的话，不要说大话等。

在不会飞的人眼中，飞得越高越渺小

在不会飞的人眼中，飞得越高越渺小。——尼采

尼采这句话与中国人常说的成语“井底之蛙”有异曲同工之妙，也就是指，一个人如果局限于自己的眼光、经验，看到的也只有自己的一片天而无法取得进步。当然，对于生活中的人们来说，从这句话中获得的启示应该是突破定式思维。这里的定式思维，就是按照积累的思维活动、经验教训和已有的思维规律，在反复使用中形成的比较稳定的、定型化了的思维路线、方式、程序、模式。定式思维有时有助于问题的解决，有时会妨碍问题的解决。

有人说，世界就如同一个棋盘，而人就像一个“卒”，冲过“楚河汉界”之后方可横冲直撞，实现自己的人生价值。每个人都被一个无形的界限约束

着，限制着，有的人不敢突破界限，只是规规矩矩在界内生活，工作，最终也只是碌碌无为、平庸一生。而有的人却敢于突破界限，摆脱那些繁文缛节的束缚，因而他们也欣赏到了界外不一样的风景，领略了界外不一样的精彩，活出了非同寻常的精彩人生。新时代的人们，要想拥有别样的人生，就要冲破思维界限、放飞自己的思想，继而发挥年轻人的充沛的想象力和创新能力。

的确，我们应该努力从僵化的思维方式中走出来，积极倡导创新的思想。如果一味的恪守前人的经验，就会使自己的思维陷入僵硬的死框框，从而在固定不变的思维方式中失去机遇，最终给生活和事业带来无法弥补的损失与影响。

美国科普作家阿西莫夫从小就聪明，年轻时多次参加“智商测试”，得分总在160左右，属于“天赋极高者”之列，他一直为此扬扬得意。有一次，他遇到一位汽车修理工，是他的老熟人。修理工对阿西莫夫说：“嗨，博士！我来考考你的智力，出一道思考题，看你能不能回答正确。”

阿西莫夫点头同意。修理工便开始说题：“有一位既聋又哑的人，想买几根钉子，来到五金商店，对售货员做了这样一个手势：左手两个指头立在柜台上，右手握成拳头做出敲击的样子。售货员见状，先给他拿来一把锤子，聋哑人摇摇头，指了指立着的那两根指头，于是售货员就明白了，聋哑人想买的是钉子。聋哑人买好钉子，刚走出商店，接着进来一位盲人。这位盲人想买一把剪刀，请问：盲人将会怎样做？”

阿西莫夫顺口答道：“盲人肯定会这样。”说着，伸出食指和中指，做出剪刀的形状。汽车修理工一听笑了：“哈哈，你答错了吧！盲人想买剪刀，只需要开口说‘我买剪刀’就行了，他干吗要做手势呀？”

智商160的阿西莫夫，这时不得不承认自己确实是个“笨蛋”。而那位汽车修理工人却继续说：“在考你之前，我就料定你肯定要答错，因为你受的教育太多了，不可能很聪明。”

这里，修理工所说的“你受的教育太多了，不可能很聪明”，并不是因为学的知识多了人反而变笨了，而是因为人的知识和经验多，会在头脑中形成较多的思维定式。

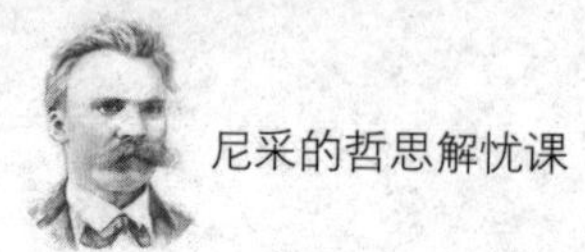

固定的思维方式容易把人的思维引入歧途，也会给生活和事业带来消极影响。要改变这种思维定式，需要随着形势的发展不断调整、改变自己的行动。任何一个有创造成就的人，都是战胜常规思维的高手。

而实际上，一个人的思考陷入某种定式思维大都是不自觉的，而要摆脱和突破这种定式思维的束缚，常常需要自觉地付出努力。为此，需要人们做到以下几点：

1.培养自己的质疑能力

年轻人应该保持对未知事物的好奇心，做到博学而不浮躁，专注而不死板，打下良好的基本功才能有所创新。

2.展开想象的翅膀

在这个科技飞速发展的社会，没有什么是不可能的。没有做不出来的东西，只有想不出来的东西。只要你敢想，就能变成现实。

3.不断地尝试

很多新事物都是在不断的尝试中摸索出来的。鲁迅有一句名言："其实地上本没有路，走的人多了，也便成了路。"我们寻找道路的过程，实际上就是不断尝试的过程。在尝试的过程中，必然会面临很多的挫折，千万不要被挫折打败。

我们要欣然面对失败，并且坚持自己的想法，哪怕只是为了验证这些想法并不可行。一遍又一遍，直到最终发现自己的想法原来是行得通的。我们在尝试中总结经验，不断进步，而任何事情，浅尝辄止是不会有所成就的。

心怀梦想，不惧别人的非议

想创造新东西，就要准备遭受非议。——尼采

尼采这句话是要鼓励那些正在为梦想奋斗的人们，在追求自我创造的路

上，只要你坚定信念、不惧路上他人的非议，终有一天，你会成功。

美国职业橄榄球联会前主席D.杜根曾说：“强者不一定是胜利者，但胜利者迟早都属于有信心的人。”从心理学角度说，信心可以决定一个人的成功与失败。一个人要想获得成功，就需要保持内心的自信，对于他人的挑衅置之不理，这样我们才能走上通向成功的康庄大道。另外，对同一件事情，每个人的思维和行为方式都不一样，难免会造成不同的意见，如果我们的看法遭到了别人的挑衅或质疑，不要犹豫，更不要人云亦云地抛弃自己的见解，而是保持绝对的自信，相信自己，并用实际行动向世人证明自己的能力。因为自信，会让我们拥有一张人生之旅的永久坐票。

一位成功人士讲述了自己的故事：

在我小学六年级的时候，由于考试得了第一名，老师送给我一本世界地图，我十分高兴，回到家就开始翻看这本世界地图。然而，很不幸的是，那天正好轮到我为家人烧洗澡水，我一边烧水，一边在灶间看地图。突然，我看到了一张埃及的地图，原来埃及有金字塔、尼罗河、法老王，还有许多神秘的东西，心想：我长大以后一定要去埃及。我正看得入神时，爸爸走过来了，他大声地对我说：“你在干什么？”我说：“我在看地图。”爸爸跑过来给了我两个耳光，然后说：“赶快生火！看什么地图！”然后，他又踢了我一脚，严肃地对我说：“我给你保证！你这辈子绝不可能到那么遥远的地方！赶快生火！”

我呆住了，心想：爸爸怎么给我这么奇怪的保证，真的吗？难道我这辈子真的不能去埃及吗？20年后，我第一次出国就去了埃及，朋友都问我：“你到埃及去干什么？”我说：“因为我的生命不要被保证。”我自己跑到了埃及，当我坐在金字塔的最前面，我买了张明信片写给爸爸：“亲爱的爸爸，我现在在埃及的金字塔前面给你写信，记得小时候，你打我两个耳光，踢我一脚，保证我不能到这么远的地方来。”

对于那些隐藏在内心深处的梦想，谁也不能给予保证，就连我们本人也不能保证，更别说其他人了。如果有人保证我们不能实现梦想，并对我们的梦想进行挑衅，那不过是他表达意见的方式，对我们的梦想本身是毫无损伤的。我

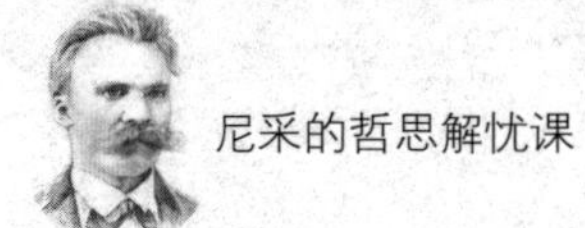

们依然可以相信自己，带着满满的自信，向自己的梦想前进，总有一天，我们会以实际行动告诉世界：自信，是点燃梦想的翅膀。

在美国某一次作文课上，老师给出的题目是：我的梦想。一个小朋友飞快地写下了自己的梦想，他希望自己能拥有一座占地十余公顷的庄园，在庄园里有小木屋，烤肉区，还有休闲旅馆。然而，这个梦想到了老师手里，被画上了一个大大的红“×”，并要求重写。小朋友感到很不解，老师说：“我要你们写下自己的梦想，而不是这些如梦呓般的空想；我要你们写下自己实际的梦想，而不是虚无的幻想，你知道吗？”小朋友据理力争：“可是，老师，这真的是我的梦想啊！”老师生气地说：“不，那不可能实现，那只是一堆空想，我要你重写。”小朋友不愿意妥协，他自信地说：“我很清楚，这才是我真正想要的，我不愿改掉我梦想的内容。”老师摇摇头：“如果你不重写，我就不让你及格了，你要想清楚。”小朋友坚定地摇摇头，不愿意重写，那篇作文他只得到了一个大的“E”。

然而，30年过去了，老师带着一群小学生来到了一座很大的庄园，享受着绿草，舒适的住宿，以及香味四溢的烤肉。就在这时，老师遇见了庄园的主人，就是那位作文不及格的学生，如今，他实现了自己儿时的梦想，老师惭愧地说：“30年来为了我自己，不知道用成绩改掉了多少学生的梦想，而你，是唯一坚定自己梦想，相信自己，没有被我改掉的。”

在生活中，对于自己的梦想或是目标，不管有多么虚无缥缈，多么不切实际，都需要坚持到底，永远地相信自己一定能办到，一定可以实现这些目标。如果有人对我们的想法进行挑衅，也不要退缩，更不要随意更改自己的目标，有句话叫“走自己的路，让别人去说吧”，别人爱挑衅，对我们的言行进行冷嘲热讽，那是他们自己的事情，而我们只需要保持自信，就可以赢得最后的成功。

有时候，他人的挑衅不仅仅动摇不了内心坚定的信念，反而会成为我们不断前进的推动力。因为不甘愿服输，不甘愿被人看不起，我们会努力证明自己，每次在坚持不下去的时候，想想那些挑衅我们的人，我们就会更加坚定自己心中所想，保持绝对的自信，将当初那些不切实际的东西变成现实，以此来

证明自己。所以，对于别人的挑衅，不要在意，更不要随意动摇自己的自信心，我们所需要做的就是毫无条件地相信自己，因为自信心也是一股巨大的力量，它会促进我们不断地前进，不断地完善自我，最后一举登上成功的宝座。

许多真理都曾是别人口中的笑话

许多真理都是以笑话的形式讲出来。——尼采

尼采这句话是要鼓励生活中的人们要坚持自己的梦想，要坚持真理。正如亚里士多德曾说：“我爱我师，我更爱真理”。这句话也道明了他对真理的不懈追求。的确，人们常说，学贵质疑，一个人只有具备犀利的目光，才能察觉出他人所不能察觉出的问题，也才能发出自己的声音，才能不为传统束缚，做到有所创新。

我们知道，当今社会是一个创新型社会，那些有想法的人才会受到重视，他们的发展潜能更大，我们甚至可以说，一个人的想法是与其命运有着极为密切的关系的。因为人的想法是大脑的活动，人的行为受其支配。

因此，我们每个人，都要有自己的想法，并且做到善于发现各种问题，而绝不是人云亦云。

小泽征尔是世界著名的音乐指挥家。一次他去欧洲参加指挥家大赛，在进行前三名决赛时，他被安排在最后一个参赛，评判委员会交给他一张乐谱。小泽征尔以世界一流指挥家的风度，全神贯注地挥动着他的指挥棒，指挥一支世界一流的乐队，演奏具有国际水平的乐章。

正演奏中，小泽征尔突然发现乐曲中出现不和谐的地方。开始，他以为是演奏家们演奏错了，就指挥乐队停下来重奏一次，但仍觉得不自然。这时，在场的作曲家和评判委员会权威人士都郑重声明乐谱没问题，而是小泽征尔的错觉。他被大家弄得十分难堪。在这庄严的音乐厅内，面对几百名国际音乐大师

和权威，他不免对自己的判断产生了动摇，但是，他考虑再三，坚信自己的判断是正确的，于是，大吼一声：“不！一定是乐谱错了！”他的喊声一落音，评判台上那些高傲的评委们立即站立向他报以热烈的掌声，祝贺他大赛夺魁。原来，这是评委们精心设计的圈套。前面的选手虽然也发现了问题，但都放弃了自己的意见。

这则故事中，倘若小泽征尔不能坚信自己的判断是在正确的，和其他几位选手一样，即使发现了问题，也不敢提出来，或者放弃自己的意见，那么，在这场比赛中，他也只能和其他选手一样，被淘汰出局。

的确，那些人云亦云、不敢提出问题的人，不仅仅会失去成功的机会和别人的赏识，更遗憾的是，他们会失去那种让自己的思想自由迸发，最后被别人认可的快乐。而现代社会需要的不是那些只会考试的应试机器，一个人，只有具备鲜明的个性，有学术精神；有领导能力，才能在未来社会竞争中脱颖而出。我们每个人都应该培养自己的综合素质，从知识的适应能力到创造精神，从博雅文化到领袖气质，而这些素质的获得，都需要你做到敢于质疑，因为真正有效的学习并不是死读书，而是自主性的、探究性的、学以致用的。

首先要自立，才能超越他人

不能听命于自己者，就要受命于他人。——尼采

尼采这句话是要告诉我们，任何一个人，只要不把你的命运交给别人，你就能决定自己的命运，你就能靠自己的双手成功。的确，一个人要想成功，要想创建辉煌的霸业，就必须使自己具备非凡的能力，炼就一身过硬的本领。然而要做到这些，我们首先应该是个独立的个体，也就是说首先应该自立。越是自立的人，越容易超越他人。

自立是一个人在生活中开展一切活动的基础。所谓自立，指的不仅仅是一

个人独立、自主地做一件事，还有一个人在处理某些事时是否有勇气。

关于自立，爱默生在其文章《自立》中阐述得很清楚：人只要活着，就一定要相信，不要活在别人的眼光中，别总是在意别人的看法，也不要被别人左右……当然，在现实生活中，要使自己的言行举止真正与这几点相吻合，恐怕有些困难。但你必须努力去做，因为这些内容都是衡量个人尊卑的标准。一个自立的人才能做到自主，才能令人尊敬，而那些甘愿成为别人附庸的寄生虫则会让人鄙视。

曾经有一位成功的推销员，他说，一个人，如果总想着听从别人的指挥或者靠别人的指点来做事，那么，他就永远也不可能取得成功。一个好的推销员是靠业绩来说的，要有好业绩，首先必须自立，锻炼出顽强的意志，这是成功的根本。显然，他的成功是因为具有较强的独立自主精神与顽强的意志力。

因此，我们每个人都要明白，你只有学会独立行走、大胆地向前冲，才会“拾级而上”，勇敢地追逐自己的理想和目的，才能成为一个超越自我、超越他人的人。

曾经有个一周岁左右的小男孩，一次被年轻的妈妈牵着小手来到公园的广场前，这个广场上，有个几十级阶梯的台阶，年轻的妈妈原本准备牵着小男孩上台阶，但没想到的是，这个小男孩居然挣开了妈妈的手，要自己爬上去。

然而，台阶实在太高了，当他爬了几个台阶以后，他觉得很害怕，就回头看看妈妈，结果妈妈还是站在原地，也没有要抱他的意思，只是给了他一个鼓励的眼神。于是，他回过头来，继续爬，尽管很吃力，但他手脚并用，最终还是爬上去了，直到这儿，年轻的妈妈才过去将儿子抱起来，并在儿子的脸蛋上狠狠地亲了一口。

这个小男孩，就是后来成为美国第16届总统的林肯。他的母亲便是南希·汉克斯。

林肯出身很卑微，他是一个私生子，并且相貌丑陋，言谈举止都不招人喜欢。

这些缺点都让敏感的林肯感到很自卑，最终，他决定靠自己的力量改掉这些缺点，于是，他拼命自修以克服早期的知识贫乏和孤陋寡闻。没有好的学

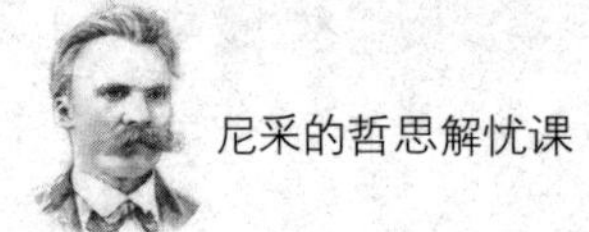

习条件，他就自己创造，他曾用小木棍在地上写字，他不放过任何一个学习的机会。后来，林肯做过很多工作，当过工人，当过律师，也失业过。他从29岁起，开始竞选议员和总统，前后尝试过11次，失败过9次。在他51岁那年，他终于问鼎白宫，并取得了辉煌的业绩，被马克思称为“全世界的一位英雄”。

母亲南希在林肯9岁那年不幸病故。但毫无疑问，她用坚强而伟大的母爱抚养了林肯，使他勇敢而坚定地走向未来。

生活中的每一个青少年都应该从林肯的成长经历中获得启示，只要不把你的命运交给别人，你就能决定自己的命运。一个人想要成功必须具有自信。不需要依靠别人，自己的人生，由自己操纵掌控。其实，对于你们来说，你的成长过程就像走台阶，随着时间的推移，你走过的台阶就越多。显而易见，如果家长牵着、搀扶着你走，你就会逐渐产生依赖性，最终只会把父母当成拐棍而难以自立。如果你被父母抱着上台阶，那么，你就会成为“抱大的一代”，不经风雨，不见世面，更难立足于社会。

莎士比亚曾说：“假使我们自己将自己比作泥土，那就真要成为别人践踏的东西了。”如果你自甘低贱，屈服于命运，那命运的轨迹就很难自动转弯。

事实上，命运往往就是这么奇怪，它在赐予一个人成功之前，大都要设置下一道道屏障，来考验一个人的毅力与勇气。因此，那些怯懦者，只能在失望和抱怨之中，走过一生。而只有那些知难而进、勇于跟厄运搏击的人，才能最终品尝到命运之神的精美馈赠。

总之，我们每个人都要明白，一个人要想取得事业上的成功，甚或一个小小目标的达成，必须首先使自己完全自立。因为自立是我们立身处世的基础，没有自立我们将寸步难行。那么，从现在起，你不要总想依赖别人了，即使父母也有厌烦的时候，何况别人还会向你索要回报，甚至会控制你的自由，还可能将你引入歧途。

第 15 章

内心的充实来自学习，学习才能消除忧虑

关于未来，不少人都有很多幻想，他们豪气万丈、为自己编织着美好的未来，或希望自己成为某个行业的精英，或拥有自己的事业等，然而，人们也会为未来担忧，不知道明天到底是什么样子，其实，无论你的梦想是什么，你都要记住，只有脚踏实地的学习才是实现梦想的唯一途径，我们只有充实好现在的每一天，始终带着谦逊的心态用心学习，积累现在的实力，才能向未来进发，才能免除忧虑。

无限财富在自身

同样的事物，有的人能挖掘出很多东西来，有些人却不能，人们认为导致这一差距的原因是能力，事实并非如此，因为我们该挖掘的并非事物本身，而是我们自己。也就是说，不必去寻找内涵丰富的事物，而要充实自己。——《快乐的知识》

从尼采这段话里，我们可以明白的一点是，无限财富在自身。

我们的现实生活中，相信每个人都有自己的理想，并渴望成功，而最终能成功的人只有极少数，而大多数只能与成功无缘，他们不能成功因为他们往往空有大志却不肯低下头、弯下腰，不肯静下心来努力学习、从身边的本职工作开始积聚自己的力量。要知道，只有一步一个脚印，踏实、不浮躁地学习，才能成为一个优秀的人，但你把优秀当成一种习惯后，你也就离成功不远了。

洪堡是德国著名的探险家、自然科学家，是近代气候学、自然地理学、植物地理学和地球物理学的创始人之一，他对生物学和地质学也有很深的造诣，在科学界享有极高的声誉，被当时的人们尊为“现代科学之父”。

尽管拥有如此高的荣誉，洪堡却是一个十分谦逊的人。他待人谦和，从不自满，晚年的他依然热爱学习。

在柏林大学的一间教室里，每当著名的博克教授在讲授希腊文学和考古学时，课堂里总是挤满了学生。而在这些努力学习的大学生中，还有一个老人，这位老人身材不高、穿着棕色长袍，尽管已经白发苍苍，他还是和这些渴求知识的青年人一样认真听课，认真地做着笔记。晚上，在里特教授讲授自然地理

学的课堂里，也经常出现这位老者的身影。有一次，里特教授在讲一个重要地理问题时，引用了洪堡的话作为权威性的依据。这时，大家都把敬佩的目光投向这位老人。只见他站起身来，向大家微微鞠了一躬，又伏身课桌，继续写他的笔记。原来，这位老人就是洪堡。

洪堡的优秀来自他孜孜不倦的学习，把学习当成一种习惯。实际上，优秀就是一种习惯，需要我们主动去培养。根据西方人文科学家的研究，一个习惯的培养平均需要21天左右，只要我们认真去做，就等于我们吃了21天的苦，却得到了一辈子的甜，这是一件很值得、很高效的事情。

李嘉诚勤于自学，在任何情况下都不忘记读书。青年时打工期间，他坚持“抢学”，创业期间坚持“抢学”，经营自己的“商业王国”期间，仍孜孜不倦地学习。李嘉诚一天工作十多个小时，仍然坚持学英语。早在办塑料厂时就专门聘请一位私人教师每天早晨7点30分上课，上完课再去上班，天天如此。当年，懂英文的华人在香港社会是“稀有动物”。懂得英文，使李嘉诚可以直接飞往英美，参加各种展销会，谈生意可直接与外籍投资顾问、银行的高层打交道。如今，李嘉诚已年逾古稀，仍爱书如命，坚持不断地读书学习。

一个人不可能随随便便成功，李嘉诚向每个渴望成功的人展示了这个道理。可能你也惊羡于李嘉诚式的成功，但却做不到李嘉诚式的努力与勤奋。那么，你不妨问问自己：我做到99%的勤奋了吗？如果你的回答是否定的，那么，你就知道症结所在了。也许，有些人会说，我不够聪明。而实际上，即使智慧，也源于勤奋。没有人能只依靠天分成功。自身的缺点并不可怕，可怕的是缺少勤奋的精神。勤奋面前，再艰巨的任务都可以完成，再坚定的山也会被“移走”。滴水能把石穿透，万事功到自然成。唯有勤劳才是永不枯竭的财源。

有人问石油大王洛克菲勒：“成功的秘诀是什么？”对此，他有两句座右铭，一句是：“你要不是赢家你就是在自暴自弃”，另一句是“勤奋出贵族”。

爱因斯坦说：“人的价值蕴藏在人的才能之中。在天才和勤奋两者之间，我毫不迟疑地选择勤奋，她是几乎世界上一切成就的催产婆。”如果你能做到勤奋学习、勤奋做事，你必定会有所收获。

事实上，当今社会更是一个需要人们不断学习的社会，知识的更新速度越来越快。曾有人说，“知识的半衰期仅为5年”，也就是5年之内，掌握的知识就有一半过时了。这句话无疑警示所有的人，要想在当今社会生存并发展下去，我们必须要不断地学习和充实自己，不断地更新自己的知识结构，继而成为一个优秀的人，否则，我们只能被时代所淘汰。

总之，这是一个靠实力说话的时代。有了实力，你才会被重视，在工作中，你的意见和建议才会引起上级的关注。实力可以让你体会工作的乐趣，以及自己创作的价值，最关键的是可以获得那种幸福感。

学以致用，别为了模仿而学习

古希腊文化之所以能高度发达并保持长期的繁荣，关键就是他们吸收了国外的文化素养，并且还将它们推到了新的高度。其基础便是丰富的学习。但学习的目的不是为了模仿，而应该将外国的文化作为一种素养，然后成为自己的养分。——《备忘》

这段话里，尼采要告诉我们的是学习的真正目的——学习一定要学以致用，否则只是模仿。

的确，人类社会发展到今天，是否拥有动手能力和创新精神已成为一种判定人才的标准，这更是一种时代精神。哈佛大学的一位专家也指出：学校里学的东西是十分有限的，在工作中和生活中所需要的相当多的知识与技能，完全要靠我们在实践中边学边摸索。社会是更大的一本书，需要经常不断地去翻阅。因此，我们任何一个人，在学习的时候都要注意将理论与实践结合起来，只有这样的学习，才是有效用的、智慧的学习。作为新时代未来接班人的年轻人们，也应该注意在学习的时候，将理论与实践结合起来，这样的学习才是智

慧的学习。

美国马里兰州的温顿小学为了让学生懂得珍惜粮食、同情穷人，给孩子们开展了三天的“要饭课”：吃午饭时，这些孩子会扮成乞丐或者穷人，到学校摆放的大锅前排队领取食品，而他们领到的，并不是美味的料理，更不是能填饱肚子的汉堡，而是一些难以下咽的水煮土豆。学校还会组织学生听一些讲座，这些讲座讲的都是美国人过去的艰苦生活，告诉学生们，就在经济发展水平领先于世界的现在的美国，每年还有至少一百万以上的人无家可归。而在全世界，生活在贫困当中、靠乞讨为生的贫困人群至少有2亿人之多。

走向社会是每个年轻人必将经历的人生课题，参加社会实践，能让你在成长道路上既开拓视野，又增长智慧，最重要的是，能通过亲身感知社会现实状况，从而珍惜现在的生活，在穷养中逐渐独立起来，形成良好的品质和人格。

任何一个人正在学习阶段的年轻人，即使你的学习成绩再好，如果你没有动手能力，那么，你也只能如襁褓中的婴儿一样需要他人为你遮风挡雨。将理论知识运用到实践当中，那么，你获得的不仅是知识，还有能力。

当然，参加社会实践，绝对不能是什么形式主义，更不是走过场。如果你真的参与到实践过程中，你会发现，你也许会受到某些皮肉之苦，但获得更多的却是乐趣，这些乐趣是在家庭生活和学校生活中无法体验的。真正的知识是对于一种事物发展规律的正确认识和经验。如果你从没吃过苦，那你的所谓知识只能是书本上的“死”知识，而不是生活中真正的知识，那么，你就无法自立，更别说经受得住社会的洗礼了。

知识和能力是相互促进的，为此，你要意识到我们学习知识的最终目的是增强我们的能力。你学习的是知识，得到的是能力。为此，你需要做到：

1.掌握好理论知识

这类知识即为我们从书本上学到的知识，只有强有力的理论指导，才能减少我们在实践操作中的错误。

2.做好知识与能力的转换

我们只有将所学的知识转化为能力，才能不受知识的束缚，否则，对知识的学习将影响我们能力的发挥，结果会与我们的初衷背道而驰。

3.不要让理论知识束缚手脚，否定自己的能力

比如，在面对一项工作时，一个人如果对有关知识了解不深，他会说："做做看。"然后着手埋头苦干，拼命地下功夫，结果往往能完成相当困难的工作。但是有知识的人，常会一开头就说："这是困难的，看起来无法做。"这是在画地自限，且不能自拔。

总之，"读万卷书，行万里路"，学习的最终目的是学以致用，我们任何一个人，在学习知识后都要学会将其转换成自己的养分并运用到生活中，只有这样，我们才能将自己历练成一个动手能力强的人。

你该阅读哪些书籍

我们该看这样的书：看完之后，令我们能看到全新世界的书；能带领我们进入另一领域的书；能净化我们的心灵的书；能带给我们感受到新的知识的书。——《快乐的知识》

这里，尼采告诉了我们几条选择书籍时的参考要素。

哲学家笛卡儿说："读一本好书，就是和许多高尚的人谈话。"的确，书籍是人类进步的阶梯，是智慧的源泉，读书是开阔眼界的根本方法。

英国作家汤玛斯说："书籍超越了时间的藩篱，它可以把我们从狭窄的目前，延伸到过去和未来。"读书是一个深入探索自我的工程，也是看清自我、看清过去和现实的过程，通过阅读，我们还能实现自身价值，书籍的背后是一种文化的底蕴，通过阅读，我们能不断挖掘自己的潜能、燃烧自己的热情，走出狭隘，驱散浮躁，在心中开启一扇扇智慧之窗，开阔视野，涵养性情，丰富自我，修炼人格，为步入幸福的殿堂开辟一条绿色通道。

其实，爱上阅读并不是什么难事，关键是你要学会读什么书，怎么读书，慢慢养成良好的读书习惯，你就会爱上读书。为此，你不必刻意追求读书的数

量。的确，我们不得不承认，现在市场上充斥着各种书刊，并不是什么书目都是适合我们的，真正有品位、适合鉴赏的寥寥无几。

我国著名的马克思主义经济学家、《资本论》最早的中文翻译者王亚南，从小就酷爱读书。他在读中学时，为了争取更多的时间读书，特意把自己睡的木板床的一条腿锯短半尺，成为三脚床。每天读到深夜，疲劳时上床去睡一觉后迷糊中一翻身，床向短脚方向倾斜过去，他一下子被惊醒过来，便立刻下床，伏案夜读。天天如此，从未间断。结果他年年都取得优异的成绩，被誉为班内的“三杰”之一。

我们每个人都应该学习王亚南的读书精神，并要逐渐在生活中培养读书的习惯，长此以往，你必定会爱上阅读。

约翰逊医生说：“一个人的后半生取决于他读到的第一本书的记忆。”从这句话中我们能看到书对人的影响，因此，我们需要明白的是，假如一本书不值得去读，就不读，否则，你只会让自己装了一肚子的书，却解决不了生活中的一个小问题。

我们总结起来，在读书上，我们最好做到：

1.去粗取精，学会挑选健康、积极、有益于自己身心发展的书刊

我们不得不承认，现在市场上充斥着各种书刊，并不是什么书目都能起到充实心灵的作用，真正有品位、适合鉴赏的寥寥无几。因此，在阅读这一问题上，我们并不一定要求读书的数量，而应该重质量。你可以向那些知识丰富者请教，让他们对你的阅读给出一些指导性意见。

2.注意培养自己的阅读方法

3.将书本上的知识与生活认知结合起来

比如，在周末你读完一本海洋动物的书后，就可以去海洋馆看看海豚、海豹到底是什么样子；看过植物书后，就可以去野外认识各种可爱的植物。这样就可以使阅读变得很有趣，你的读书兴趣就会逐渐建立起来。

书中自是知识的海洋，读什么书，怎样读，都能对我们产生不同的作用，读一本好书，我们才会从书中获得真正的知识！

学会思考，看清事物的本质

观察事物时，我们不仅要有看透事物本质的慧眼，也不要被一些迷惑性的表象蒙蔽。——《漂泊者及其影子》

尼采的这句话是要告诉我们，事实的真相往往都不会直接展示给人们看，要想找到事实真相，我们就要学会思考，从而练就看清事物本质的能力。生活中的人们，在日常生活中，我们也要养成多动脑的习惯，思考是提出质疑、发现新问题的前提，许多非常成功的人，都是善于思考的。牛顿通过对苹果落地现象的质疑产生了关于重力的思想。爱因斯坦通过对太阳的质疑产生了关于相对论的思想。爱迪生因为最爱向老师问“为什么”而成为伟大的发明家。一个只知记忆，不善思考，不敢质疑问难的学生并不是好学生，不会有创新能力，只能是一个平平庸庸的人。

的确，勇敢地提问、敢于质疑，你对知识的理解才更深刻、更全面，同时，大胆地对问题提出不同的见解，激发自己的求知欲，你就会获得更多的知识，这才是真正的学无止境。

黎锦熙是我国著名的国学大师，民国头十年他在湖南办报，当时帮他誊写文稿的有三个人。

第一个抄写员沉默寡言，只是老老实实地抄写文稿，错字、别字也照抄不误，后来这个人一直默默无闻。

第二个抄写员非常认真，对每份稿都先进行认真仔细地检查，然后才抄写。遇到错字、病句都要改正过来。后来，这个抄写员写了一首歌词，经聂耳谱曲后命名为《义勇军进行曲》，他就是田汉。

第三个抄写员则与众不同，他也仔细看每份文稿，同时积极思考，认真地推敲，但他只抄意见和观点正确的文稿，对那些意见和观点谬误的文稿则随手扔掉，一句也不抄。后来，这个人建立了以《义勇军进行曲》为国歌的中华人民共和国，他就是毛泽东。

“三个抄写员的故事”告诉青少年们：凡事过度老实，不去思考的人，永远都是处在混沌和危险之中。认真学习或做事是重要的，而积极思考、敢于质疑和创新更为重要。

日常生活中，我们首先接触到事物的通常是眼睛，人们常说“耳听为虚，眼见为实”，但事实上，肉眼看到的也并非事实的全部，因为事物的表象往往具有迷惑作用，要想揭开事物的真相，还需要我们动用大脑，因为思维既不同于以动作为支柱的动作思维，也不同于以表象为凭借的形象思维，它已摆脱了对感性材料的依赖。

德国诗人布莱希特曾说过：“思考是人类最大的乐趣，”这句话道明了思维在一个人的生活中产生的重大作用。可以这样说，人的一切发明与创造都源于思维活动。一个人一生的成就，全归功于他能建设性地、积极性地利用自己的大脑。因此，我们在日常生活中也要多开动自己的大脑，这样，才能透过现象看本质，找到我们需要的答案。

生活中，我们经常说，方法总比问题多，事实上，面对那些疑惑重重的事物，人们都不愿意开动脑筋去寻找方法，因为这是一件伤脑筋的工作，于是，为了保险起见，我们更愿意使用前辈们已经传授给我们的方法和经验，而这却容易使我们陷入思维的惯性中，即按固定的思路去想问题，而不愿意换个角度、换种方式去想，拘泥于某种模式。这样不仅不利于问题的更好解决，更是阻碍了我们的思维活性。

也就是说，我们任何一个人，要想练就看清事物本质的能力，就不能做思想上的懒汉；不要自己还没有动脑筋想，就肯定某某是负责同志，讲的话不会错，某某是有名的专家或学者写的文章一定好；也不要遇事不经过自己的考虑，就把人家的意见或书本上的东西拿来当作理论根据，或者当结论。

可见，在日常的生活和工作中，我们养成凡事不要看表象的习惯，有问题时就要有寻根究源的意愿，然后运用各种思维方法找到答案。

另外，如果你有疑问，那么，你一定要大胆地说出来、一个人具有想象力才敢于质疑，没有想象力的人就像一潭死水，没有生机和活力。为此，你要敢于说出自己的想法，遇到问题要敢于打破常规，发挥自己的想象力，凡事没有

标准答案，敢于提出不同的答案和见解，久而久之，你就能培养成善于想象的习惯。

保持一知半解时享受学习的感觉

能享受学习乐趣的人，通常是那些对学习的东西只是一知半解的人，因此，保持一知半解时享受学习的感觉。——《人性的，太人性的》

不难理解，这句话的含义是，学习一定要保持谦虚的心态。我们都知道“学无止境”的道理，无论是做人还是做事还是学习，都不可妄自菲薄，妄自尊大和妄自菲薄都是严重的错误。只有虚怀若谷，成功才会不断光顾你。因为谦虚者的进取是永无止境的。对好的评价只是淡淡一笑。他们是伟大的苍鹰，在天空飞翔。谦虚是天堂的钥匙，给谦虚者一条成功的道路。牛顿说过：“如果说我看得远，我就站在巨人的肩膀上。”伟大的居里夫人面对人类的成功只是淡淡一笑。人类历史上的名人伟人都如此谦虚，所以我们也要养成一种“虚怀若谷”的胸怀，都要有一种“虚心谨慎、戒骄戒躁”的精神，进而用有限的生命时间去探求更多的知识空间！

孔子一直被中华儿女尊称为“孔圣人”，他有弟子三千，并有论语《论语》传世。孔子是个学识渊博的人，但却还一直很好学，并且常常“不耻下问”。

这就是孔子“不耻下问”的故事，一个学问渊博如此的人都谦逊于人，那么我们呢？

生活中的人们，你可能会觉得自己比他人聪明、学习能力比他人强，但你更应该将自己的注意力放在他人的强项上，只有这样，你才能看到自己的肤浅和无知。谦虚会让你看到自己的短处，这种压力会促使你在事业中不断地进步。实际上，历史上有许多杰出的人士都非常注重向别人学习。同时，一个

人有才能是件值得佩服的事，如果再能用谦虚的美德来装饰，那就更值得敬佩了。

谦虚是一种成功品质，你若想获得进步，前提就是要谦虚地看待自己，那么怎样才能变得谦虚一些呢？你可以这样做：

1.看到自己的不足

你需要明白的是，无论你现在在同事、朋友中间是多么优秀，你总会存在一些不足的地方，你应该了解这一点。你可以找一张纸写下自己做不到但是别人能做到的事情，这让你更真实地接纳自己——既不自夸也不过分自卑。

2.让好奇心引导你探求知识

可能你觉得现在的你已经具备了很多知识，但事实真的如此吗？再退一步讲，人生的知识并不是书本上的，你真的对周围生活和自然以及各个方面都了如指掌吗？如果你觉得自己什么都懂，你多半不会是一个谦虚的人，实际上，越是知识渊博的人越是发现自己知道的少，培养好奇心也可以达到同样的效果，越是充满好奇越是对未知充满敬畏，也就越谦虚。

3.多主动请教他人，看到自己的不足

一个人取得成就后，容易自满，看不到自己需要改进之处，那么，你可以主动请教他人，让他人从旁观者的角度帮你指出来。一般情况下，对方都乐于向你传授经验和教训的。

4.切实提高自己各方面能力

一个人只专注于某一方面特长或者某一爱好，一般在此方面投入的精力更多，期望也就越多，一般也就容易取得成绩，也容易自满，但“人外有人，山外有山”，即使你这次成功了，但并不一定代表你永远成功。而如果你能培养自己多方面的能力、兴趣、爱好等，那么，你在拓展视野的同时，也会学习到各种抗挫折的能力、知识、经验等，具有较完善的人格，这对于提高自己的自理能力、交往能力、学习能力和应变能力都有很大的帮助，也能为你独自战胜困难提供勇气和方法。

5.勇于创新

骄傲自满，你将很快会被超越。而只有进步才能获得更强的竞争力。然

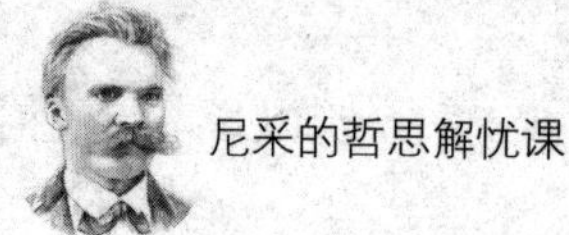

而，没有创新就不可能进步。因此，你应该将自己的求知欲望和求知兴趣激发出来，鼓励自己多参与动脑、动手、动眼、动口，使其善于发现问题，提出问题，并尝试用自己的思路去解决问题。

总之，因为虚心的力量是巨大的。它既让我们的头脑保持清醒，品行不入蛮俗，又会为我们创造左右逢源的生存和成长、立业的环境。

第 16 章

拥抱当下和现实，唤醒最高的生活智慧

生活中，人们通常都会认为，人生最美好的风景当然是在前方，于是，他们总是马不停蹄地赶路，总是会对前方的路满怀期待，实际上，他们总是在不断地失望。而人们忽略的是，当下的风景也会让人沉醉！的确，人生苦短，要想把握住幸福，那么就要活在当下，珍惜每一天，享受工作，享受学习，享受生活，认真去享受当下的每一份快乐，那么，你的人生就是幸福的了。

抱怨是在文明社会中区分你我的标记吗

抱怨是在文明社会中区分你我的标记吗？——尼采

尼采这句话体现了现代文明社会中抱怨现象的普遍性。的确，生活中的人们，每天都要为生活奔波，每天都要踏入职场，每天都要面临紧张的工作，还需要面临复杂的人际关系，于是，你开始抱怨生活、抱怨上司、抱怨同事、抱怨薪水低、抱怨工作任务重等。不知道从什么时候起，抱怨已经演变成了一场瘟疫。被抱怨包围着的人们，似乎从来没有顺心过，似乎再也遇不到高兴的事。高兴的事情抛在脑后，不顺心的事情总挂在嘴边。因为抱怨，他们不仅把自己搞得很烦躁，也把别人搞得很不安。而实际上，抱怨对于事情的解决毫无益处，它只会让我们在忙碌中兜圈子，相反，如果我们能心平气和地正视问题，厘清自己的思绪，那么，找到解决问题的方法的概率便会大大提高。

卡耐基曾经遇到过这样一个女士：

这位女士一见到卡耐基，就开始抱怨，先是他的丈夫，她说她的丈夫不好好工作，接下来，她又开始抱怨她的孩子，说她的孩子不好好学习。总之，她有很多不满意的地方。等她抱怨完了，卡耐基对她说：“这位女士，您太追求完美了。”当她听到这句话后，非常吃惊地看着卡耐基，过了好一会儿才说：“卡耐基先生，您认为我非常追求完美吗？可我并不这样认为啊！而且像我这样相貌也不好、学历也不高的女人，根本不会去追求完美的。”

卡耐基说：“您刚才跟我介绍过您的情况，您想想看，您的丈夫现在才三十几岁，但却有了自己的公司，这已经是成功人士了，你为什么还认为不够

好呢，而您的儿子，他才小学四年级，每次也能考个不错的成绩，您又为什么不满足呢？不也是在追求完美吗？”听了卡耐基的话后，那位女士很长时间都没有说话，最后接受了卡耐基的说法。

其实，生活中有很多这样的人，他们总是对生活现状不满，总是不断地追求完美，有的人表现为对自己要求特别严格，而另外一些人则对别人非常严格，但总体表现，就是看不到生活中美好的一面，他们的脸上总是愁云密布，其实，如果他们能换个角度，那么，生活中便处处充满美好。就如上文中那位女士一样，在卡耐基的点拨下，她看到了“儿子学习成绩不错”、“丈夫事业有成”这两点。

可能我们意识到的一点是，一旦让抱怨占满我们的头脑，我们原本的潜意识就会被破坏，或许你有这样的体会，一旦抱怨，原本我们正在进行的工作突然效率就低了，或者根本没办法进行下去，因为你需要时间、精力去为自己讨公道、鸣不平，久而久之，不仅直接影响工作和生活，还会影响心情和心态。而真正的勇者，他们从不抱怨，他们总是能冷静地看待世界，审视自己，最终成就自己。

的确，工作中，无论是出现问题还是为了取得更好的成绩，我们都不能一味地抱怨，抱怨只会让我们失去动力，让事情继续恶化。要永远记住一点，我们的最终目标是解决问题，而不是发泄情绪。

事实上，没有一种令人十分满足的生活、工作模式，如果我们动不动就抱怨，而不是以一种积极的心态去解决问题，那么，这就等于搬起石头砸自己的脚，于人于己于事都无意义。所以，每个人都应该认识到：拥有一份工作，是实现自己人生价值的方式之一，其实本身就是最大的幸福，哪有那么多抱怨呢?

生活中的人们，可能现在的你每天为生活奔波，生活、工作压得你喘不过气来，你开始抱怨生活、抱怨上司、抱怨家人。而其实，有压力，才有动力，压力带给我们的不仅仅是痛苦和沉重，还能激发我们的潜能和内在激情，让我们的潜能得以开发。如果说，人一生的发展是不易反应的药物，那么压力就是一剂高效的催化剂。它不是鼓励你成功，而是逼迫你成功，让你没有选择不成

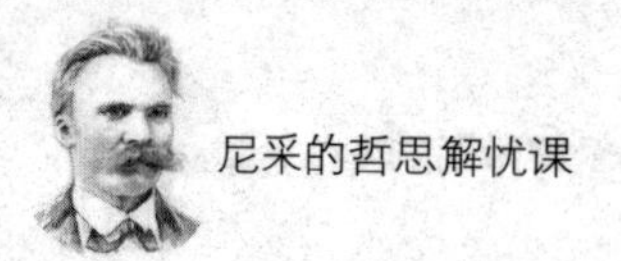

功的余地。它带给人的，不仅仅是痛苦，更多的则是一种对生命潜能的激发，从而催人更加奋进，最终创造出生命的奇迹。

不难发现，认为自己可以获得更多，总是苛求生活，是导致人们不快乐主要原因之一，他们总要按照一个不切实际的计划生活，总是跟自己过不去，总认为自己时机未到，所以整天都闷闷不乐。

总之。如果你想成为一个快乐的人，你就要看到生活中美好的一面、抱着知足的心，那么，你工作生活起来就会开心、满足、有滋有味。

感恩即是灵魂上的健康

感恩即是灵魂上的健康。——尼采

哲人尼采的这句话成功地道出了一个深刻的人生哲理——不管遇到什么事情，你都要学会感恩，那样，你内心的个人偏见自然会慢慢减少，烦恼也就会慢慢降低了。“不要抱怨玫瑰有刺，要为荆棘中有玫瑰而感恩。”如果我们都能带着感恩的心去生活和工作，我们就能拥有工作热情和源源不断的工作动力。

有一块石头被刻成了神像，抬到庙里去供奉，受到人们的跪拜。后来，人们把庙宇改成了别的用场，这个神像也就用来垫墙脚了。

“我真不幸，怎么会碰上这么倒霉的事！”石像抱怨着，“让我来垫墙角，真是大材小用！”

而另一块垫墙脚的石头却说：“我很感激能有这样一个位置。要知道，能够踏踏实实地做一些对人们有益的事，比起做一个高高在上、光摆架子，却没有一点儿用处的石像来，要有意义得多！”

从这个故事中，生活中的人们，你可以得出启示，只有心怀感恩的人，才能视万物皆为恩赐；也只有当我们心中充满了感恩之情时，压力才会变得不再

是压力，世界也才会变得美好无比。而此时无论是怎样的困难，我们都可以满怀激情地去面对。

的确，在人与人之间的交往中，多一些感谢，就多一份温馨。人与人之间的关系会在相互的感激中更加亲密。千万不要忘了你身边的人、你的朋友、你的老板、你的同事、你的家人，他们是关心你、支持你的人，说出你对他们的谢意，并用良好的心态回报他们，这样就能得到他们更多的信任、支持和帮助。

可以这样说，在家里，你最应该感恩的人是父母；在学校里，你最应该感恩的人是老师，但步入社会，你最应该感恩的人是你的上司。千万不要忘了你的上司，他们是了解你的，他们也支持你。你要大声对他们说出你的谢意，感谢他们对你的鼓励和支持。这样不仅能得到他们更多的信任和支持，还能给公司带来更强的凝聚力。

在职场上，真正帮助你走上社会的人是上司，真正让你走向成熟的人是上司，真正令你成功的人也是上司。没有上司的提携，你永远都只是停留在某一个阶段，感恩于能遇到这样的上司，他的人格魅力赐予我们的又岂止是一份工作。有可能一生的命运都因为上司而改变。

感恩于上司吧！他不是你的对手、不是你的敌人，他是良师益友、是你通向成功的阶梯。随时随地对上司作出承诺“您交代的任务，我保证完成”，这是你最好的感恩方式，在执行任务的过程中，只要你用心去做，不光是帮助上司完成任务，实际上也是在完成自己通向未来的一个个目标；感恩于上司能把这样重要的任务交给你，对你寄予厚望，你的回应是什么呢？当然是尽心尽力地去做，回报上司的知遇之恩。

如果你每天都带着一颗感恩的心去工作，相信工作时的心情自然是愉快而积极的。只要我们健康地活着，就应该感谢现在拥有的一切。感恩于他人，感恩于生活，人生就会无怨无悔。

有句话讲得好，如果想抱怨，生活中一切都会成为抱怨的对象；如果不抱怨，生活中的一切都不会让人抱怨。总是以抱怨的心态来面对工作，做起事来难免草率敷衍，更别说展现出富有激情的、创造性的工作表现了。那么你呢？

你一天要花多少时间在抱怨上呢？

生活中的人们，用感恩的心对待工作，你每天都要想想别人的好。上班之前，可不必忙于烦琐的工作，先用几分钟想想，父母给了我们身体，但给了我们工作吗？是谁给了我们工作？是谁养活了我们？如果没有公司为我提供岗位，我的生活是否有今天这么美满和幸福呢？

总之，一味地抱怨生活、工作和人生的人，即使遇上了福也会变成祸；感恩者即使遇上祸也能变成福。感恩于他人，感恩于生活，人生就会无怨无悔。

积极地建立生活的意义

积极向上的人渴望生命的强力。——尼采

尼采的这句话是要告诉我们每个人，无论遇到什么，都要积极生活、满怀希望。中国人常说："因果联系"，的确，只有时时保持一种积极的人生态度才有获取成功的希望。我们任何一个人也只有始终保持积极阳光的心态，才能获得幸福的人生。无论你遇到多大的挫折，必须都要勇于承担，用乐观积极的心态去面对，即使心里再苦，也要阳光地微笑。

曾经有两个人一起旅行，他们在沙漠中行走了很久，食物早就吃完了。他们停下来休息的时候，其中一个人拿出剩下的半壶水，问另外一个人："现在你能看到什么？"

被问的人答道："只有半壶水了，哎……"

而发问的人说："我看到的是，居然还有半壶水，我们又能撑一段时间了。"

最终，发问者靠着剩下的半壶水走出了沙漠，而被问的人却只走了一半，最终葬生在沙漠中。

为什么同样是半壶水，两个人的想法却完全不一样？最终结果也不一样？

这就是因为他们的心态不同。你拥有什么样的心情，世界就会向你呈现什么样的色彩。

同样，懂得自我调整心态的人，总是能看到事物的积极面，即使身处逆境，也能满怀希望，他们总是能积极乐观、健康向上，而相反，那些失败者，他们总是一味地抱怨，总是认为上天不公平，落后时不想奋起直追，消沉时只会借酒消愁，得意时又会忘乎所以，他们之所以失败是因为他们没有学会控制自己的情绪。

我们任何人的一生，都需要我们用心来描绘，无论自己处于多么严酷的境遇之中，心里都不应为悲观的思想所萦绕，应该让自己的心灵变得通达乐观。罗根·史密斯说过这样一段话，他说："人生应该有两个目标，第一是得到自己所想的东西；第二是充分享受它。只有智者才能做到第二步。"

尘世之间，变数太多。我们唯一能掌控的，就是自己的心境，当厄运或不公正的待遇降临到我们头上时，如果无法改变它，就要学会接受它、适应它，并且，始终要相信，接下来发生的一定是美好的事。

然而，现实生活中，总有人一味地沉溺在已经发生的事情中，不停地抱怨，不断地自责。这样一来，将自己的心境弄得越来越糟。这种对已经发生的无可弥补的事情不断抱怨和后悔的人，注定会活在迷离混沌的状态中，看不见前面一片明朗的人生。之所以这样，是因为经历的磨炼太少。正如俗语说的那样：天不晴是因为雨没下透，下透了，也就晴了。

乐观的心态总会给人们带来好运，处于挫折中的人们也不必焦虑，其实困难就是纸老虎，战胜它最好的办法就是藐视它，你越是看重它，它就越发地淘气捣乱让你不好过；你若是看轻它，不把它当回事，它也就不敢和你挑衅了。总之，在困难和挫折面前，要坚强，即使心里再苦，也要阳光地微笑，"黯然神伤时，则所遇尽是祸；心情开朗时，则遍地都是宝"，如果你想获得幸福的话，就坚强一点儿吧！

著名潜能开发大师迪翁常常用一句话来激励人们进行积极思考："任何一个苦难与问题的背后，都有一个更大的幸福！"这是他的招牌话，她有个可爱的女儿，但一场意外，让这个可爱的小女孩失去了小腿，当迪翁从韩国的演讲赛上赶到医院时，他第一次发现自己的口才不见了。可是女儿却察觉父亲的痛苦，就笑着告诉他："爸爸！你不是常说，任何一个苦难与问题的背后，都有一个更大的幸福吗？不要难过呀！这或许就是上帝给我的另一个幸福。"迪翁无奈又激动地说："可是！你的脚……"

小女儿非常懂事地说："爸爸放心，脚不行，我还有手可以用呀！"

听了这样的话，迪翁虽有几分心酸，但也欣慰不已。

两年后，小女孩升入中学了，她再度入选垒球队，成为该队有史以来最厉害的全垒打王！因为她的腿不能走路，就每天勤练打击，强化肌肉。她很清楚，如果不打全垒打，即使是深远的安打，也不见得可以安全上垒。所以唯一的把握，就是将球猛力击出底线之外！

这是一个乐观积极的小女孩，在最艰难的时刻，她留给人们的依然是微笑，因为她相信父亲的那句话"任何一个苦难与问题的背后，都有一个更大的幸福"，于是，灾难变得不再可怕，而她本人也更有能力面对那场艰难的挑战。

总之，放下悲伤，接受现实，才能重新起航。生活中的人们，别以为胜利的光芒离你很遥远，当你揭开悲伤的黑幕，你会发现一轮火红的太阳正冲着你微笑。请用一秒钟忘记烦恼，用一分钟想想阳光，用一小时大声歌唱，然后，用微笑去谱写人生最美的乐章。

如果你想走到高处，就要使用自己的两条腿

如果你想走到高处，就要使用自己的两条腿！不要让别人把你抬到高处；不要坐在别人的背上和头上。——《查拉图斯特拉如是说》

尼采这句话是要告诉我们，面对人生的困境，你要懂得，求人不如求己。总想着依靠他人帮助的人，总想有人能在危难时搀扶你一把，你永远也无法完

成任何伟大的事业。实践出真知，一个经历过挫折并靠自己站起来的人，才能傲立于世，才能力拔群雄，也才能开拓自己的天地。

众所周知，哈佛是人才的摇篮，在哈佛，诞生了7位总统，而约翰·肯尼迪就是其中的一位。这位美国第三十五任总统为美利坚合众国的发展作出了杰出的贡献，他的诸多事迹，在哈佛大学的讲堂上广为流传。

在肯尼迪很小的时候，有一次，他和父亲去骑马，在一个转弯的地方，因为马跑得太快，肯尼迪没有反应过来而从马上摔了下来。

小肯尼迪很伤心，他以为父亲会过来扶他起来，谁知，父亲居然就坐在离他不远的地方抽起烟来。

“爸爸，快来扶我！”小肯尼迪朝父亲喊起来。

父亲问道：“你摔疼了吗？”

儿子带着哭腔说：“是的，我感觉自己爬不起来了。”

父亲严厉地说道：“那也要自己站起来，重新爬上马。”

于是，小肯尼迪只好自己挣扎着站起来，并且摇摇晃晃地爬上了马，他抱怨着自己的父亲“你为什么要这样做？”

父亲语重心长地说：“儿子，你要记住，人生其实就是一个不断摔倒和重新站起来的过程，跌倒了，爬起来，奔跑，再跌倒，再爬起来，再奔跑。在任何时候都要靠自己，没有人会去扶你的。”

肯尼迪的故事告诉我们，任何一个人，都要勇敢地用自己的脚走路。一个人，如果总是处于被保护的状态，总是依靠他人的帮助成长，那么，他是无法成才的。然而，我们不难发现，生活中，一些人尤其是年轻人，从小就缺乏独立性格和自主意识。遇到困难，一味地将希望寄托于他人便会使自己养成惰性，从而使自己失去独立思考和行动的能力。

英国历史学家弗劳德说：“一棵树如果要结出果实，必须先在土壤里扎下根。同样，一个人首先要学会依靠自己、尊重自己、不接受他人的施舍，不等待命运的馈赠。只有在这样的基础上，才可能做出成就。”

诚然，一个人自打出生时，总要或多或少地依靠来自自身以外的各种帮助，如父母的养育、师长的教诲、朋友的关爱、社会的鼓励……没有人可以完

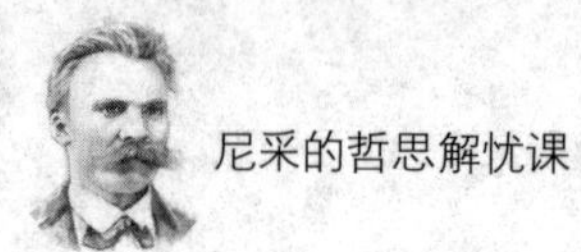

全离开他人的帮助而独立存在。然而，我们也不得不承认的一点是，一些人却把自己立身于社会的希望完全寄托在父母和朋友的身上。这样的人，显然不可能在生活上自立自强、在事业上有所作为。有句话说：靠吃别人的饭过日子，会饿一辈子。现实生活中的青少年朋友，你要明白，只有拒绝做温室中的花朵，凡事靠自己，才能成为一个实用型的人才，才能成为一个能独立解决难题的人。

潜能激励专家魏特利曾说过这样的话："没有人会带你去钓鱼，要学会独立自主。"生活中最大的危险不在于别人，而在于自身；不在于自己没有想法，而在于总是依赖别人。依赖看似微不足道，却完全可以抹杀一个人向前奋进的勇气和信息，更阻止了我用自己的努力去换取成功的快乐。依赖会让自己日复一日地止步不前，以致一生碌碌无为。过度依赖，会使自己丧失独立的权利，它是给自己未来挖下的失败陷阱。

别人所给予的永远都不会属于你自己。一个想要成功的人，不应满足于送入笼中的食物，而应该努力掌握自己捕猎的技能。我们每个人都要记住尼采的话——如果你想走到高处，就要使用自己的两条腿，要勇敢地用自己的脚走路，然后找寻开启这个世界的钥匙。没有什么神明能保佑你，能帮助你摆脱现状的唯有自己——你就是自己的主人。

享受当下，珍惜每一天的到来

人生没有目的，只有过程，所谓的终极目的是虚无的。——尼采

现实生活里，我们大多数的人都渴望人生的丰富多彩，不遗余力地追求理想目标的实现，却不知道淡然地享受人生过程，享受人生平平淡淡的幸福快乐。其实，无论人生目标有多么瑰丽辉煌，也不能为了"短暂"的拥有，而放弃了过程里的开心微笑。

什么是幸福？幸福是一种心境，淡泊宁静，不计较得失，不在乎成败。这是一种睿智的生活态度和生活方式，是对现代文明压抑的一种反抗。

人不能改变过去，也不能控制未来，人能控制改变的只是此时此刻的信念、语言和行为。过去和未来的东西都虚无缥缈，只有当下才是真实的。因此，一个人的生命不管能否长久，生命过程应该是丰富多彩的，无论人的生命长久与短暂，人生的道路应该是宽阔有风景的，享受过程应该是愉快幸福的。我们每个人都应该珍惜每一天的到来。

可能你会说，我们每天都需要面临高强度的工作、学习或竞争的压力，我们总是在和时间赛跑，哪有时间和精力去欣赏风景？然而，生活中处处是风景，你缺少的只是发现美丽风景的眼睛。

可能你会认为，现在我的人生刚刚开始，还有大把的时间去欣赏风景，那你是否想过，当你殚精竭虑地撷取了满怀的鲜花时，抑或白发苍苍时，突然就会发现曾经在路边绽放的盈盈小花更加惹人爱怜，然而，那时的你已没有机会再回头去观赏它的淡雅美丽了。

可见，追求幸福，就是要选好自己的人生模式，更为关键的，就是挥别那种精神和心境的无知无觉的疲惫状态，做好自己能做的一切，把握今天，着眼未来。

对于现下的你来说，要把握今天，就是要你做到努力工作和学习，充实自己，然后以最饱满的精神状态迎接明天。

一位头发花白的富翁在某天来到沙滩散步，他发现，有个渔夫正在悠闲地晒着太阳，就问道："你为什么不打鱼呢？"

渔夫反问道："为什么要打鱼呢？"

"挣钱买大鱼船啊！"

"买大鱼船干什么？"

"打很多的鱼，你就可以成为富翁了。"

"成了富翁又能怎么样呢？"

"你就不用打鱼了，可以幸福自在地晒太阳啦！"

"我不正在晒太阳吗？"富翁哑口无言。

是啊，有时候我们苦苦追求的所谓的幸福与快乐，其实就在眼前，那又为什么不知足呢？我们中的很多人，也许经过多年的打拼和艰苦的奋斗，也会有所成就，难道一生就如此忙碌地拼搏到死吗？其实，享受真正的人生之旅比直到旅程结束时还没有感受到快乐重要得多。

通常来讲，越是有所追求、越是想干点儿事的人可能遇到的烦恼和痛苦就会越多，凡是达观一点儿，看开一点儿，相信自己，终会心想事成。

也许有人会说，人活着就是要奋斗，就是要努力工作，但这并不意味着我们要做一个工作狂，相反，在努力工作的同时，我们依然要懂得享受每一天美好的生活。享受生活归根结底是一种心境。享受的关键在于寻找快乐的人生，而快乐并不在于其拥有多少、获得多少，生活质量如何，而是在于其怎样看待周围的人和事情，怎样让自己拥有一颗接纳一切快乐事物的心。

生活在商品经济的大潮里，每天充斥在眼帘的都是各种物质诱惑，欲望追求加快了人们前进的脚步，我们总是渴望得到远方的鲜花，似乎总是忘记了去欣赏周边的风景。

可见，有时，我们要懂得享受过程，真正让我们得到满足的也是过程，人的一生也是如此，最美的不是结果，而是人生的旅途。

总之，生命的意义不仅仅在于要成就多么伟大的事业，实现崇高的人生目标，或者拥有多少财富，也在于如何淡然地享受人生追求努力过程里的愉快心情，感受人生过程里那份淡淡的幸福味道。

参考文献

[1] [德]尼采，[西]艾伦·波西.尼采治焦虑[M].钟莉方，译.武汉：长江文艺出版社，2014.

[2] [德]尼采.尼采解忧书[M]. 刘大悲，余鸿荣，译.重庆：重庆出版社，2015.

[3] 尼采.尼采全集[M]. 杨恒达等译.北京：中国人民大学出版社，2013.

[4] [德]尼采.查拉图斯特拉如是说[M]. 孙周兴，译.北京：商务印书馆，2010.